Paroles angéliques

Louise Courteau éditrice inc.
481, Chemin du Lac St-Louis Est
St-Zénon, Qc, Canada
J0K 3N0

Illustration de la page couverture : Marie-Louise Roy

Cette aquarelle a pour titre : Fusion de l'âme. Cette lumière qui me pénètre, transcende les énergies de ma substance et rayonne de toute sa splendeur au-delà des mondes d'illusion et fusionne dans l'illumination.

Dépôt légal : dernier trimestre 1998
Bibliothèque nationale du Québec
Bibliothèque nationale du Canada

ISBN : 2-89239-204-7

Marie-Louise Roy

Paroles angéliques

Tome I

Mon chemin de vie et ses enseignements

Table des matières

Partie I – Mon chemin de vie

Partie II – Les enseignements reçus du monde de l'invisible

Partie III – L'intégration de ces enseignements dans ma vie

Remerciements

Je tiens à remercier toutes les personnes qui, de près ou de loin, ont rendu ce livre possible. La partie centrale de cet ouvrage est une œuvre collective émanant des besoins de chacun à recevoir les enseignements provenant des plans de conscience supérieurs à travers des entités angéliques. C'est donc grâce à ces êtres qui, chacun à leur façon, m'ont encouragée à rédiger le présent ouvrage, que ces enseignements ont été rendus possibles.

J'aimerais également remercier mes différents directeurs de transe qui, au cours des années, m'ont assistée tout au long de mon cheminement vers cette Lumière commune à l'humanité. Ils m'ont supportée dans les moments de crises et de remise en question. La transe profonde est un sentier peu fréquenté. Chacun à sa façon, a poussé mes limites vers des frontières inconnues me conduisant à une compréhension de plus en plus profonde de l'être humain.

Je veux remercier tout particulièrement Nicole Dumont pour m'avoir poussée à transmettre, publiquement, le contenu de ces enseignements, ainsi que mon actuelle directrice de transe, Anne-Marie Robitaille, pour son dévouement et son support constant dans cette aventure vers l'inconnu.

J'adresse un remerciement particulier à Aline Turcotte pour son travail de transcription de toutes les transes qui paraissent dans cet ouvrage. Ce travail phénoménal a permis à ce livre de prendre forme beaucoup plus rapidement que prévu. J'adresse également un remerciement particulier à Danielle Renaud pour son support dans l'enracinement des séances de canalisation.

Enfin, je remercie mes clients qui, par les multiples interrogations existentielles sur leur propre vie, ont osé questionner l'invisible, par le biais de la canalisation angélique, afin de recevoir des enseignements pertinents.

Partie I

Mon chemin de vie

1 – Mon enfance et mon adolescence

Pour évoluer, il est important de comprendre l'histoire de notre vie et de scruter nos souvenirs à la loupe. Voici donc mon histoire et les souvenirs de mon enfance. Je suis née au Nouveau-Brunswick (province du Canada) dans un petit village nommé Saint-Basile de Madawaska près d'Edmonston. Mes parents venaient du Bas du Fleuve, entre Mont-Joli et de Rimouski, au Québec. Je suis la deuxième de la famille. J'ai une sœur de 18 mois mon aînée. Elle aussi née au Nouveau-Brunswick. J'ai des souvenirs assez précis de cette époque de ma vie. Le souvenir le plus lointain de mon enfance remonte au moment où je suis vêtue de « guêtres » rose bonbon ainsi que d'un manteau et d'un chapeau de même couleur. J'ai souvenir du décor de l'appartement où nous habitions. Plus tard, lorsque ma mère m'entendit me remémorer ces détails, elle s'empressa de m'informer qu'à cette époque j'avais 18 mois.

D'autres souvenirs remontent à une époque où quelquefois, ma sœur et moi nous nous faisions garder par une dame qui tentait de nous faire manger de la gélatine de poulet voulant faire passer cette matière visqueuse pour du Jello. Je n'aimais pas cette dame, mais paraît-il que ma mère avait besoin de temps à elle. À cette même époque, je me suis fait piquer par une abeille qui s'était réfugiée dans le grenier du logement. La période de ma broncho-pneumonie, un autre souvenir vivant dans ma mémoire. Tout le monde pensait que j'avais contracté la méningite. Je me suis vite retrouvée à l'hôpital pour le terrible diagnostic.

J'étais une habituée des hôpitaux. Déjà à l'âge de cinq ans j'avais fait trois séjours : la broncho-pneumonie, la supposée péritonite et l'ablation des amygdales. Je n'avais pas une santé fragile, mais la gorge était un de mes points faibles. Un médecin, m'ayant reconnue lors de ma broncho-pneumonie, s'est empressé de dire à ma mère qu'il avait assisté à mon appendicectomie. Il lui mentionna que l'appendicite n'était pas le mal dont je souffrais mais comme les médecins, ne comprenaient pas mon état, ils en avaient profité pour me faire cette ablation, étant donné que j'étais déjà ouverte.

Les souvenirs du dernier lieu où j'ai habité au Nouveau-Brunswick se situent sur la rue Garfield (comme le chat), à Moncton. C'est une ville « fran-glaise » où les deux langues se côtoient comme si de rien n'était. On parle le « chiac » dans cette ville, un mélange plus ou moins compréhensible de français et d'anglais. Mon éducation bilingue a donc débuté très tôt dans mon enfance. Je parlais français à la maison et anglais à l'extérieur.

Beaucoup de souvenirs sont restés présents dans ma mémoire, car nous avons vécu longtemps à cet endroit. Ma mère, coiffeuse de son métier, exerçait son art dans la salle à dîner de la maison. Cette pièce avait été transformée pour les besoins de la chose. Je dirais que cette clientèle amenait de l'action dans le quotidien de la maisonnée.

Mon père était un patenteux. Il a travaillé dans l'électronique toute sa vie. Il avait un atelier de réparation de radios et autres trucs du même genre dans tous les lieux où nous avons habités.

Je me rappelle qu'il me faisait faire de la détente, du yoga et de la méditation, se servant même de ses études en hypnose pour tenter de me calmer. Je ne me souviens pas des mauvais coups que je faisais, mais semble-t-il que j'avais besoin d'être calmée... C'est vrai que ma sœur et moi n'étions pas des petites saintes. Personnellement, j'avais le qualificatif de *mouton noir*. Je crois que mon arrivée dans la famille fut un peu trop rapide.

Souvent, je me suis sentie de trop. Cette situation m'amenait à vivre des sentiments confus face à la place qui me revenait dans la famille. Comme bien d'autres enfants, nous vivions dans une famille dite normale. Mais, avec le recul, je dois aujourd'hui dire que cette famille était dysfonctionnelle.

Je fis mon entrée scolaire dans la toute première école française de la ville. C'était une école neuve. Notre maison était la toute dernière du secteur domiciliaire. À l'arrière de celle-ci, le bois était un lieu privilégié pour jouer avec les amis. Mon frère est né à mi-chemin de ma première année scolaire. J'avais alors sept ans. Nous en avons été informées au moment où mon père a demandé un transfert à Montréal. Ma sœur et moi ne savions pas pourquoi nous devions déménager. J'ai su beaucoup plus tard que ce frère n'était pas prévu. Par contre il tombait bien, car ma mère était sous l'impression que mon père avait le cœur ailleurs. Pour acheter la paix, ce dernier avait demandé ce transfert.

Nous sommes arrivés à Montréal sans trop connaître la ville. Mon père était perdu et, n'ayant pas eu l'occasion de faire des incursions répétées avant le déménagement, nous nous sommes retrouvés dans un quartier italien. Heureusement, je n'avais pas de barrières linguistiques. Une de plus, une de moins, pourquoi pas ! J'ai donc commencé à apprendre l'italien avec les petits amis à partir d'une base anglophone.

À cette époque, je trouvais que mon frère prenait beaucoup de place dans la famille. J'avais l'impression de perdre celle que je m'étais taillée avec les années. Je ne savais trop comment réagir à cette situation.

Nous ne sommes restés qu'un an dans ce quartier italien. Mon père avait déniché un beau secteur résidentiel à Laval. D'un seul coup, nous nous retrouvions propriétaires banlieusards. Cette nouvelle résidence fut celle qu'on pourrait appeler *la Résidence Familiale*. J'y suis restée jusqu'au jour où j'ai quitté la maison. À cette époque, le surnom de Mouton Noir me collait de plus en plus à la peau. J'étais la « pas pareille ». J'étais sauvage et les enfants des alentours m'appelaient la *sorcière*. Je commençais à m'identifier, mais je ne semblais pas conforme au style socioculturel du quartier. Je semblais être différente des autres. En bref, j'avais l'impression de m'être trompée de planète.

Mes parents étaient officiellement catholiques. Par contre, ils n'étaient pas des maniaques de la pratique du dogme et l'église une fois par semaine semblait suffisant pour eux. J'appris plus de la religion à l'école qu'à la maison. Mon père était le moins enclin à la pratique religieuse traditionnelle québécoise. J'avais conclu cela à le regarder aller. L'étrangeté du contenu de sa bibliothèque personnelle, à son atelier, confirmait mes impressions. Ayant appris le yoga très jeune avec lui, je découvrais que les positions yogiques devenaient sa pratique religieuse et sa philosophie de vie.

Les enseignements religieux reçus à l'école ne correspondaient pas du tout à ma propre perception de ce qu'était Dieu. J'avais une définition beaucoup plus simple. Déjà, à cet âge, je voyais les molécules dans l'air, c'est-à-dire le prana. Pour moi, Dieu était également là-dedans. N'était-il pas partout ? Moi, je le voyais partout. Je ne parlais à personne de mes visions et de mes perceptions car je me doutais bien que les gens qui m'entouraient n'avaient pas les mêmes cadres de réalité que moi. J'avais l'impression que je devais passer inaperçue et ne pas faire de bruit sauf, bien entendu, à la maison. C'est là que je *lâchais mon fou*. Je me sentais incomprise et j'avais une soupape. C'était la révolte.

Cette attitude donnait du fil à retordre à mes parents. Souvent, ils étaient découragés ne sachant plus quelle punition me donner. Je devenais de plus en plus violente avec ma sœur et mon frère ou bien je me renfermais sur moi-même. J'avais mon monde à moi. Je me demandais parfois même si j'avais été adoptée, tellement je me sentais différente. Souvent, je dessinais sur mon tableau noir des visages à faire peur au monde, comme si je passais ma rage et ma tristesse dans mes dessins. Comme un appel au secours.

À cette époque, je fréquentais les maisons en construction autour du quartier et je recréais des modèles réduits pour mes poupées. Je leur créais également beaucoup de vêtements. Cette forme d'évasion créative me réconciliait avec la vie. J'étais talentueuse en dessin et en couture. À l'école, j'étais une élève assidue et studieuse. Je comprenais facilement. Apprendre me passionnait. Je fis donc sans difficultés mes années primaires.

En septième année, Sœur Marie-Paule-des-Anges a suggéré de m'inscrire au programme scientifique, même si j'avais les notes pour faire des études classiques. Elle trouvait que j'avais la bosse des mathématiques et que j'aurais beaucoup plus de plaisir à l'intérieur de ce programme. Le temps prouva la justesse de sa perception.

Ma sœur semblait moins que moi, attirée vers les études. J'étais le genre d'étudiante qu'on pourrait qualifier aujourd'hui de « bolée ». Par contre, je ne portais pas de lunettes... En secondaire II, les autorités médicales ont insisté pour m'en faire porter. L'ophtalmo s'était trompé de dossier avec une autre adolescente qui portait le même nom que moi. Cette situation avait fait surgir une autre révolte en moi. J'avais l'impression qu'on me prenait pour une autre. En secondaire III, j'avais le choix de faire une classe expérimentale où l'on faisait le programme de trois années scolaires en deux ans. Je m'inscrivis donc à ce programme, à la suggestion de mon professeur, sœur Denise Dupuis. Mes notes étaient élevées, j'avais un bon dossier.

Je fus refusée pour la classe expérimentale. Ne comprenant pas ce qui se passait, j'allai voir le directeur. Il me dit que mes notes étaient trop basses. Nous avons regardé ensemble mon dossier pour nous rendre compte que les notes qui y figuraient, étaient celles de l'autre adolescente qui portait le même nom que moi. En fait, le dossier comportait les deux séries de notes, les miennes étant les dernières du dossier. L'impression de ne pas avoir ma place me hantait... Je dus régler les détails de cette erreur rapidement pour assurer ma place dans cette classe. Quand je regarde ma vie scolaire, je constate avec le recul, que je n'ai eu que deux enseignantes religieuses. Et ce sont ces deux femmes qui m'ont orientée le plus judicieusement dans mes choix scolaires. Il faut dire que je n'avais rien contre les bonnes sœurs ! Je débutai l'année scolaire avec à peine une dizaine de compagnes. Les autres étaient des garçons. J'avais toujours été dans des classes de filles. C'était tout un changement pour moi. Je découvrais à quel point je m'entendais bien avec les gars. Je vivais une ouverture inattendue face à la gent masculine. Par contre, lorsque je rentrais à la maison, je redevenais la fille renfermée, comme pour cacher à mes parents cette nouvelle réalité de ma vie. C'était comme si je ne voulais pas qu'ils se mêlent d'un nouveau bonheur qui m'appartenait en propre.

Cette situation inquiétait beaucoup mon père car ma sœur était tout le contraire de moi. Il fallait la retenir, elle, quand il s'agissait des garçons. Elle voulait toujours sortir et mon père n'aimait pas particulièrement ses choix d'amis. J'imagine que c'était pour elle une façon de s'affirmer face à notre père.

À cette époque, je me rappelle d'un soir où ma cousine de Rimouski était en ville. Nous revenions du centre d'achat et devions passer par une rue plus ou moins éclairée près de la maison. Je connaissais ce secteur et ne le percevais pas comme dangereux. À un certain moment, un jeune homme sorti de je ne sais où, nous demanda la direction d'une rue tout près. Je la lui indiquai. C'est à ce moment qu'il voulut m'agresser sexuellement. Ma cousine s'est mise à hurler. Folle de rage et hors de moi, je réussis à me sortir de cette situation en lui assenant un bon coup de poing dans le ventre. Voyant qu'il n'aurait pas de prise sur la situation, il préféra s'enfuir. Ma cousine était complètement ébranlée par l'événement. Nous entrâmes à la maison comme s'il ne s'était rien passé. À l'époque, je n'ai pas donné d'importance à cet incident, car il n'y avait pas eu de dommages corporels. Par contre, je n'avais pas évalué l'ampleur des incidences psychologiques qui suivirent.

Durant mon secondaire IV, mes notes se sont mises à baisser dramatiquement. Je n'arrivais plus à me concentrer, je n'étais pas bien dans ma peau. (Ce n'était pas à cause des garçons. J'avais eu un « chum » l'année précédente et, au contraire, cette relation avait généré un effet bénéfique sur mes résultats scolaires.)

Je me souviens d'une série d'événements qui amplifièrent ce malaise. J'allais avoir 16 ans, le 16 janvier. *Sweet sixteen*, c'est un anniversaire qui ne s'oublie pas non ! Mon frère était du 12 janvier et on lui avait fait toute une fête. Arrive le jour de mon anniversaire. Rien ne semblait animer mes parents. Une surprise peut-être ? L'heure du souper passa sans manifestation d'aucune sorte. À vingt et une heures, j'étais affaissée dans ma chambre et je pleurais de toutes mes larmes. Personne n'avait pensé à ma fête. Mon père, m'entendant pleurer, vint s'asseoir sur mon lit et me demanda ce qui se passait. J'étais défaite. Lorsqu'il comprit la situation, il s'empressa de réprimander ma mère, comme si elle était responsable de la situation. Elle, de son côté, lui faisait une crise comme si elle était jalouse qu'il s'occupe de moi. Je me sentais rejetée. La rage montait en moi et je ne voulais plus de cette famille où *je n'avais pas ma place*.

À cause de mon intelligence créative, ma mère, mon frère et ma sœur prétendaient que j'étais la préférée de mon père. Pourtant, il ne s'occupait pas plus de moi que des autres. Cette situation créait des tensions de plus en plus malsaines dans la famille. Cette dynamique familiale semblait être la source de tous mes problèmes, mais à l'époque, je n'arrivais pas à l'identifier. Je ressentais toujours que *je n'avais pas ma place*.

Il y eut, à l'époque, un changement de programme familial que l'on se garda bien de me révéler. Mais plus tard, durant l'hiver, mon père m'annonça que ma sœur allait se marier au mois de mai. Les informations autour de l'événement étaient très vagues. Chose certaine, ce mariage n'était pas accueilli dans la joie et l'allégresse. Je n'ai jamais pu parler à ma sœur des circonstances entourant l'événement. On me tenait loin d'elle, pour des raisons que je ne comprenais pas. Après son mariage, j'eus peu de nouvelles, car elle vivait au loin. Je ne repris contact avec elle que beaucoup plus tard dans ma vie.

Avec mes notes qui baissaient, les professeurs ne comprenaient pas ce qui se passait, car je n'avais jamais éprouvé de difficultés auparavant. Mes parents ont été avisés de l'étrange situation. Un jour, je me suis retrouvée dans le bureau de l'infirmière suite à des étourdissements. Mes parents ont dû rencontrer l'infirmière qui les a informés de mon état. Cela avait créé tout un émoi, mais je n'en connaissais pas la raison. À la lumière de cette rencontre, mes parents se disputaient tout le temps. C'était devenu l'enfer chez moi. Mon père m'avisa que l'infirmière et un conseiller quelconque leur avaient dit de me sortir de la maison le plus rapidement possible, car le climat familial était destructeur pour moi. Il ajouta que je vivrais en résidence au Cegep.

Je ne comprenais pas ce qui se passait et personne ne semblait vouloir me l'expliquer. Je rejetais cette famille qui ne me comprenait pas et cette famille semblait me rejeter à mon tour. J'étais défaite. Pour ajouter à ma détresse, cet été-là, je devais suivre des cours supplémentaires, à Montréal, afin d'entrer au Collège. Mon père me loua une chambre dans une pension tout près de l'endroit. Ma mère m'avait déjà encouragée, l'année précédente, à me trouver du travail comme bonne et gardienne d'enfant dans une maison privée. J'étais habituée alors à être au loin, mais cette fois-ci ce n'était pas pour les mêmes raisons. À la fin de mon cours, je retournai trouver du travail dans une maison privée à ville Mont-Royal, afin de terminer l'été sans être chez mes parents. Ces derniers semblaient soulagés. Ils avaient accomplis les directives scolaires, j'étais loin d'eux.

Je n'avais pas conscience à cette époque, que je percevais tous les états émotionnels qui m'entouraient, que je les ressentais sans savoir les interpréter. Je ne faisais pas la différence entre mes vibrations et celles des autres. Si quelqu'un m'avait dit à cette époque que j'étais médium et que les vibrations des conflits de mes parents étaient malsaines pour moi (ils étaient en pleine crise de couple), cela m'aurait beaucoup simplifié les choses. Je n'aurais peut être pas accepté la situation, mais je l'aurais au moins comprise. Aussi, je n'aurais pas cultivé l'idée que le problème venait de moi.

C'est au Cegep que la vie s'est mise à avoir du sens pour moi. J'aurais dû théoriquement m'ennuyer de mes parents. Mais non, je vivais une sensation de bien-être et de délivrance. J'étais heureuse pour la première fois. C'était comme si le lourd nuage qui entourait l'atmosphère de la maison ne m'affectait plus. De plus, j'avais déniché un travail dans un salon de haute couture où je travaillais le vendredi et le samedi. Je retournais seulement le dimanche à la maison paternelle. Ma joie et mon entrain étaient tels, que rien ne pouvait plus m'affecter.

Par contre, cet éloignement provoqua un certain stress à d'autres niveaux. Il s'était développé chez moi, avec les exercices de méditation et de yoga que m'avait montrés mon père, des potentiels que j'ignorais. Je ne savais pas comment appeler ce phénomène et je n'y accordais aucune importance. Mon père était présent quand cela arrivait et je me sentais en sécurité. Rendue seule au Cegep, je pris conscience que je vivais des expériences de sortie hors corps. Ces dernières se sont multipliées de plus en plus, et je fus prise de panique.

De plus, à cette époque, je m'amusais à un petit jeu qui, au début, faisait rire tout le monde mais qui, à la longue, m'a vraiment donné la frousse. Je m'exécutais toujours dans la cafétéria du collège où il y avait au bas mot 1200 personnes présentes sur l'heure du midi. Il y avait dans cette cafétéria environ

25 machines distributrices. Je m'amusais à demander à une amie de choisir, au hasard, une personne inconnue de moi, ainsi qu'une machine distributrice. Ensuite, j'informais le petit groupe avec lequel j'étais que dans 5 minutes la personne inconnue irait acheter un produit dans la machine distributrice choisie pour l'expérience. Cela marchait toujours. Les premières fois c'était drôle. Plus je prenais de l'assurance à ce jeu insignifiant, plus j'avais peur du potentiel psychique qui m'animait. Il me vint à l'idée que si j'en voulais assez à quelqu'un pour souhaiter sa mort et que j'apprenais, après avoir eu cette pensée, qu'il était effectivement décédé, je ne me sentirais pas très à l'aise avec mes capacités. Jugeant que je n'avais pas la sagesse de me servir de celle-ci (sauf lorsque je jouais au billard avec mon copain et que j'influençais ses balles pour qu'il ne gagne pas...) Je choisis d'enterrer ce potentiel au plus profond de moi. J'ai donc mis volontairement cette partie de moi-même aux oubliettes, car j'en avais peur.

Le temps passa et je suis entrée à l'université. J'avais choisi l'architecture comme profil de carrière. Ce choix datait du temps de mes jeux avec mes poupées, dans les maisons en construction. Je savais depuis la septième année scolaire que je voulais devenir, soit architecte soit dessinatrice de mode. Mon père, conscient de mes intérêts, m'avait déconseillé d'aller en dessin de mode car ce travail était, selon lui, trop marginal. Par contre, il ne pensait jamais que je choisirais l'architecture et encore moins que je réussirais à obtenir un diplôme. Il gardait secrètement l'information pour lui, question de ne pas me décourager, mais les vibrations de ses pensées étaient tout de même présentes et je les ressentais.

Les tests d'entrée à l'École d'architecture de l'Université, demandaient beaucoup d'aptitude à la visualisation en trois dimensions. En fait, ils étaient tous orientés en ce sens. Je réussis ces tests et fus acceptée à l'Université de Montréal (francophone) et à l'Université McGill (anglophone). Je choisis celle qui me coûterait le moins cher, l'Université de Montréal. Évidemment, il n'était pas question pour moi de retourner vivre chez mes parents. La tension familiale était à son maximum, car mon père ne revenait à la maison que quelquefois par mois. Il avait son propre appartement au centre-ville et ma mère restait seule à la maison avec mon jeune frère. Je sentais que nous n'étions plus une vraie famille depuis le mariage de ma sœur et mon départ pour le Cegep.

Peu à peu, je me suis reconstitué une autre famille avec les nouveaux amis de l'Université. Et puis, il y avait Fanfan, une copine du Cegep et Marjorie, qui m'avait également suivie à l'Université. Ces deux amies étaient adoptées. Étrange coïncidence !

Ma vie sentimentale n'avait pas été très élaborée durant mon adolescence. J'ai eu deux copains : le premier, un joueur de batterie, puis le second, le frère de Marjorie, mais rien de sérieux. À l'université, je regardais les gars plutôt comme des amis que des prétendants. Par contre, il y en avait un qui se démarquait des autres. Cédric ! Je l'avais connu au Cegep, mais n'y avais jamais porté d'intérêt. Il proposa de me reconduire à la maison familiale quand notre horaire était le même. Il avait une auto.

Il voyageait à l'Université matin et soir et moi je ne faisais le trajet que les fins de semaines. Nous étions souvent ensemble et sommes devenus de bons amis. J'étais, semblait-il, la seule qu'il amenait chez lui. Ses parents me considéraient un peu comme *sa petite amie*. Mais nous n'avions pas défini notre relation de la sorte. Elle était de nature platonique. Nos charges de travail augmentaient et les intérêts de chacun ne convergeaient plus. Bref, nous n'avions plus le temps de nous voir. De plus, je sentais que Cédric avait une vie parallèle dont il ne me parlait jamais. Il est donc disparu de ma vie et à la fin de son cours, il alla s'installer dans une région éloignée de toute civilisation.

À la fin de ma deuxième année d'Université, j'eus la chance d'obtenir un emploi en recherche dans le domaine des matériaux de construction. C'était différent de mon emploi de caissière et de couturière dans un grand magasin à rayon. Je pus enfin sentir ma future profession d'un peu plus près. Ce nouvel emploi me donna des ailes et mes patrons étaient très satisfaits de moi. Cette expérience me permit, par la suite, d'entrer à l'emploi d'une grosse firme d'ingénieurs avant même de terminer mes études.

Nous étions au début de décembre et les fêtes de Noël étaient en préparation lorsque j'ai obtenu ce nouvel emploi. Je fus invitée au party de Noël des employés et mon patron s'offrit à me reconduire chez moi après la fête. Rendu à la maison, il s'est fait tout à coup très intime et voulut m'embrasser. Je n'étais pas préparée à ce genre de situation au travail. Je trouvais cette manière d'être très déplacée et je refusai toute forme d'avances. Les conséquences de ce geste ne se firent pas sentir tout de suite, car je ne travaillais que deux jours par semaine. Plus tard, une forme très subtile de harcèlement s'installa dans mon entourage de travail. Je ne disais rien car cet emploi était très important pour moi.

Je logeais plus souvent chez mes parents car mon emploi était prés de leur demeure. Je voyais mon père seulement lorsqu'il venait à la maison. L'atmosphère était toujours aussi insoutenable. Je demandai donc à Marjorie si sa mère accepterait que j'habite chez elle, le temps de m'installer dans un appartement. Cette décision fut accueillie de façon orageuse par mes parents. Je n'avais pas laissé d'adresse de déménagement. Je voulais être tranquille et vivre ma vie. Après tout, j'avais 23 ans. Mon père était furieux, il appela chez mon petit ami Paul, croyant que j'habitais chez ce copain. Le pauvre n'était même pas au courant de ma décision. Il reçut l'orage de plein fouet. Quatre mois plus tard, tout était rentré dans l'ordre et je retournai chez ma famille pour récupérer mes effets personnels et les installer dans mon nouvel appartement. J'étais maintenant libre, je possédais une auto et un appartement.

2 – Ma rébellion

J'avais tout pour être heureuse. Malgré une forme subtile de harcèlement venant de mon patron, j'aimais mon travail bien rémunéré. J'avais toute la vie devant moi. Les contacts avec mes parents étaient revenus « à la normale ». J'avais renoué avec ma sœur. Il s'était écoulé plus de six ans depuis notre dernière rencontre. Elle vivait sans contact avec la famille depuis ce temps. J'appris qu'elle vivait de façon très modeste et que les fins de mois étaient quelquefois difficiles. J'étais sidérée. Elle avait, pour des raisons que j'ignorais, décidé de ne pas donner de ses nouvelles. Ma mère était assurément en contact avec ma sœur car elle me donna son adresse et son téléphone. Je trouvais la situation impensable.

J'étais encore célibataire. J'avais rompu avec mon petit ami Paul. Cédric, l'ancien copain d'Université était revenu dans le décor. Il pratiquait toujours sa profession en région éloignée. Il semblait intéressé à renouer, mais je ne savais pas tout à fait sur quelle base. Il n'était certes pas assez présent dans ma vie pour décourager mon patron de continuer à me faire des avances. Les choses s'envenimèrent et mon patron me harcelait de façon de plus en plus insistante. Parce que je lui refusais toute ouverture, il trouvait toujours une façon de me ridiculiser devant mes collègues. Pour ajouter à ma détresse, un soir, Marjorie me téléphone et m'informe que Cédric fréquentait plusieurs filles en même temps. C'était le bouquet ! Je ne comprenais pas pourquoi la vie était ainsi dans mon entourage. Le patron qui me harcelait et un copain dont les fréquentations féminines étaient multiples. Je me demandais si les hommes étaient tous ainsi.

Je choisis de ne plus revoir Cédric. Je persistais à conserver mon emploi, malgré le harcèlement du patron et l'ambiance néfaste pour mon moral. J'étais emballée par les projets qui m'étaient confiés. Ils exigeaient de la créativité et je pouvais l'exprimer totalement. J'ignorais que je resterais cinq ans à l'emploi de cette firme. Un jour, on m'a offert un nouvel emploi. Mon estime personnelle avait été profondément perturbée durant ces cinq années, mais je ne m'en rendis compte que beaucoup plus tard.

Dans l'immeuble que j'occupais, il y avait trois autres appartements sur le même palier. L'un d'entre eux était habité par trois jeunes hommes d'environ mon âge. Ils étaient très sympathiques et me rendaient beaucoup de services. Un de leurs copains venait quelquefois chez eux. Le jour de mon déménagement ils m'avaient tous aidée. J'avais donc retourné la politesse en leur annonçant que je pendrais la crémaillère lorsque je serais totalement installée. Cette fête eut lieu peu avant mon départ pour l'Europe, avec mon amie Marjorie. Vacances bien méritées ! À mon retour, ces mêmes voisins de palier m'annoncèrent qu'ils voulaient louer un chalet dans les Laurentides avec d'autres amis. Ils me mentionnèrent que l'architecture du chalet était à voir et que cette visite devrait m'intéresser au plus haut point, étant donné mon métier.

Je me suis laissée tenter au cours d'une fin de semaine du mois de septembre. Le lieu était magnifique et la maison, comme dans les revues de décoration. Ce fut le coup de foudre. Mes amis me dirent qu'ils cherchaient d'autres co-locataires et que si j'étais intéressée, j'étais la bienvenue. J'acceptai cette co-location pour la saison de l'hiver, espérant que ce havre de paix me changerait les idées.

Un jour, me rendant au chalet, j'ai eu un accident qui aurait pu m'être fatal. Je ne comprenais d'ailleurs pas pourquoi j'étais encore vivante. Je l'ai échappé belle, comme si quelqu'un m'avait prise en charge dans l'invisible. Je n'avais pas à mourir, mon heure n'était pas arrivée. Cet incident avait troublé l'un des co-locataires du chalet si bien que la fin de semaine suivante, il m'invita à souper au restaurant. Il choisit ce moment d'intimité pour me faire une déclaration d'amour en bonne et due forme. Je fus sidérée par ses aveux, car je ne me sentais pas attirée par cet homme. Certes, il était gentil, mais la flamme n'y était pas.

N'ayant connu aucune relation stable et ayant accumulé certaines expériences négatives avec l'ex-patron, je regardai la situation sous un autre angle. Cet homme avait de belles qualités et venait d'un famille respectable. De plus, il ne semblait pas du genre à fréquenter plusieurs femmes en même temps. Je décidai donc de l'observer pour saisir sa façon de vivre au chalet. Cet homme me disait qu'il m'aimait... Évidemment, j'avais ma propre définition de ce qu'est l'amour. Je choisis de lui laisser une chance. Et il la prit. Deux mois plus tard, il me demandait en mariage. N'ayant aucune expérience dans ce domaine et ne sachant trop ce qu'était l'amour, je débutai ma vie de couple en disant « oui » à cet homme.

Lorsque j'annonçai la nouvelle à mes parents, mon père l'accueillit avec un air mi-figue mi-raisin. Il me questionnait pour connaître les bases sur lesquelles reposaient mon choix. Il voulait, semble-t-il, m'éviter la catastrophe. J'avais 24 ans. Il était mal placé pour me faire la morale sur les affaires de cœur. Il ne vivait plus avec ma mère depuis un certain temps et pourtant, il revenait à la maison de temps à autre, possiblement pour la galerie...

Six mois plus tard, j'épousais Timothé. Mon époux était d'origine allemande. Il y avait dans mon corps des résistances qui m'indiquaient que je ne devais pas consommer cette alliance. Je ne savais pas reconnaître ces indices parce que je m'étais coupée totalement de mon ressenti, pour ne plus avoir mal, et de mes antennes qui me faisaient peur. Trois semaines avant le mariage je fus très malade et une grippe insistante me cloua au lit. Je m'en remis juste à temps pour le mariage. Lors du voyage de noces en Allemagne, ma grippe réapparut comme par magie. Je n'avais plus de forces, je toussais comme une déchaînée et nous dûmes nous arrêter trois à quatre jours pour que je puisse prendre du mieux. Je ne comprenais pas ce qui m'arrivait.

Au retour, ma santé fléchissait de façon dramatique : maux de tête, grippes, fatigues chroniques, rien pour alarmer les médecins, mais assez pour rendre la vie moins agréable. Malgré tout, je tenais bon. L'intérêt que je portais à mon travail me nourrissait. Je n'avais jamais connu de relations nourrissantes, alors je ne pouvais pas en manquer vraiment. Les relations professionnelles étaient, à leur façon, une nourriture bénéfique pour moi.

Je me définissais à travers elles. Ma vie sociale était également très importante.

J'aimais organiser des fêtes et le dixième anniversaire de mariage de ma sœur était une occasion en or pour moi. Organiser une fête avec une famille décousue tenait de la haute voltige ! Il fallait rassembler père et mère autour de la même table. Ma mère choisit ce moment pour me faire des reproches sur ma façon d'être et particulièrement sur ma façon de « prendre parti » pour mon père dans leur histoire de divorce. Je choisis de m'éloigner d'elle. Je me sentais jugée et une profonde douleur émergeait de mon cœur.

Lorsque j'ai choisi d'avoir mon premier enfant, j'avais 29 ans. J'étais mariée depuis 4 ans et ma vie de couple se vivait de façon plutôt superficielle. L'exemple de nos parents nous servait de référence...

L'annonce de l'arrivée de Valérie, notre première fille, fut pour moi très troublante. Je me demandais si je serais une bonne mère. D'une certaine façon, je ne savais pas si j'étais prête. J'avais pourtant 29 ans ! Si je ne l'étais pas à cet âge, quand le serais-je ?

Au même moment, je commençais un nouveau travail dans une agence professionnelle qui se spécialisait en urbanisme. Ayant passé les examens pour devenir urbaniste, deux ans auparavant, cela me donnait des opportunités intéressantes. Les nouveaux patrons semblaient très exigeants. Et moi, j'étais enceinte ! Quatre mois plus tard, ils apprirent mon *état* et je fus mise sur la *tablette*.

Au plus profond de moi, je me sentais de plus en plus seule pour faire naître cet enfant. Je n'avais plus de contact avec ma mère depuis notre altercation. Mon époux ne semblait pas prêt, lui non plus, à être père. Je ne sentais pas de support de sa part. Il était là, sans être présent à mes inquiétudes. J'avais l'impression qu'en plus, il ne voulait pas entendre.

J'étais seule face à moi-même. J'accouchai de cette enfant dans l'angoisse et la peur. Je perdis mon emploi après mon congé de maternité. Ne sachant plus quoi faire après ces événements, je paniquais et j'avais peur de l'avenir incertain qui m'attendait.

Sachant sa mère dans un tel état, cette enfant était nerveuse surtout pour les boires. Je vivais toute cette angoisse intérieurement. J'avais l'allure de la femme forte. Finalement, six mois plus tard, je trouvai du travail en décoration intérieure. Il s'agissait d'un contrat avec le gouvernement fédéral. Il fallait voyager jusqu'à Ottawa, capitale du Canada. Je devais apprendre à laisser mon enfant entre les mains d'une gardienne. Quel déchirement ! Mais je n'avais pas le choix. Quelque chose en dedans me disait que je devais à tout prix travailler pour prouver quelque chose à la société, à mon époux et à moi-même.

Mais d'où me venait cette hantise destructrice ? C'était comme si je devais occuper une place dans la société et que je devais fabriquer le moule de cette place avec mes accomplissements professionnels, d'épouse et de mère. Je m'étais mis beaucoup de responsabilités sur le dos sans m'observer dans cette attitude. Je cherchais ma place et je croyais qu'il fallait que je la fabrique de l'extérieur. Mes parents avaient, à leur façon, tenté de se fabriquer, eux aussi, une place bien à eux. Le mode d'emploi ne semblait pas fonctionner, car plus ils essayaient, plus c'était difficile et compliqué. J'ai reproduit le même modèle jusqu'à m'en épuiser.

Le temps passa. Valérie était une enfant merveilleuse et sans difficulté, compte-tenu des parents qu'elle s'était choisi. Nous venions tous les deux d'une famille dysfonctionnelle. Après un an et demie d'un régime de travail à temps plein, additionné de l'éducation d'une enfant et d'un époux qui fréquentait l'Université deux soirs par semaine, j'ai cherché à me simplifier la vie car je ne pouvais tenir le coup plus longtemps. Je choisis donc d'ouvrir ma propre entreprise comme consultante en urbanisme. La chance m'a souri, comme si la vie voulait me dire que j'étais sur le bon chemin. Cette nouvelle situation me simplifia la vie au niveau organisationnel. Cela valait le coup. Afin de m'introduire et de me faire connaître du milieu des affaires et des municipalités, je fis du bénévolat dans les organisations locales de ma région.

Petit à petit, je bâtis mon entreprise et me fis connaître. J'adorais mon travail, il me stimulait et prenait une grande place dans ma vie. Il prenait même toute la place qui aurait pu servir à approfondir ma relation avec mon époux. N'ayant pas de point de référence sur la qualité relationnelle d'un couple, autre que celle offerte par mes parents, je ne percevais pas les difficultés qui m'attendaient et je choisis d'avoir un second enfant. Cette dernière, nommée Élizabeth, vint ensoleiller ma vie. Cette fois-ci, j'étais beaucoup mieux préparée à être mère qu'à mon premier enfant.

Deux ans après, quelque chose n'allait pas, mais je ne pouvais l'identifier. Je vivais un mal être. J'avais beau scruter toute ma vie et chercher la faille, je ne la trouvais pas. Je sentais monter en moi une colère profonde sans toutefois savoir à quoi elle était due. Mon corps m'avait bien montré des signes de faiblesses constantes, des maux de tête, des fatigues chroniques et des cystites à répétition. Un immense morceau de puzzle manquait pour que je fasse le pont entre toutes ces synchronicités. Je savais, par contre, que j'étais révoltée contre la vie elle-même.

Un autre avertissement que les choses n'allaient pas fut l'inefficacité des antibiotiques sur moi. J'avais une cystite et je dus prendre quatre séries d'antibiotiques pour me rendre compte que ces derniers n'avaient aucun effet. Les médecins ne savaient plus quoi faire. Je me suis donc tournée vers la chiropractie. Un praticien d'expérience m'initia à certains exercices pour le corps. Il me donna également des remèdes provenant d'herbes. L'effet fut fantastique. Je découvrais les merveilles de la médecine alternative.

Mon époux, à cette époque, avait acheté un livre intitulé « Écoute ton corps » de Lise Bourbeau. Je l'ai consulté à la page où l'on mentionnait cystite, pour me rendre compte qu'on l'associait à une rancœur contre quelqu'un. Mais contre qui avais-je donc de la rancœur ? Lorsqu'on demande une telle question à la vie, cette dernière ne tarde jamais à nous répondre...

3 – Les chemins de ma vérité

J'avais, quelque part, à l'intérieur de moi, une rancœur et j'étais malheureuse sans savoir pourquoi. Je possédais pourtant tout : un mari, deux enfants, une belle maison et mon entreprise fonctionnait à merveille. Selon la société, j'avais réussi et j'avais tout pour être heureuse, mais je ne l'étais pas. Qu'est ce qui n'allait pas ? Où était le problème ?

Un jour, une amie est venue chez moi et m'a parlé d'une expérience qu'elle avait vécue. Cette expérience portait le nom de « Rebirth ». C'est une sorte de respiration consciente qui nous met en contact avec notre corps et nos émotions pour mieux nous comprendre. Étant donné que je ne me comprenais pas, je me suis convaincue que cette expérience était pour moi l'occasion d'aller voir ce qui n'allait pas. J'avais tout de même quelques pistes dans mon état « d'être malheureuse ». Il y avait mon état de santé ; de plus quelque chose manquait dans notre couple, surtout dans notre façon de vivre à l'horizontal. N'ayant aucune autre référence d'évolution, je choisis d'expérimenter le rebirth. J'en parlai à nom époux, question de voir son ouverture à la chose.

Nous avons choisi de vivre cette expérience lors d'une fin de semaine, au cours d'un atelier de croissance personnelle. Mes découvertes sur mes propres blessures et celles de l'homme avec qui je vivais, ont été pour moi un choc. Je suis restée dans cet état de choc durant près d'un mois. Les choses ont fini par reprendre leur place, mais je ne pouvais plus nier tout ce que j'avais découvert sur moi et mon époux. De plus, j'étais devenue consciente de mes capacités à ressentir les gens. Il y avait quelque chose qui passait à travers mes mains. Lorsque je touchais les gens, cela les aidait lors de leurs expériences de rebirth. Je n'y comprenais rien.

Je fréquentais une amie infirmière qui recevait des traitements de polarité. Elle me parlait de ses traitements et de leur efficacité face à ses difficultés de santé. Depuis l'âge de 23 ans, elle souffrait de problèmes cardiaques. Depuis ce temps, grâce à une intervention chirurgicale, elle avait pu jouir de la vie jusqu'à maintenant, c'est-à-dire 55 ans. Près d'un mois après l'atelier, elle nous invita chez elle pour la fête du Jour de l'an. Nous étions environ quarante-cinq invités et toute sa famille y était. Tout à coup, elle fut prise de douleurs au cœur et s'est sentie très mal. Elle dut s'allonger. Sa sœur était effrayée. Sans me poser de questions, je me suis retrouvée dans sa chambre et je lui proposai, en riant, de lui faire de la polarité selon ma vision. À cet instant, quelque chose en moi savait où mettre les mains. Je me suis laissée aller. À ma grande surprise, cela la réconforta et elle me regarda avec des gros points d'interrogation dans les yeux. Trente minutes plus tard, elle était assise dans le salon, toujours avec la même expression sur le visage. Tout le reste de la soirée, nous nous sommes à peine parlé, comme s'il n'y avait plus rien à dire, comme si les paroles étaient de trop. J'étais stupéfaite. Je l'aimais beaucoup cette copine. Elle était une mère d'adoption pour moi.

Peu de temps après cet événement, je suis retournée chez cette amie. Elle s'est fait un devoir de me prêter des livres sur la polarité ainsi que sur les recherches du Dr. Janine Fontaine. Je fus très touchée et me mis à dévorer ce matériel.

Au mois d'août de cette même année, elle m'annonça qu'elle devait être opérée à nouveau. Nous nous sommes rencontrées une semaine avant son entrée à l'hôpital. Les chances de réussite de l'intervention chirurgicale étaient très bonnes, mais lorsque je l'ai vu, j'ai eu la sensation que c'était pour la dernière fois. J'en avais des frissons dans le dos. Au lendemain de son opération, elle est morte. Son cœur avait éclaté. La nouvelle m'a été annoncé par sa filleule qui demandait à me rencontrer, car ma copine avait laissé un message pour moi avant de mourir. J'étais stupéfiée. Je n'avais aucune idée du contenu de ses propos. Un héritage hors de l'ordinaire me fut légué lors de cette rencontre. Le message de Denise était clair ; j'avais des dons de guérison et je devais continuer d'investiguer sur le potentiel de mes mains.

J'ai reçu cette information comme un coup de masse sur la tête... Je ne savais qu'en faire et n'en voulais pas. Cette information venait d'une morte qui avait travaillé toute sa vie comme infirmière... Cette révélation venait déranger un peu trop ma petite vie tranquille. De plus, c'était loin d'être dans les cordes de mon métier. Je n'avais pas du tout l'intention de me recycler. Je venais tout juste de terminer une maîtrise en environnement. J'ai donc joué à l'autruche.

Au début de l'année suivante, j'ai ressenti le besoin de faire un nouvel atelier de rebirth, pour voir où j'en étais. Je me suis rendue compte que lorsque l'on fuit une réalité qui nous habite, elle nous court après à toutes jambes. Lors d'un exercice où il fallait travailler avec les mains, cette impression bizarre d'un courant électrique passant à travers moi et mes mains, est revenu me hanter. Cette fois, prenant tout mon courage, j'ai partagé au groupe ce que je ressentais. Une des animatrices du groupe me traduit mes explications en deux mots et me dit *Tu as des mains qui guérissent*. Je me suis mise à pleurer. C'était trop pour moi. J'aurais probablement dû être heureuse d'entendre cela mais, pour des raisons inconnues alors, je pleurais et je me demandais, *pourquoi moi* ? Cela me terrifiait.

Le temps a passé et au mois d'août, je suis retournée seule faire un atelier de rebirth. Dans ce nouvel atelier, le rebirth se faisait dans l'eau. Lors de cette expérience, j'ai vécu un état de bien-être dans une lumière chaude. Je me suis sentie tour à tour une baleine et une flûte dont les notes sortaient de ma colonne vertébrale. Je m'amusais même à accorder cet instrument de musique que j'étais, en chantant. Cette expérience m'a beaucoup nourrie, car le courant était ailleurs que dans mes mains que j'avais oubliées temporairement. En fait, le courant avait traversé tout mon corps.

Cet atelier a tout de même bousculé ma vie. J'étais sur une longueur d'onde différente de mon époux et je sentais que je m'éloignais de lui. Il se sentait désorienté face à mes sautes d'humeurs. Un mur d'incompréhension s'élevait entre nous deux. Nos chemins se distanciaient de plus en plus. Plus je me découvrais, plus je m'éloignais de lui.

À l'automne, un voisin, victime d'un accident de travail chez Hydro-Québec, m'avise qu'il s'est recyclé dans la massothérapie. Je connaissais Damien par l'intermédiaire de nos enfants respectifs. Il me tendit la brochure de l'école qu'il fréquentait et m'expliqua qu'il prenait des cours de polarité. Mes mains revenaient à la surface... Après mûres réflexions, je décidai de réduire mon temps de travail à quatre jours semaine pour suivre le fameux cours de polarité. Ce dernier s'échelonnait sur 180 heures pour la session, à raison d'un cours par semaine avec des ateliers pratiques supplémentaire toutes les deux semaines. Il constituait le départ d'une série de cours cumulant plus de 500 heures menant à un diplôme d'intervenante en polarité. Je plongeai dans ces études, prétextant que ce n'était que pour mon évolution personnelle, mais je jouais encore à l'autruche.

Les cours de polarité étaient très intéressants et j'y découvrais différentes approches corporelles. L'école que je fréquentais formait des massothérapeutes ainsi que des thérapeutes psychocorporels. J'avais donc accès à une brochette de professeurs spécialistes en approche de toutes sortes.

Au même moment, j'entreprenais une thérapie de couple afin de nous aider à voir plus clair dans notre relation. Mon époux avait choisi la thérapeute. J'avais acquiescé sans trop savoir à quoi m'attendre.

Cette thérapie m'amena à faire des comparaisons dans les approches thérapeutiques de l'école et celles employées par la thérapeute que mon époux et moi consultions. Quelque chose n'allait pas avec cette personne, mais je n'avais pas assez d'expérience pour tout saisir. Je choisis donc d'observer... tout en écoutant ses recommandations. Mais quelque chose en moi me disait que cette thérapie était inappropriée à mes besoins de saisir ce que je vivais parallèlement à mes difficultés de couple. Tout semblait pour moi interrelié.

4 – La découverte de mes mémoires occultées

Les découvertes que j'ai faites au cours des semaines qui ont suivi le début des cours de polarité étaient extraordinaires. Il existait une science qui expliquait tout ce que je ressentais dans mon corps. C'était fantastique, un monde nouveau s'ouvrait à moi ! Plus je me rapprochais de moi-même à travers cette approche issue de l'ostéopathie, plus je m'éloignais de mon conjoint. Nous n'étions plus, depuis un certain temps, sur la même longueur d'onde. Cette distance creusait un fossé énorme entre nous.

La polarité devenait, petit à petit, une nouvelle partie de ma vie. Les ateliers pratiques me permettaient de découvrir mes mains dans une ambiance bienfaisante. À travers ces techniques qui travaillent sur la mémoire cellulaire du corps et les émotions qui y sont reliées, mon corps me livrait ses messages. À un moment, j'ai bloqué. J'avais l'impression qu'il ne fallait pas que je me souvienne. Nous étions à travailler les différentiels de pression dans le corps. Pour des raisons que j'ignorais à l'époque, cet exercice déclencha quelque chose dans mon corps. J'avais des souvenirs de scènes qui n'avaient, selon ma logique, aucun sens. Je ne voulais pas me rappeler. J'étais effrayée. Qu'y avait-il en moi de si traumatisant, pourquoi ne devais-je pas me souvenir ?

À ce moment, le professeur, m'est venu en aide et m'offrit une approche en P.N.L. (programmation neuro-linguistique) et hypnose. J'ai fini par accepter, étant hantée par les images qui revenaient à ma mémoire. Je croyais devenir folle. Lors des séances qui ont suivi, je me suis souvenue de contacts particuliers avec l'invisible. Ces souvenirs semblaient dater de l'âge de cinq ans. Ces contacts paraissaient être de nature extra-terrestres et je me voyais subir des prélèvements aux différentes glandes. Il semblait y avoir trois types de personnages : l'un d'eux donnait l'impression d'être en charge de mon éducation que je qualifierais d'interplanétaire, m'expliquant d'où ils venaient, pourquoi ils étaient là et comment nous étions en contact. J'avais l'impression de vivre un film de science-fiction. J'étais troublée en ressentant une sorte de nostalgie par rapport à eux. Mon professeur thérapeute, ne sachant trop pourquoi je ressentais des liens si forts avec ce passé trouble eut l'idée de me faire reculer dans le temps, avant ma naissance. Le film de science-fiction se poursuivait car, en état altéré de conscience, je semblais être devenue l'un d'eux. Ma thérapeute, voulant en être certaine, demanda à cette nouvelle physionomie qui se dessinait par-delà mon visage, de s'identifier. Aucune réponse verbale n'est venue. La télépathie semblait être de mise pour cette réponse. Elle fut sidérée par l'énergie de mes yeux qui la regardait. Cette énergie pénétra son corps et elle ne pouvait plus bouger. Je n'étais plus tout à fait Marie-Louise. De retour à mon état normal, j'avais un vague souvenir de tout ce qui s'était passé, me rappelant seulement de ce que j'étais capable de supporter. Par contre, j'avais l'impression que je ne devais m'en rappeler qu'en temps et lieux. Le reste de ces images est revenu petit à petit.

On ne se relève pas d'une telle expérience comme ça, tout bonnement. J'avais la conviction de devenir de plus en plus folle. Pourtant, je n'avais jamais eu de difficultés à gérer ma vie. Certes, j'avais toujours eu l'impression que je venais d'ailleurs, mais n'en avais jamais fait de cas. Je n'avais également jamais fait de cas des multiples rêves avec des êtres venant de je ne sais où. Je me mis à la recherche d'indices qui me permettraient de relier ces phénomènes, pour le moins étranges, à la réalité du vécu de mon enfance.

Lorsque je questionnai mon père, il me répondit qu'il y avait bien des ramifications à la psyché humaine et que j'avais besoin de cette histoire inventée par mon cerveau pour me sentir différente des autres. Je ne voulais pas devenir un cobaye « officialisé » concernant ces types de contacts et les arguments de mon père avaient un certain sens.

Je recommençais à renouer contact avec ma mère. J'espérais qu'elle me donnerait des indices, sans que j'aie à expliquer les raisons de cet intérêt soudain concernant mon enfance. Un jour où j'étais au restaurant avec elle, je lui demandai de me parler de mon enfance, de façon générale. C'est alors qu'elle me révéla qu'à l'âge de cinq ans, j'étais devenue soudainement « survoltée ». Intéressée, je lui demandai ce qu'elle entendait par ce mot, voulant vérifier s'il s'agissait d'un état de révolte ou d'hyperactivité. Elle me dit qu'il ne s'agissait de rien de cela. Ma mère, étant devenue enseignante spécialisée en enfance inadaptée, savait sûrement mieux que moi, de quoi elle parlait. Elle ajouta qu'elle entendait par le mot « survolté » trop de courant électrique dans mon corps. Mes parents ne savaient que faire de la situation. C'est à ce moment que mon père choisit de m'apprendre les pratiques du yoga et de la méditation.

Un indice venait de m'être révélé, sans préjugé. L'histoire ne finit pas là... Je m'apprêtais à faire une dernière série d'ateliers de rebirth intitulés « Corps en accord ». Lors de la dernière séance, je revécus dans mon corps les contacts avec ces êtres de l'au-delà ainsi que les sensations qui en découlaient. L'équipe de rebirthers ne savait plus où donner de la tête. J'étais devenu un cas difficile et personne ne savait comment me guider dans mon expérience.

Morale de l'histoire, lorsqu'on s'ouvre à sa propre énergie, c'est comme si on déballait un cadeau. On ne sait jamais ce qu'on va y trouver. Et, si la surprise dépasse l'expérience de l'intervenant qui nous accompagne, on est face à soi-même. Mais comment savoir à l'avance... J'errai de spécialistes en spécialistes sans vraiment trouver celui qui pouvait remonter toute cette histoire. J'avais besoin de faire une synthèse sur ma vie, d'accepter et d'intégrer ce nouvel aspect, même s'il semblait être tout à fait irréel.

J'ai fini par accepter que je ne comprendrais jamais. De plus, j'avais l'impression qu'avec toutes ces découvertes, j'étais visitée la nuit par ces êtres. La peur et la panique m'habitaient. Je voulais me cacher de ces êtres invisibles dont je ressentais la présence. Rien à faire. J'ai appris avec le temps que l'on ne peut pas se cacher de certains espaces de soi-même, même si on ne les comprends pas et qu'ils dépassent la réalité. Ces êtres semblaient faire partie de mon histoire à travers mes vies antérieures et il fallait bien que j'accepte cet état de chose.

Toute cette situation n'aidait pas mes difficultés de couple et je n'avais personne à qui me confier. Je n'arrivais pas à rejoindre mon époux en profondeur et personne ne semblait pouvoir comprendre ce que je vivais en mon for intérieur. Après une année et demie de consultations, la thérapeute du couple trouvait que je ne m'impliquais pas assez dans la thérapie et me demanda de lui payer des sessions privées, seule avec elle. J'ai fini par lui dire que si j'avais à payer des sessions, ce ne serait pas avec elle que je les ferais. Cette annonce fut le début de la fin. Je consultai mon époux et lui avouai que j'avais l'impression de perdre mon temps avec cette thérapeute et qu'elle ne m'était d'aucun secours. Je lui suggérai donc une autre thérapeute de couple qui pouvait m'aider d'une façon personnelle, aussi bien que de nous éclairer dans notre vie de couple. Cette femme était rattachée à l'école où j'étudiais la polarité. De plus, j'avais l'impression que beaucoup de choses étaient reliées. Cette nouvelle thérapeute ne pouvait, par contre, émettre des reçus pour les assurances. Mais, je savais qu'elle mettrait au clair une situation trouble qui durait depuis trop longtemps. Nous avons donc consulté cette nouvelle personne. En trois semaines elle avait fait le tour de notre situation. Elle nous avoua qu'elle aurait dû nous prendre en consultation dix ans auparavant pour s'assurer que nous serions sur la même longueur d'onde. Maintenant, il était trop tard. Nous étions trop différents et n'étions plus sur le même plan de conscience. Un tel aveu me poussait à vouloir comprendre en profondeur ce qui n'allait pas, pour ma propre évolution. Ayant échoué notre mariage, nous avons choisi de réussir notre divorce. La thérapeute nous aida à négocier tous les aspects légaux et financiers du divorce, afin de trouver satisfaction dans les décisions que nous prenions. Elle savait nous guider dans nos émotions avec une sagesse inébranlable.

La vie continuait, malgré toutes ces prises de conscience, les souvenirs étranges qui remontaient à ma mémoire et la décision de nous séparer. Par un miracle venu d'en-haut, je réussis à m'acquitter des tâches quotidiennes et de mon travail, à la satisfaction de tout mon entourage.

5 – Mon ouverture au monde de l'invisible

Les découvertes dans ma vie ne s'arrêtèrent pas là. Je devais compléter mon diplôme de praticienne en polarité avec des ateliers de toucher thérapeutique. Je m'inscrivis donc au premier cours d'une durée d'une semaine. Celui-ci avait lieu au mois d'août dans une petite auberge des Laurentides. Ce lieu d'enseignement était une construction en forme de pyramide. Nous étions un groupe de douze personnes, dont Damien, le copain qui m'avait référé l'école de thérapie psycho-corporelle. La première journée fut assez troublante, car j'apprenais à m'ouvrir de plus en plus à la lumière et à l'énergie universelle. Les choses que je n'avais pas saisies jusqu'à maintenant commençaient à avoir du sens.

Lors d'une détente méditative sur le thème de la rencontre avec les anges, je me sentis tout à coup aspirée vers le haut. Je croyais que mon cœur allait éclater et que j'allais mourir. J'ai appelé mon professeur pour lui partager mon inconfort, lui demandant de me tenir les mains. Elle m'a demandé si je voulais cesser l'expérience. J'ai répondu *non*. J'ai continué à me laisser aspirer vers le haut jusqu'au moment où j'aperçus dans l'invisible deux grosses boules dorées qui s'adressaient à moi. J'avais l'impression de rêver. Leur message était fort étrange et je ne les compris que bien plus tard. Ces messages me disaient que je devais élever mes vibrations pour voyager... que je devais rassembler les scientifiques de la survivance et que j'avais une responsabilité envers la planète. Ce qui me frappa de cette expérience, c'était que mon professeur ne pouvait pas soutenir mon regard, lorsque je l'informai que des *boules or* me parlaient... De plus, je percevais sa Lumière à travers elle. Étrange sensation... elle semblait être un ange. Cette nuit-là, je ne parvins pas à réintégrer complètement mon corps. C'est Damien qui, en désespoir de cause, me suggéra d'aller derrière la maison où il y a la mise à la terre de l'électricité, de la toucher en prenant soin de mettre mes pieds dans la marre d'eau tout près. Cette expérience pour le moins étrange, nous lia profondément l'un à l'autre. Je ne conseille cette pratique à personne, car elle est de dernier recours. Tout a fonctionné et je pus réintégrer mon corps et enfin aller dormir.

Les messages qui ont suivi ce voyage dans l'invisible, étaient toujours les mêmes « *Responsabilité de la planète* ». Je ne voulais pas accepter ces messages étranges que l'invisible tentait de me livrer. C'était comme si j'avais déjà pris entente avec eux avant de venir ici... Mon professeur, à la fin de l'atelier, m'a suggéré une série de traitements individuels pour mieux m'enraciner. Elle me dit qu'elle ne donnerait pas ces traitements seule. Elle sentait qu'une personne avec expérience dans l'invisible était requise pour m'accompagner. Aucune autre information ne me fut donnée, mais mon professeur avait gagné ma confiance. Tout au long de l'atelier, lorsque je vivais des choses troublantes, elle ne me laissait jamais seule, même lorsqu'elle ne savait pas toujours quoi faire. J'étais accompagnée par une femme de cœur.

Par la suite, je me suis initiée au kriya yoga, toujours en vue de mieux m'enraciner. Les jours se sont écoulés et, petit à petit, j'assimilais tout ce que j'avais vécu. Les expériences extra-terrestres prenaient de moins en moins de place, car ces nouvelles vibrations, inconnues m'habitaient. Une nuit, les fameuses boules or se sont encore présentées à moi. J'étais sidérée car elles me disaient qu'elles voulaient intégrer mon corps. Étant consciente de ma peur, je leur demandai si ils ou elles ne pouvaient pas retarder ce contact jusqu'au lundi suivant où j'avais rendez-vous avec mon professeur de toucher thérapeutique. Ils ont acquiescé et m'ont laissée dormir. Je sus alors qu'on pouvait négocier avec l'invisible...

Le jour « J » vint et je me retrouvai sur la table de massage de mon professeur pour un traitement. Elle me présenta la dame qui pouvait m'aider dans ce que je vivais. Je leur fis part du rendez-vous donné à mes visiteurs nocturnes. Le but était de leur faire la conversation dans une ambiance plus sécurisante pour moi... Leur réaction était comique, car elles se sentaient aussi mal à l'aise que moi. L'aveugle guidant l'aveugle quoi ! Cela s'est tout de même très bien passé et plus de monde que prévu se présenta au rendez-vous... Il y avait, en tout premier lieu, l'énergie qui était venue me voir quelques nuits auparavant. Aux dires de la dame, connaissante en ces choses, cela portait le nom d'*Uriel*. À la lumière de son information, je lui ai demandé « *C'est quoi ça ?* » C'est alors qu'elle me dit qu'il y avait un livre sur le sujet, sans me donner plus de détails. Il y eut aussi l'énergie de Mère. Je ne connaissais pas cette dame, à l'époque, mais c'était tout au moins une référence tangible. Elle avait beaucoup élaboré sur les cités de l'avenir. De son vivant, elle travaillait avec Sri Aurobindo. Cette dame était sûrement, à sa façon, une urbaniste dans le cœur. Cette présence me rattachait, à quelque chose de concret.

Un autre traitement, très révélateur pour moi, fut lorsque je vécus une espèce de sortie hors corps où j'étais fusionnée dans ma totalité. J'étais le Tout. Je me sentais si bien que je n'arrivais plus à redescendre dans mon corps. Je dus passer par une sorte de pont énergétique de couleur or rattaché aux deux hémisphères de mon cerveau. Ce fut toute une expérience ! Je pris vraiment conscience, à ce moment, que je portais en moi les énergies mâle et femelle. J'avais bien ressenti la séparation de ces deux énergies à travers le pont rattaché à mes hémisphères, lorsque je suis revenue dans mon corps. À la suite de cette expérience, il était impératif que je fasse du yoga, beaucoup de pratique de kriya yoga, pour rester les deux pieds sur la terre. Cette recherche de mes racines à travers cette nouvelle technique était aussi intense qu'un entraînement olympique.

À l'école de polarité et de massothérapie, j'ai demandé qu'on me fasse parvenir le fameux livre qui parlait d'Uriel. Le directeur de l'école s'occupa personnellement de la chose, présumant que je savais de quel genre de livre il s'agissait. Ces nouveaux visiteurs nocturnes, venant de l'invisible, étaient toujours au rendez-vous et leur enseignements comportaient des informations que je qualifierais d'étranges. Le livre arriva enfin. À ma grande surprise, je découvris qui était Uriel. J'avais entre les mains un livre qui avait été écrit à travers un médium et les informations contenues dans le livre venaient de l'archange Uriel. J'étais stupéfaite ! Lorsque je lus enfin le livre, j'en connaissais déjà le contenu, car mon visiteur nocturne m'avait tenu les mêmes propos. C'était le bouquet. J'étais face à moi-même, terrifiée, et de plus j'avais une preuve que je ne rêvais pas. Cette situation était embarrassante pour moi.

Deux mois plus tard, les visites nocturnes se sont transformées. Ils semblaient plus nombreux. L'archange Uriel s'amusa à me présenter son copain, l'archange Raphaël. Ce dernier voulait également me transférer des informations d'une nature différente. Elles étaient plus reliées à la guérison de l'âme, qu'à la guérison de la planète. Je me suis souvent demandé si mes études en environnement avaient quelque chose à voir avec Uriel ainsi que mes études de médecine douce avec Raphaël. L'invisible semblait avoir un plan très précis pour moi...

6 – La rencontre avec mon miroir masculin

À l'époque de mes premiers contacts avec Uriel, débuta une autre série de contacts particuliers. Je vivais des rencontres inusitées avec des hommes. Ces derniers me laissaient une impression très puissante de déjà vu. La première rencontre de cette nature s'est passée durant l'été où je fis l'atelier de toucher thérapeutique. Mes professeurs de polarité m'avaient parlé d'un homme qui s'intéressait aux mêmes choses que moi et qui me ressemblait énergétiquement. Je n'en fis pas de cas. Un jour, en visite chez mes professeurs à la campagne, le personnage en question se pointe à l'horizon. Une rencontre de cette nature reste gravée dans l'âme. Je connaissais cet homme. Mais d'où ? Je ne le savais pas. J'étais assise sur un banc et Scott, étant de stature très imposante, s'agenouilla devant moi pour me parler. Ses paroles me touchèrent immédiatement comme s'il savait voir à travers moi. Je le revis trois mois plus tard. Il voulait assister à une conférence sur l'environnement et me contacta pour savoir si j'étais intéressée à y assister. On se donna rendez-vous sur les lieux mêmes de la conférence.

Le jour venu, j'arrivai dans le hall d'entrée de l'édifice. Environ 300 personnes s'y trouvaient. Où était cet homme ? Je ne l'ai pas cherché longtemps. Comme si son énergie se reliait à mon plexus solaire, je l'aperçus sans effort. Une sensation étrange se passa dans mon corps lorsque je me suis assise à ses côtés. Je vivais cette sensation comme un bien-être profond, jamais ressenti auparavant... Lorsqu'il s'est éloigné pour poser des questions au conférencier, la sensation n'étais plus là. Il n'était plus à mes côtés. Surprise, je l'observai de loin posant ses questions. Je vis, dans son énergie, un grand aigle bleu turquoise, de plus d'un mètre de haut, atterrir en arrière de lui. Je dus constater, en même temps, que mes facultés de clairvoyance se raffinaient de plus en plus. Je ne revis cet homme que deux mois plus tard. Par contre, nous avons échangé au téléphone à plusieurs reprises pour nous rendre compte que nous avions beaucoup de points en commun.

Plus tard, j'ai organisé une soirée invitant mon père et sa copine ainsi que mes deux professeurs de polarité. J'ai en même temps lancé l'invitation à Scott et à son épouse. Nous formions un groupe de huit personnes. Durant la semaine précédant cette rencontre, les visites nocturnes ont redoublé en activité comme si cette rencontre était importante. J'ai appris d'eux qu'ils voulaient, ce soir-là, transmettre un message à travers moi. Je ne me sentais pas à l'aise pour ce genre d'expérience. J'ai alors négocié une approche d'écriture automatique.

Le jour « J » arriva. Je mis tout le monde au courant de ce qui m'était demandé par mes visiteurs nocturnes. J'ai alors vécu mon premier état de transe consciemment voulu et désiré. L'expérience n'a duré que le temps nécessaire pour recevoir des images géométriques qui n'avaient aucune signification pour moi. La soirée se passa très bien. Par contre, après l'expérience, mon époux était devenu blême de peur. Heureusement, il avait couché les enfants et elles n'avaient rien vu de ceci.

Plus tard, lors d'une journée conférence traitant d'évolution spirituelle où j'étais accompagnée de mon époux, j'ai rencontré deux autres personnes qui me semblaient très familières, sans que je les connaisse. Le premier était médecin et le second guérisseur. Imaginez ces deux personnages dans la même salle ! De plus, ils avaient un langage similaire. J'ai pris conscience, à ce moment, que le monde évoluait plus vite que je ne le croyais.

À la fin de cette soirée, je m'approchai du médecin pour le remercier de sa conférence. Il me tendit les bras et nous sommes restés enlacés sans nous poser de question, mais suffisamment longtemps pour que mon époux, lui, s'en pose... L'énergie qui se dégagea de cette rencontre était très forte. On aurait dit une spirale. J'approchai ensuite le guérisseur, mais là, je me suis retenue car j'étais de plus en plus troublée par ce que je ressentais dans mon corps. Au retour à la maison j'ai vécu des montées de ce qu'on appelle *la kundalini*. C'est l'énergie de l'âme. Ces deux âmes avaient stimulé quelque chose en moi. Mon époux se sentait exclu de cet échange, mais je n'y pouvais rien. C'était à l'époque où nous étions sur le point de choisir de nous séparer. Je crois que c'est la goutte d'eau qui fit déborder le vase...

J'ai vécu ces deux rencontres à l'époque où nous avons changé de thérapeute de couple. Cette dernière était clairvoyante, Cette qualité m'a beaucoup aidée à saisir ce qui nous éloignait l'un de l'autre. Lorsque je lui mentionnai ces expériences, il devint évident pour elle, que je changeais de plan vibratoire et que c'aurait été un suicide, spirituellement parlant, que de m'empêcher de vivre ces expériences. J'étais donc devant des faits accomplis et je ne pouvais plus revenir en arrière.

Je revis Scott pour lui prêter mon livre concernant l'archange Uriel. Je lui annonçai également ma séparation prochaine. Cette information, lui donna à la fois un air peiné et ravi. Décidément cet homme commençait de plus en plus à me faire des signes. Si j'avais eu plus de vécu à cette époque, j'aurais mieux compris les messages cachés derrière cette attitude. Mais, j'étais ignorante des jeux de séduction, n'ayant connu qu'un seul homme dans l'intimité, mon époux.

Compte-tenu des expériences énergétiques que je vivais ici et là au gré de mes rencontres fortuites... je continuais à voir la thérapeute pour mes besoins personnels, lorsqu'un jour elle me demanda si j'avais rencontré quelqu'un de particulier. Stupéfaite, je lui avouai que certaines personnes étaient dignes de mention. Elle me suggéra de parler de ces êtres. Je débutai par le médecin et le guérisseur et terminai par Scott. Ce dernier était apparemment dans mon aura. Lorsque je parlais de lui, mon aura devenait toute blanche et or. J'étais sidérée, cet homme était dans mon énergie sans que je le sache consciemment ! Je ne pouvais plus nier le fait que cet être prenait de plus en plus d'espace dans mes pensées. Le temps passa et j'eus l'occasion de rencontrer Scott plusieurs fois pour des raisons d'affaires. Lui et moi avions tous deux un intérêt pour l'environnement.

Chaque rencontre était de plus en plus troublante. Un après-midi, alors que mon père était chez moi, Scott est venu me porter des documents. Il semblait y avoir une rivalité entre ces deux hommes datant de je ne sais quand. C'était une de ces journée où j'étais défaite par la vie et donc vulnérable. Il l'avait senti et, avant de quitter, il me prit dans ses bras et me serra contre lui. Là ce fut le choc. Les effusions d'énergie recommençaient. C'était avec lui, de plus en plus intense. J'avais l'impression de fondre, m'abandonnant totalement à lui. Ma vulnérabilité et mon ignorance faisaient de moi une cible intéressante pour un loup affamée... Quelques jours plus tard, Scott revint me porter des documents et me demanda si j'étais consciente de l'effet que je lui faisais. Bien sûr, j'étais consciente que cet homme je l'avais dans la peau mais là, il me confirmait qu'il vivait la même chose. Que fait-on en pareil cas ? Lui, il était marié, moi je me séparais. Je ne savais plus où m'investir. Je ne comprenais plus rien de la vie. La séparation me mettait les nerfs à fleur de peau. Nous avions annoncé la nouvelle aux enfants.

Je solutionnai mes tensions par le biais d'une synchronicité particulière. Lors d'une émission télévisée portant sur la médiumnité, avec notre « Jeannette » nationale, où quatre invitées étaient présentes, l'une d'entre elles, piqua ma curiosité. Je la reconnaissais, sans la connaître. Elle s'appelait Marie Lise Labonté. Voilà que recommençait cette espèce de déjà vu, mais là avec des femmes ! Je n'étais pas au bout de mes surprises. Je pris donc un rendez-vous avec elle, pensant qu'elle pouvait m'expliquer l'inexplicable de tout ce qui se passait dans ma vie.

J'avisai Scott de cette initiative, lui mentionnant que je poserais des questions sur lui. Le jour du rendez-vous arriva et je me retrouvai face à cette femme d'une beauté toute particulière. En tout premier lieu, je questionnai les entités qu'elle canalisait, sur les leçons de vie que j'avais à comprendre de ma séparation. Les entités canalisées étaient les « Anges Xédah ». Leurs réponses s'avéraient intéressantes à l'effet que dans d'autres vies, notamment en Écosse et en Australie, j'avais vécu avec mon époux et mes enfants. Je les avais toujours laissés décider de mon évolution. Dans cette vie, je devais apprendre à choisir ma propre évolution. De plus, j'avais, au cours de ces vies, donné beaucoup de mon énergie à cet homme. Ces révélations m'amenaient de surprises en surprises.

Lorsque je posai des questions sur Scott, les réponses ont bondi dans la nuit des temps... J'étais sidérée. Mes vies antérieures avec cet être se défilaient devant moi à la vitesse de notre conversation. Je l'avais connu en Angleterre, notre plus récente vie ensemble. Il était mon tuteur et avait veillé à mon éducation étant orpheline depuis l'âge de cinq ans. Il veilla également à mon héritage et à mon évolution spirituelle. Je l'avais connu également en Russie où nous avions défendu des causes politiques, sociales et spirituelles, en Grèce Antique ainsi qu'en Atlantide où nous avions aidé à la migration des Atlantes, lors de la grande transformation de la Terre.

J'en avais le souffle coupé. Les entités me dirent que nous avions eu bien d'autres vies ensemble mais que celles-là étaient particulièrement marquantes. Elles ajoutèrent qu'il y avait peu d'êtres qui avaient vécu tout ceci et que Scott était un être semblable à moi. On me donna également des détails importants sur la canalisation et les phénomènes que je vivais avec les deux familles d'archanges qui me visitaient.

J'avais reçu de la part d'Uriel une série de formules géométriques et je crus bon de valider leurs significations avec ces entités. On me dit que ces formules correspondaient à des lieux géographiques au Québec et que, si je choisissais de les découvrir et de les visiter, ceci pourrait aider à mon évolution.

Ces formules contenaient des figures géométriques tels des triangles, des tétraèdres, des tétraèdres imbriqués ainsi que des figures sphériques de type isoca-dodécaédrique. Ces mêmes formules contenaient également des messages pour mes corps énergétiques me révélant les portes énergétiques associées à ces formules. C'était comme si j'avais l'équation mathématique de mon Karma sur la terre. Il ne s'agissait plus qu'à la solutionner. Facile me direz-vous ! Non ! Le savoir nous responsabilise face à l'avenir. Par contre, la sagesse, ne vient pas avec le savoir. Celle-là, il faut l'acquérir et c'est cela le plus difficile. Le point le plus culminant de cette rencontre fut lorsqu'on me dit que j'appartenais aux deux familles d'archanges qui me visitaient et qu'en plus des archanges, j'avais sept guides. Pour en avoir autant, il fallait que je sois rebelle et têtue...

Les entités me dirent que j'étais un canal tout comme cette dame et que je pouvais canaliser ces archanges, si je le choisissais. De plus, ces entités me confirmèrent que j'avais des contacts avec les extranéens pour des fins d'évolution. J'aurais vécu dans trois galaxies différentes. Je n'en pouvais plus d'écouter. Leurs paroles me touchaient comme aucun être ne m'avait touchée jusqu'à présent.

Les anges Xédah ajoutèrent que si Scott se laissait aller dans son ressenti pour moi, il réaliserait son plan divin et que nous pourrions tous les deux, grâce à nos capacités, devenir des médecins de l'âme.

Je retournai chez moi plus à l'envers qu'avant. J'étais dans une étape charnière de ma vie et ces entités m'avaient servi le plat de résistance. D'un autre côté, je possédais enfin des morceaux du puzzle qui m'expliquaient beaucoup de choses sur ma vie depuis mon enfance.

De retour à la maison, je pris la décision de faire entendre à Scott l'enregistrement de l'entretien avec ces entités angéliques. Le pauvre fut sidéré par ce qu'il entendit. De plus, les lieux énergétiques identifiés par les entités concernant mes formules géométriques correspondaient à des lieux connus de Scott. Il devint blême. C'était comme si nous avions chacun une partie d'un puzzle et que ces deux parties réunies ensemble, nous donnaient accès à une série d'informations plus grandes sur nous-mêmes. Cela dépassait tout entendement. Que devions-nous faire à partir de celà ? À cette époque je l'ignorais.

Croyant que Scott était dans ma vie pour des raisons dites spirituelles, je lui ai demandé s'il voulait m'assister pour faire de la canalisation avec les archanges. Il accepta. Par la suite, nous sommes retournés voir cette dame médium qui m'avait si bien éclairée, afin de mieux connaître les instructions de canalisation.

À partir du moment où ma séparation fut officielle, Scott me dit que sa relation matrimoniale n'allait pas très bien. Ils n'avaient plus aucun rapport intime. L'attirance que nous avions l'un pour l'autre nous amena inévitablement au lit. Le travail de canalisation et la recherche des lieux, issus des formules géométriques, nous avaient rapprochés profondément. Je connaissais avec cet homme des états de communion intenses. Je me rendais compte que j'aimais cet homme. Je savais que sa relation avec sa femme n'était pas finalisée. Cela me mettait tout à l'envers. Quatre mois plus tard, il avoua tout à sa femme. Ce fut l'enfer, car Scott avait activé dans nos corps énergétiques certaines formules géométriques qui avaient eu pour effet de fusionner nos deux énergies. Je ressentais tout de lui à distance. Il m'arrivait souvent de me réveiller seule le matin dans mon lit et de sentir son odeur. Il était venu énergétiquement me voir durant la nuit et cette odeur confirmait mes étranges rêves avec lui. Cet état de chose marchait également de son côté. Plusieurs fois, il se réveillait le matin avec mon odeur dans son lit. Je le ressentais dans mon cœur, lorsqu'il avait des discussions houleuses avec sa femme à propos de notre relation. C'était insoutenable. Il commença à parler de divorce. Son épouse lui avait posé des ultimatum.

À plusieurs reprises, à cause de la présence de Scott dans ma vie, je vécus un phénomène bizarre. Un être, appartenant au monde de l'invisible, s'approchait de nous deux lorsque nous étions au lit. Cet être me chuchotait qu'il voulait s'incarner à travers notre génétique et m'expliqua les raisons de son choix. Nous étions génétiquement des parents idéaux pour son évolution sur la terre.

Je confiai à Scott cette situation et il en devint très mal à l'aise. Sa vie se bousculait. La canalisation nous donnait des enseignements que nous ne pouvions plus renier. Durant les quatre mois qui suivirent cet orage, j'acceptais avec grande souffrance ce qui se passait. J'avais besoin de vivre un recul. J'avais surtout besoin de m'éloigner de Scott pour voir clair en moi et couper énergétiquement tout ce qui pouvait nous relier, car je n'en pouvais plus.

Je partis pour l'Europe durant dix jours. Je fêtai mes quarante ans là-bas. Je vis plein de paysages et deux amis m'attendaient, Dana et Gilles, un médecin du Zaïre, chaman à ses heures, immigré à Bruxelles. J'avais rencontré ces deux êtres, d'une façon particulière, lors d'un rassemblement spirituel amérindien.

Je voulais continuer mes recherches sur les sites sacrés en Europe. Dana et Gilles acceptèrent de vérifier si les formules géométriques reçues par canalisation, pouvaient s'appliquer pour l'Europe, prenant l'étoile à six branches comme base de travail pour identifier des lieux particuliers. À la lumière de nos recherches, cela s'avéra possible. Différents sites sacrés concordaient avec ce que Scott et moi avions découvert pour le Québec. Il semblait possible d'interrelier ces sites de façon à créer des liens énergétiques particuliers entre ces différents lieux et ainsi faire naître une quelconque forme de résonance géométrique. Il devait y avoir une série de douze résonances géométriques autour de la terre ce qui permettrait de mieux stabiliser les plaques tectoniques.

Mes recherches m'amenèrent également à saisir, à travers les messages reçus, que des liens énergétiques correspondant à ces étoiles à six branches pouvaient être recréés là où nous pensions qu'il était important de les recréer. Je devais trouver six lieux sur l'hémisphère nord de la planète. L'Europe était donc un second lieu. L'Angleterre s'avéra être le troisième. La Grèce, l'Afrique ainsi que les États-Unis étaient également des lieux privilégiés. Au fil de mes recherches, je me rendais compte que plusieurs lieux pouvaient être interreliés. Il ne s'agissait que d'en connaître six et de les relier ensemble pour recréer une résonance de base. Nous nous sommes donc mis au travail durant deux années pour trouver toutes les informations reliées de près ou de loin à cette recherche de sites sacrés. La résonance des douze sites venait concorder avec la figure sphérique à douze côtés, le dodécaèdre. Les formules que j'avais reçues commençaient à prendre forme.

7 – L'amour qui transforme

Au retour de l'Europe, j'annonçai à Scott qu'il n'était plus question de nous voir et qu'il devait réfléchir sur sa vie et moi sur la mienne. Il était en colère, mais je n'en pouvais plus de cette situation inconfortable. Bien que j'aimais cet homme, je choisis de le quitter. La vie qui s'offrait avec lui, paraissait être un cul-de-sac.

Il avait bien reçu un ultimatum de son épouse, mais il s'arrangeait toujours pour le repousser. Je voyais bien qu'il n'était pas prêt à prendre une décision. Je m'éloignai de lui avec une grande peine. Cette décision me déchira. Nous étions toujours fusionnés et je ressentais tout de lui. Il continuait à m'appeler. Ses appels me faisaient vivre tellement de tourments que je lui demandai de cesser de me contacter. Par la suite, je lui écrivis pour exprimer ce que je vivais intérieurement. Cet homme avait touché mes blessures les plus profondes et possiblement depuis de nombreuses incarnations.

Tout doucement, j'entrepris de recoller mes morceaux. Je ne savais pas que j'étais à me reconstruire, à me redécouvrir et à me réappartenir. Ce fut un très long processus. Ce voyage intérieur dura deux ans et demie et se fit avec l'aide des gens pouvant saisir ce que je traversais.

Je constatais que je m'étais totalement oubliée dans ma vie de femme pour mon premier conjoint. Ma relation avec Scott avait éveillé la femme en moi et m'avait permis de vivre cette fusion qui, aujourd'hui, me faisait mal au corps et à l'âme. Mon père était dans tous ses états de me voir souffrir à ce point et il me harcelait de « je te l'avais dit que cet homme n'était pas pour toi ». Comme si de telles paroles pouvaient consoler dans une telle situation.

Je dus remplacer Scott comme directeur de canalisation et mon choix se porta sur mon copain Damien. Nous étions de très bons amis et les choses étaient faciles avec lui. Je n'avais pas besoin de complications avec les gens, je cherchais la simplicité relationnelle après toute cette tempête dans ma vie.

Je finalisais les derniers crédits pour l'obtention de mon diplôme comme intervenante en polarité. Le dernier cours à suivre était celui sur la sexualité. J'appris dans ce cours, à mon grand étonnement, que j'avais vécu des états tantriques avec Scott lorsque nous étions au lit. Cette réalité me plongea de plus belle dans des souvenirs que je tentais d'oublier sans grand succès. Mon corps le réclamait, j'étais en manque flagrant... Le deuil d'une telle relation était plus difficile que je l'avais imaginé.

À ce moment, une synchronicité se glissa dans ma vie, comme pour m'indiquer où je devais aller. J'ai vu, dans les annonces d'activités d'une revue en croissance spirituelle, un atelier donné par Joseph, le fameux médecin que j'avais rencontré. Je fus intriguée par sa publicité, mais je ne réagis pas tout de suite. Durant les semaines qui suivirent, je vis à plusieurs reprises dans mon champ de vision, le nom de famille de ce médecin, comme pour me rappeler que je devais le contacter. C'est ce que je fis. L'atelier avait été annulé faute de clientèle intéressée.

Voulant saisir le contenu de son atelier, je lui envoyai par la poste, un vidéo expliquant l'approche « *A course in miracles* » pour qu'il me confirme si son approche était semblable à celle du vidéo. Trois mois plus tard, n'ayant pas de nouvelle de lui, je lui téléphonai à nouveau. Il me proposa une rencontre au restaurant. Nous nous sommes donc réunis pour discuter plus en profondeur de son atelier. L'énergie qui circulait entre nous était plus forte que la première fois. Je lui demandai s'il avait l'impression que nous nous connaissions d'outre-tombe. Il acquiesça et voulu savoir différentes choses à mon sujet. Au moins là, j'avais plus d'expériences sur ce genre de rencontres particulières. Alors, une femme avertie en vaut deux ! Je m'avisai donc de vérifier à qui j'avais affaire. J'étais sur mes gardes, compte tenu de mon expérience précédente. Sa façon d'être avec moi traduisait une reconnaissance de vies antérieures où nous avions sûrement été très proches.

J'assistai, trois mois plus tard, à l'atelier qu'il animait avec son épouse. Je fut enchantée de cette fin de semaine. De plus, il annonça qu'un atelier d'une semaine aurait lieu aux États-Unis avec le médecin qui lui avait enseigné cette approche de guérison par la conscience. J'ai su immédiatement que je devais aller là-bas.

Je me rendis donc, avec une autre participante au *Path Work Center,* à New-York, où avait lieu ce séminaire.

Les apprentissages faits lors de cet atelier m'ont permis de saisir à quel point j'avais de la difficulté à me choisir et à m'aimer. Je ne savais pas faire la différence entre mon énergie et celle des autres. Je les ressentais tout le temps. Je ne vivais pas pour moi-même, mais pour les autres. Je ne m'appartenais pas, j'appartenais aux autres. Je n'avais pas de frontières ou du moins je ne les connaissais pas...

Je vécus également, lors de cet atelier, des choses pour le moins inusitées. J'entrai intensément en contact avec mon âme. J'avais déjà expérimenté cet état d'être, mais cette fois, c'était comme si mon âme descendait dans mon corps, jusque dans mes pieds et plus loin encore. C'est une sensation très électrique, croyez-moi. Mon corps vécut des éveils cellulaires étranges. J'avais l'impression de me détortiller. Mon énergie prenait une toute autre forme : plus fluide et plus active. À une autre étape de cet atelier, j'eus l'impression d'être logée, à l'intérieur de ma génétique, dans un cristal. À travers le vécu de ce processus, je me suis mise à jouer au mécanicien, réparant ce qui semblait être cassé et ajoutant à mon ADN des morceaux manquants. Je prenais ces derniers dans l'énergie de mon cœur. J'aurais pu imaginer que je rêvais tout ceci, si aucun résultat, issu de ces expériences, n'était apparu sur mon corps.

Durant la semaine qui suivit l'atelier, je me suis mise à puer le poisson pourri à trois mètres à la ronde et mes hormones fonctionnaient de façon différente. Il y avait donc bien quelque chose d'inusité dans mon corps et dans mes cellules.

J'avais suivi des cours d'aquarelle avec Nadia, une dame qui peignait des toiles dites « de lumière ». Les enseignements de ses ateliers d'aquarelle m'ont permis de peindre dans une forme de transe semi consciente. Les toiles qui en résultaient étaient incompréhensibles et leurs significations s'avéraient être un vrai mystère pour moi.

C'est lors de mon atelier à New-York que j'ai appris leur signification. J'avais apporté mes toiles espérant que quelqu'un y verrait plus clair que moi. J'appris que je peignais la création, la fusion de l'âme avec le corps ainsi que l'énergie de la Vierge Marie. Un des participants du séminaire a tellement été touché par une de mes toiles qu'il s'est mis à verser des larmes en la regardant.

Je ne savais plus quoi penser. Je cherchais mes limites et ce séminaire s'amusait à les éloigner hors de ma portée. Heureusement, Joseph était là comme assistant. Il put m'aider dans ces questionnements profonds, particulièrement sur mon expérience de génétique remodelée. Il m'informa que certaines personnes avaient la capacité de remodeler leur génétique corporelle à travers des expériences énergétiques précises. Je n'étais pas au bout de mes surprises...

La dernière étape du séminaire m'amena dans un espace intérieur où je dénouais des liens avec mes contacts extranéens. Dans ces expériences, je pris conscience des parties très sombres de mon être. Il y avait en moi un espace ténébreux, un peu comme un autre moi. J'avais, à l'époque des *rebirths*, contacté l'énergie du tueur en moi, mais ce que je contactais maintenant semblait encore plus sombre. Je n'étais pas prête à aller dans cet espace ou plutôt, cet espace intérieur n'était pas prêt à s'ouvrir à moi...

Sur le chemin du retour vers Montréal, j'eus l'impression que j'avais été un ecclésiastique dans une vie antérieure. Ma copine de voyage eut la même impression et me dit que j'avais peut-être été un cardinal... Je me voyais avec des vêtements pourpres que portent ces religieux. Ce séminaire m'amenait à l'ouverture de ma conscience, face au phénomène des vies antérieures et il favorisait la guérison de mon âme.

Je ne pus dire si je me sentais mieux ou pire dans ma peau, après ces expériences d'états altérés de conscience. Mais, chose certaine, je ne savais plus jusqu'où s'étendait ma peau énergétique. Je ne savais plus qui j'étais vraiment. Je me sentais être beaucoup plus que la personne que j'étais ou que je croyais être.

Les jours ont passé et je décantais toutes ces expériences. À mon retour Scott voulut me voir. C'était comme s'il avait vécu, de loin, ces bousculades dans mon corps. Lorsque je le revis, je le trouvai changé. Il était terne. Il avait perdu la luminosité que je lui avais connue. Étrange sensation. Je lui en ai fait part et il en fut choqué. Il ne pouvait nier cet état de chose me disant qu'il avait beaucoup de soucis et que sa relation avec son épouse ne pouvait plus être comme avant. Quelque chose était brisé.

Il disait aimer son épouse. Au début je l'ai cru mais, avec le temps, j'ai compris qu'il n'avait tout simplement pas le courage d'assumer une séparation. Les gains secondaires de sa relation étaient plus importants à ses yeux que la difficulté relationnelle. Son épouse lui laissait beaucoup de latitude dans ses agissements et son niveau d'engagement était minime.

Malgré les outils de compréhension transférés dans le séminaire, j'avais toujours grand mal à effacer Scott de ma mémoire. Voulant comprendre ce qui se passait, j'entrepris de lire des livres traitant des âmes sœurs et des âmes jumelles.

Je ratissais toutes les informations à ce sujet. Le livre de Ramtha, les expériences d'Élizabeth Clare Prophet, ainsi que tout ce qui me tombait sous la main. Ces livres m'expliquaient d'une façon claire, les hauts et les bas d'une relation avec l'âme sœur ou jumelle, surtout lorsque les personnalités ne sont pas au service de l'âme, mais au service de l'ego. Je ne pouvais demander à Scott d'illuminer son ego. Je choisis alors d'illuminer le mien. Cette décision ne pouvait faire de tort à personne et elle assurait une qualité de canalisation sur le parcours du sentier inconnu et très peu fréquenté qu'est la transe.

Pour ce faire, j'assistai à plusieurs ateliers que Joseph animait : les premiers, en tant que participante et les suivants en tant qu'assistante. L'apprentissage est différent, mais notre ego est testé. De plus, Joseph ne mâchait pas ses mots pour nous faire connaître le fond de sa pensée. Ces différents ateliers m'ont permis de me rapprocher de moi-même et de vivre à la fois des états de conscience de plus en plus intégrateurs. Peu à peu, je prenais conscience de la Lumière Divine qui me pénétrait à travers des expériences initiatiques où l'énergie s'amusait à repousser les frontières et à me révéler des réalités de plus en plus globales au Grand Tout.

Joseph et Marie, son épouse, furent des parents spirituels pour moi. Comme si j'avais besoin de ce support yin-yang pour comprendre mes blessures d'enfant. À leur façon, ils m'ont guidée sur mon chemin dans l'union de mon féminin et de mon masculin.

J'appris à toucher ma Lumière, à l'expérimenter dans mon corps physique et dans mes corps subtils. Tout doucement, mon Essence se révélait à moi. J'atteignis une frontière après un certain temps. Je faisais de la canalisation en transe profonde, avec Damien, depuis un an. Les transes étaient un outil important pour moi, car elles complétaient ce que je vivais dans les ateliers de Marie et Joseph. J'y vivais des états d'extase dans la Lumière. De plus, Damien et moi progressions dans les enseignements donnés dans l'art de guérir l'âme des gens. Mais, vint ce temps où je me suis sentie bloquée. J'avais besoin de réfléchir. Je décidai d'interrompre le processus des transes pour un certain temps, pour vérifier comment ma vie s'en porterait.

À cette époque, Alphonse apparut dans ma vie, sûrement pour me secouer... Alcoolique et toxicomane (la cocaïne était sa spécialité) il était en cure de désintoxication. Il en était presque mort, me disait-il. De dix ans mon cadet, je me demandais bien ce que cet être venait faire dans ma vie. Il était en cure de voyages chimiques dans les ténèbres et moi j'étais en cure de voyages énergétiques à travers la transe dans la Lumière... Il était dans ses noirceurs et cherchait sa Lumière et moi j'étais dans la Lumière et je devais affronter mes noirceurs. Étant donné ma très bonne santé générale, je devais regarder au delà des maux physiques pour découvrir mes noirceurs. Nous avons ensemble débuté un voyage intérieur assez particulier : lui devant monter et moi descendre. Ce voyage se fit essentiellement à travers des conversations téléphoniques, dans une relation d'aide mutuelle. Je lui fit connaître des états d'extase vers sa Lumière sans comprimé chimique et lui m'amena dans mes noirceurs, pas à pas, dans un labyrinthe qu'il semblait très bien connaître, étant donné son expérience.

C'est à ce moment qu'a commencé ma descente aux enfers. Je ne savais pas ce qui m'attendait au bout du chemin, mais je m'y engageai quand même. Le moment le plus pénible fut lors d'un atelier avec Joseph et Marie. Je vécus un état altéré de conscience où l'on m'invitait à plonger dans un trou noir sans fond. La psyché possède une façon particulière de nous présenter les choses de notre vie et, quelquefois, c'est étonnant. Je choisis donc de sauter dans ce trou noir. La personne qui m'assistait dans ce saut ne savait pas me guider et demanda l'aide de Joseph. Lorsqu'il s'approcha de moi, je me suis mise à canaliser ce que je qualifierais de « mon démon intérieur » et je voulus tuer sa Lumière. L'état altéré de conscience dans lequel j'étais m'empêchait de poser le geste. Une partie de moi observait toute cette dynamique sans jugement. Au bout de cette expérience, j'avais rencontré mon Lucifer intérieur. Lorsque j'ai partagé mon expérience aux autres, je me suis sentie très jugée. Joseph ne savait pas trop quoi faire avec moi. Je me sentais vraiment méchante et mauvaise.

Lors du partage, je révélais de plus en plus la noirceur qui m'habitait. Les gens autour de moi se sont mis à avoir très peur. C'est alors que Joseph m'a demandé de cesser ce partage. Je retournai chez moi avec la bizarre impression que j'avais été mise sur la table d'opération, qu'on m'avait ouvert et que, lorsqu'on a vu à l'intérieur de moi, on a fui sans me recoudre. J'étais là, béante, laissée seule à moi-même. Je rentrai chez moi toute défaite, ne sachant pas trop comment me réparer. Je téléphonai à Joseph pour savoir s'il avait des recettes. Il était sans parole et sans solution. Comme s'il n'avait jamais atteint ce bas fond lui-même.

C'est Alphonse, qui m'a ramassé en quelque sorte. Après lui avoir raconté mon expérience, il me dit qu'elle ressemblait à une histoire de Stephen King et me mit dans le contexte. J'étais forcée de regarder le MAL en moi sous un autre angle, à l'amadouer un peu, puisque de toute façon il était là. Je cohabitais avec lui dans ce même corps. Ma comptable Lina m'a également aidée à me remettre d'aplomb en me disant que si j'étais le MAL en personne, il y en avait des bien pires que moi quand on comparaît. Je trouvais ses paroles valables et j'ai cessé de me juger.

Une synchronicité vint à mon secours. Trois mois auparavant, j'avais donné mon nom pour rencontrer le guérisseur des États Unis, rencontré deux ans auparavant. Marguerite, la dame s'occupant de ses réservations à Montréal, m'informa qu'une place avait été réservée pour moi. Il tombait à pic celui-là ! Le rendez-vous fut fixé à une semaine. Lors de l'entrevue, je pus raconter à cet homme ce qui s'était passé. À sa réaction, j'ai su que j'étais au bon endroit. Cet homme pouvait me guider dans ces dédales de noirceur. Il paraissait y avoir déjà été et en était ressorti vivant. Il me dit alors une phrase que je n'oublierai jamais « *Embrace your Shadow* » qui veut dire en français, *Embrasse ton ombre* ou *ta noirceur*. C'était une idée qui ne m'était pas venue à l'esprit, mais elle paraissait plausible. Par la suite, il m'a fait un traitement me disant que certaines ombres pouvaient partir, car je n'en avais plus de besoin !!! Quelle drôle de déclaration, comme si j'avais besoin de mon ombre... Saisissant ma réaction, il m'expliqua que je ne pourrais pas vivre sur cette terre sans cette ombre et qu'elle était nécessaire à mon incarnation. J'avais lu sur le sujet et les enseignements en état de transe le traduisaient aussi. Mais là je vivais la chose de plein fouet. Il me dit également que j'avais à apprendre à me servir de mon ombre pour qu'elle soit au service de ma Lumière et non le contraire. Ce traitement m'avait amené dans un état qui me remplit d'une joie immense comme si je rentrais chez moi. Je reconnaissais enfin l'espace intérieur que je ressentais dans mon corps. C'était mon cœur.

Je retournai chez moi, légère comme la brise. Ce traitement m'avait fait vivre des états pareils à ceux que j'avais ressentis lorsque j'étais au lit avec Scott. Je trouvai cette similarité étrange mais n'y accordai aucune importance sur le moment. Deux jours plus tard, je m'apprêtais à prendre ma douche lorsque le téléphone sonna, c'était Scott. Comme si, à distance, il sentait mon énergie revenir. Il m'appelait pour être en contact avec moi.

Pourquoi cette situation ? Pire encore, pendant que je lui parlais, j'avais l'impression qu'il était en train de se masturber. Je posai donc l'embarrassante question. Il m'avoua que j'avais vu juste. Décidément, je sentais tout à distance. Après ce téléphone qui sembla anodin au début, j'allai prendre ma douche. Je n'étais pas au bout de mes surprises. J'avais la nette impression que Scott était là dans la douche avec moi, car je me suis sentie tout excitée comme si quelqu'un me caressait. J'étais tellement insultée que j'appelai à son bureau pour l'engueuler. Il n'était pas là, alors je laissai un message bien précis pour qu'il comprenne.

Le guérisseur des États-Unis m'avait remis bien des morceaux en place. Scott l'avait senti dans l'énergie et il avait voulu en profiter... Malgré tout le temps qui s'était écoulé, nous étions décidément toujours fusionnés l'un à l'autre. À la suite de cet incident, je me suis mise à réfléchir sur l'effet du traitement. Comment m'étais-je sentie ? Comment cet état de bien être ressemblait à s'y méprendre aux états que j'avais vécus au lit avec Scott ? J'eus l'intuition que peut-être je commençais à goûter à mon masculin, donc, le miroir énergétique de Scott. Je ne savais pas si cela correspondait à quelque chose, mais il était clair pour moi que s'imposaient des observations plus approfondies.

L'après traitement dévoila des aspects de ma vie qui n'étaient pas réglés avec mon père. Un autre retour aux Enfers s'annonçait à l'horizon. Certaines cicatrices de mon enfance étaient là et ces mémoires remontaient douloureusement à la surface. J'ai eu l'occasion d'aborder ce sujet, lors d'un entretien avec mon père. Lui, ne se souvenait de rien. Pourtant une réalité douloureuse m'habitait. La colère qui monta en moi fut très profonde. Je touchais une très vieille blessure. Ce soir-là, je laissai un gros morceau de chagrin sur la table de la salle à dîner et mon père resta bouche-bée ne sachant trop quoi faire. Une guérison commença à s'installer en moi. Une guérison avec le premier modèle masculin de ma vie, mon père.

Scott avait repris l'habitude de téléphoner après l'incident de la douche, car il me sentait ouverte à l'énergie et, par le fait même, à son énergie. J'appris avec le temps à ne pas donner d'importance à ces téléphones sachant qu'ils cesseraient lorsque j'aurais appris à me détacher complètement de lui.

Nous étions au mois de février, je n'avais pas fait de transe depuis quelques mois. Un matin, revenant d'une méditation dans la montagne, je reçus clairement le message de recommencer la pratique des états de transe. Une amie près de moi, en qui j'avais confiance, accepta avec plaisir la grande aventure que je lui offrais. Une nouvelle page s'écrivait dans mon processus d'évolution, à travers la canalisation.

Je retournai aux ateliers de Joseph pour me rendre compte que dans mes états altérés de conscience, je vivais une union de plus en plus profonde avec la Lumière. Certaines images montaient et je me retrouvais à l'intérieur d'un soleil autour duquel tournaient différentes galaxies. De plus, des messages m'étaient élevés à travers ce que je vivais. Un message m'avait particulièrement touché : « *Amour, Sagesse, Vérité* » s'étaient présentés à moi sous la forme de trois vieux sages disant s'appeler ainsi et formant à eux trois, la Lumière Divine. Ensuite, ils me donnèrent un calice en or et le placèrent sur mon cœur. Cette expérience m'a profondément touchée. Plus tard, j'ai vécu d'autres expériences d'Unité Cosmique où mes pieds bouillaient à tel point que j'aurais voulu les mettre dans l'eau glacée, ne pouvant plus endurer cette chaleur intense.

Lors d'un atelier, Joseph trouva une façon de me mettre en mille miettes, passant des commentaires sur certains aspects de moi qu'il jugeait inappropriés, lorsque j'aidais comme assistante dans ses ateliers.

Je fus démolie en un rien de temps. Dans la même nuit, je sentis sa présence énergétique auprès de moi. J'étais dans un état altéré de conscience et Joseph me proposait une fusion à travers le cœur. Je trouvais cela inapproprié. Je ne voulais pas revivre de fusion avec quiconque. Il me fit cette demande à quatre reprises. La dernière fois j'ai cédé n'en pouvant plus. Après tout ce n'était qu'un état altéré de conscience... Par la suite, j'ai eu l'impression d'avoir été agressée dans mon cœur. Le lendemain, je téléphonai à Joseph pour lui demander s'il était conscient de ses escapades nocturnes avec son double éthérique. Il me répondit qu'il savait qu'il voyageait, mais qu'il ne savait pas toujours où. Je lui racontai mon expérience et il me répondit, probablement pour se donner bonne conscience, que ma perception de cette fusion était fausse. Je devais assister à un autre atelier où il donnait des enseignements plus avancés, mais j'annulai. Par pur hasard, le guérisseur des États-Unis apparut à Montréal. Il donnait un atelier la même fin de semaine. Je saisis cette synchronicité pour assister à son atelier. Ce guérisseur avait le don d'apparaître dans ma vie aux moments où j'en avais toujours besoin, à la manière d'un ange gardien. Quelque part, j'ai toujours su que c'était arrangé avec l'invisible.

Les révélations qui m'ont été faites en méditation, lors de cet atelier, étaient de la plus haute importance pour moi. J'avais atteint un état de conscience où l'on m'expliquait qu'il n'était pas nécessaire de souffrir pour connaître Dieu, la voie de la sagesse était maintenant celle que je devais prendre. Je n'avais plus besoin de souffrir. Paradoxalement je trouvai cette révélation très drôle et me dit qu'ils auraient pu me dire cela un peu plus tôt et même beaucoup plus tôt... Je riais de bon cœur. Je riais sur toute ma vie. J'avais cru que pour accéder à Dieu, il fallait souffrir. Quelle ironie ! Ce jour-là, quelque chose bascula en moi et je ne savais pas où ça me mènerait.

Au lendemain de cet atelier de deux jours et demie, je me suis mise à chanter. Des paroles d'une chanson sortaient de ma bouche. Cette chanson je ne la connaissais pas, je la composais. J'étais en train de composer une chanson, comme ça tout bonnement. De plus elle sortait en anglais. J'en conclus que le guérisseur des États-Unis, dans son énergie, avait dû chatouiller mes molécules musicales et que ces dernières avaient été éveillées. Les paroles de cette chanson étaient magnifiques ainsi que la trame sonore.

Scott avait senti, de loin, l'état dans lequel j'étais. Il appela donc et me dit, pour toute conversation, qu'il voulait me faire l'amour. Je l'envoyai promener. Je ne pouvais, par contre, ignorer ses agissements. Qu'y avait-il en moi énergétiquement pour qu'il se comporte ainsi ? Joseph m'avait bien soulevé, lors d'une lecture des sous-personnalités, que j'étais habitée par celle de l'amante. Tout le monde possède une sous-personnalité comme celle-là ! Qu'y avait-il de plus ? Le temps passa et j'appris que le guérisseur des États-Unis faisait un atelier de guérison spirituelle en Italie, à Assise. Je décidai de me joindre au groupe, afin de plonger de plus en plus dans mes profondeurs obscures. Une des participantes était une épouse trompée. Son mari avait eu une maîtresse et ils étaient en processus de divorce. Je l'écoutais me raconter son histoire et lui demandai ce qui était le plus important pour elle dans toute la situation qu'elle vivait. Elle me répondit : la vérité. C'est à ce moment que je lui racontai mon histoire avec Scott. Elle était tout ouïe et me demanda si l'épouse de Scott savait tout. Je ne pouvais lui répondre que sur mes perceptions.

Mais à mon avis, il lui manquait sûrement plusieurs aspects de l'histoire.

Cet atelier me permit de continuer à composer et à interpréter ma chanson sous l'œil vigilant du guérisseur des États-Unis et de son musicien attitré. C'était une expérience nouvelle pour moi. Ces deux personnages, chacun à leur façon, savaient me guider d'une main de maître.

Un homme dans le groupe me regardait avec insistance. À la fin d'une longue conversation où je m'étais confiée à lui, il voulut me séduire. Là, j'en avais ras le bol. Je prenais ces situations de façon tellement personnelle qu'il y avait anguille sous roche. J'aurais pu être flattée ou tout simplement ne pas réagir ! Mais non, j'étais en colère. Je sentais mon territoire envahi par quelqu'un qui n'y avait pas été invité. De plus, il était marié lui aussi. Y a pas d'erreur, il fallait que je me regarde dans le miroir pour savoir pourquoi je les attirais, ceux-là. La réponse ne tarda pas à venir. Elle était cinglante. J'avais gardé Scott dans mon énergie, tout ce temps, pour ne pas être incommodée par d'autres hommes. De plus, j'attirais ce genre d'hommes parce que je ne voulais pas m'engager véritablement dans une relation.

Je racontai cette révélation à la dame à qui je m'étais confiée lors de cet atelier et je pris la décision d'écrire toute mon histoire à l'épouse de Scott. Je revins d'Italie le cœur soulagé et pleine de vie.

Je retournai en voyage deux mois plus tard. Un voyage d'affaire en Asie cette fois-ci. J'avais deux semaines d'entrevues à faire sur la condition des femmes à travers un dossier environnemental. Là-bas, j'ai visité des lieux bouddhistes extraordinaires. La traductrice, une femme d'âge mûr, semblait savoir que les lieux sacrés étaient d'un grand intérêt pour moi. Elle organisa donc des visites qui m'ont permis de vivre des contacts intenses avec les vibrations des bouddhas. Ce voyage m'a tellement impressionnée que je n'étais plus tout à fait la même à mon retour. Quelque chose en moi avait changé. Je ne pus dire quoi, mais les gens autour de moi s'en rendaient compte. Il faut dire que j'avais vu la misère de près ainsi que les traces d'une guerre sanglante. Ce voyage m'a éloignée des éclats de colère de Scott face à ma lettre envoyée, racontant mon histoire à son épouse.

Un mois plus tard, Dana, ma copine d'Europe m'envoya un livre sur les âmes jumelles. J'étais bouche-bée. Il s'agissait du livre « L'envol vers la liberté » de Eileen Caddy, la dame qui a fondé un village écologique à Findhorn en Angleterre. Je me suis mise à lire le livre : en fait, je l'ai dévoré. Il me confirmait bien des choses bouleversantes qui étaient en résonance avec ma vie. Je savais que Scott prévoyait se rendre à Findhorn. L'information me venait de Nicole ma directrice de transe. Scott devait partir avec le cousin de Nicole qui se rendait également à Findhorn. Je décidai de lui envoyer une copie du livre. Il ne tarda pas à me téléphoner pour me révéler ses humeurs. Il avait été en colère contre moi, mais maintenant il s'en était remis et voulait renouer de façon amicale. Il me rappela avant de partir pour Findhorn, pour se faire souhaiter bon voyage. Dès son retour, il me rappela également. Sa façon de s'adresser à moi était différente. Le contact était très proche et je sentais que ses vibrations avaient changé. Je reçus un second appel de lui deux semaines plus tard. À la lumière de notre conversation, je dus constater qu'il était redevenu à la normale, comme avant. Le voyage n'avait pas laissé de traces permanentes.

Durant la même époque, je travaillais un aspect de moi qui était très difficile à cerner. En effet, j'avais beaucoup de difficultés dans les ateliers de Joseph. Je les trouvais ennuyants. J'aurais voulu qu'il y mette plus de vie. De plus, je voyais les gens souffrir à travers des processus qui, pour moi, n'étaient vraiment pas nécessaires. Mes comportements étalaient cette situation intérieure. Je me demandais comment je pouvais continuer ainsi avec ses enseignements et ses méthodes de travail. Le temps est peut-être venu pour moi de créer mes propres ateliers, selon mes goûts. Je décidai de laisser faire le temps...

Un jour Marguerite m'appela pour m'informer que le guérisseur des États-Unis était en ville et qu'il y avait des places disponibles pour des traitements. Il s'était écoulé un an depuis mon premier traitement. J'avais personnellement besoin de faire le point sur bien des aspects de ma vie et je décidai de le consulter. Je lui racontai tout ce qui c'était passé concernant ma relation avec Scott. Je savais qu'il fallait faire le point sur cette affaire pour me permettre de passer à autre chose dans ma vie affective.

Je devais mettre en lumière mes peurs relationnelles avec les hommes. N'ayant pas beaucoup d'expérience dans le domaine, j'avais besoin d'aide d'une personne éclairée. Je sentais qu'il était la personne appropriée pour démêler tout ceci.

Le jour du traitement arriva. Étrange coïncidence, Scott me téléphona le matin même du traitement, comme s'il sentait les choses de loin. Je n'y allai pas seule, car ma fille Valérie avait décidé de consulter elle aussi. Je racontai donc toute mon histoire à ce guérisseur. Il me demanda si j'étais certaine que Scott ne quitterait pas sa femme. J'ai répondu *oui*. C'est alors qu'il s'est mis à regarder mes chakras pour ensuite m'expliquer de quelle façon nous étions reliés dans l'énergie. Il me mentionna également que Scott était branché sur ma lumière et qu'il s'en nourrissait allégrement, à mon détriment, bien entendu. Les liens qui nous attachaient dans l'énergie étaient très profonds et demandaient une totale coopération de ma part dans la réussite du traitement énergétique. Je m'abandonnai totalement entre les mains de ce guérisseur en qui j'avais profondément confiance.

Les jours qui suivirent furent un vrai cauchemar. On m'avait bien prévenue que Scott serait fou de rage après cette intervention énergétique. On m'avait prévenue que je sentirais Scott dans mon troisième chakra lorsqu'il tenterait de venir se brancher sur ma lumière. Scott m'avait donné, pour mes quarante ans, une pierre sur laquelle étaient surmontés deux tétraèdres en argent nous représentant sur les sites sacrés. Je l'avais apporté au guérisseur car j'avais échappé la pierre quelques jours avant mon rendez-vous et elle s'était cassée. Il me conseilla de la retourner à Scott. Lorsque j'emballai le bijou en question, mon troisième chakra me fit tellement mal que j'en pleurai. Scott me rappela un peu avant de recevoir le paquet, mais ne dit rien de ce qu'il avait ressenti. Ce n'est que lorsqu'il reçu le paquet qu'il me montra sa colère.

Je ne l'avais jamais vu dans un tel état. Compte tenu du temps qui s'était écoulé depuis notre rupture, Scott ne pouvait pas me servir d'arguments sur mes agissements. Il avait eu sa chance avec moi et il ne l'avait pas prise.

Le mois qui suivit fut un mois très houleux pour moi. J'avais décidé de faire plus ample connaissance avec un collègue de travail qui semblait pouvoir être un copain intéressant. J'eus, par contre, l'impression d'être envahi par ce dernier car il voulait me voir trop souvent à mon goût.

J'étais à bout de souffle et déstabilisée par tous les événements précédents. Je communiquai donc avec Marguerite pour lui demander une consultation. Travaillant depuis très longtemps avec le guérisseur que je consultais, elle connaissait ses approches énergétiques. Au moment même où je prenais rendez-vous avec elle, un autre appel entra. C'était Scott. Je mis l'appel en attente et confirmai mon rendez-vous avec Marguerite, puis, retournai à l'appel de Scott. Il était toujours furieux. C'était comme s'il voulait m'empêcher de me détacher de lui par tous les moyens possibles. C'est alors que je lui ai demandé s'il m'aimait. Il me répondit *oui*. Sur cette réponse je lui ai demandé s'il m'aimait assez pour laisser aller. La réponse se fit attendre, mais il n'avait pas d'autre choix que de répondre oui, car s'il avait dit non, il aurait été dans une situation de cul-de-sac. Il le savait et la conversation se termina ainsi.

Toutes ces émotions avaient affaibli mon corps. De plus, le traitement chez Marguerite, ayant exigé de moi un retour dans une vie antérieure en Angleterre, avec Scott, m'avait également secouée car elle venait ajouter de nouveaux morceaux de puzzle à l'histoire. Je suis tombée malade et une bonne grippe me cloua au lit pour toute la période des fêtes de Noël. Janvier fut un mois où je me traînais les pieds. Je n'avais plus d'énergie. Heureusement, mon guérisseur préféré se pointa au Québec à la fin du mois. Lorsqu'il me regarda, son commentaire fut très simple. La grippe m'avait littéralement vidée et mon corps éthérique était à être reconstruit. Il me fit un autre traitement, me conseillant de rester à la maison pour au moins une semaine.

Au même moment, Nicole m'annonça qu'elle ne voulait plus être mon directeur de transe. Depuis les derniers traitements, les choses allaient de moins en moins bien entre nous deux, à un point que je me demandais si elle n'était pas branchée à moi d'une façon quelconque, une espèce de symbiose similaire à celle qui me liait à Scott. Je remarquai également cet état de chose avec d'autres personnes de mon entourage, car je n'agissais plus selon leur entendement. J'avais l'impression de découvrir qui étaient les personnes avec lesquelles j'avais des comptes à régler. Ce fut pour moi une découverte instructive. Toutes les personnes reliées de près ou de loin à mon troisième chakra se manifestaient par la colère, car je n'agissais plus comme elles le désiraient. Cette prise de conscience fut pour moi une autre étape charnière dans ma vie.

Avant de poursuivre mon récit, il est important que vous preniez contact avec les enseignements que j'ai reçus. Les pages qui suivent sont le fruit de multiples séances de canalisation en transe profonde et s'échelonnent sur une période d'environ deux ans.

Que ces messages éclairent votre route
comme ils ont éclairé la mienne !

Partie II

Les enseignements reçus du monde de l'invisible

8 – Les relations hommes/femmes

Dans les relations hommes/femmes, il faut d'abord parler d'anatomie énergétique. Ceci peut être nouveau pour certains d'entre vous mais, dans l'énergie, vous êtes masculin et féminin à la fois. Chaque être incarné possède ces deux polarités. Sans ces polarités, vous ne pouvez vous incarner dans un corps physique sur ce plan terrestre. La polarité implique une polarisation également dite, sexuelle.

Vous naissez homme ou vous naissez femme. D'une vie à l'autre, d'une incarnation à l'autre, vous apprenez à cultiver les attributs de ces énergies jusqu'au moment où vous arrivez à maîtriser l'équilibre entre ces énergies.

Lorsque vous avez équilibré votre côté masculin et votre côté féminin, vous êtes ce que certains appellent dans votre langue *unifiée*. À partir de cette unification, vous n'êtes plus en dualité. Certains aspects de vous peuvent être unifiés et d'autres peuvent ne pas être unifiés. Lorsque vous réagissez émotivement à un événement, vous n'êtes point *unifiés* par rapport à cette émotion. Vous êtes donc dualisés, car vous réagissez. Si l'événement en question ne vient pas vous chercher dans vos émotions et que vous en connaissiez les messages dans leur totalité, vous comprenez la dualité de ce qui se présente, mais vous n'êtes point affectés. Alors, vous êtes unifiés à ce niveau. Une multitude d'aspects de la nature humaine demandent à être unifiés.

L'objectif d'évolution de chaque être humain est l'unification totale, de tous les aspects masculins et féminins. Dans l'unité totale vous n'avez plus besoin de corps physique. Ceci peut en surprendre quelques-uns. C'est ce qu'on appelle dans le langage spirituel, *l'ascension*.

À chaque fois que des êtres se réunissent dans un but d'évolution, qu'il soit personnel ou collectif, vous ouvrez automatiquement un cylindre d'ascension, un canal collectif qui permet aux êtres d'aller plus loin dans leur unité collectivement et individuellement. Quand chaque individu se sent poussé à évoluer cela crée un effet d'entraînement. Le groupe devient puissant et vous pouvez vous entraider. Chaque réunion organisée dans un but d'évolution est une étape vers ce but.

Il se peut qu'à travers différentes incarnations vous soyez tentés de vous incarner en homme à un moment et en femme à un autre moment. Pour tenter d'équilibrer cette polarité, vous pouvez avoir une vie où vous avez souffert énormément d'être une femme et sentir au plus profond de vous-mêmes que la vie serait probablement beaucoup plus intéressante en tant qu'homme. D'une incarnation à l'autre, vous allez voir ce qui se passe chez le sexe opposé. Certains êtres se promènent de cette manière, d'autres non. D'autres choisissent de s'équilibrer toujours à travers la même nature corporelle. Ceci est un choix. Certains êtres sont plus osés que d'autres, mais le but ultime est le même : l'équilibre de vos énergies féminines et masculines.

La seule et unique raison qui attire deux êtres est très simple. Vous rencontrez un être de l'autre sexe qui vous attire énormément, vous voyez en cet homme, si vous êtes femme, le reflet de votre propre masculinité et si vous êtes homme, vous voyez le reflet corporel et énergétique de votre propre féminité. Ceci, sous les aspects que vous êtes prêts à travailler. Ce reflet peut être partiel, comme il peut être total.

Alors, vous *tombez* en amour ! Vous êtes attirés l'un vers l'autre. S'il y a beaucoup d'aspects à travailler dans vos propres dualités, vous passerez à côté du message réel. Si vous arrivez à saisir dans toute difficulté de couple le message intérieur qui est le vôtre, ceci vous permettra d'équilibrer les polarités de votre être. Si vous êtes femme, vous équilibrez votre masculin à travers cette relation. Cette relation est limitée aux aspects de vous qui sont semblables à ceux de l'être avec lequel vous vivez.

Question de l'auditoire :

« *Une femme peut-elle équilibrer son aspect féminin en même temps ?* »

Vous équilibrez également les aspects de vous en tant que femme, dans votre « *Féminin* ». Ceci se fait de façon simultanée. Vous pouvez, à l'intérieur d'une relation autre qu'une relation de couple, avec des êtres de sexes différents, équilibrer certains aspects de vous qui ne sont pas en résonance avec votre partenaire.

Ceci vient compléter les aspects féminins et masculins à l'intérieur de vous. Pour ces raisons, il y a toujours un être qui vient miroiter la majeure partie de ce que vous êtes, au moment de votre évolution à des dates précises dans le temps, pour vous montrer vos différentes leçons de vie. Il y a aussi d'autres êtres de sexe opposé qui gravitent autour de vous et qui viennent combler les résonances manquantes du partenaire. Ces relations n'ont point besoin de passer par la sexualité physique. Vous pouvez équilibrer ces relations à travers d'autres aspects de vous.

Les relations avec le partenaire sont d'un ordre différent. Elles sont directement reliées à l'âme, car *l'énergie sexuelle est l'énergie de l'âme*. Les deux âmes veulent fusionner. Cependant, la fusion réelle avec un autre ne peut pas se faire tant que vous n'avez point fusionné avec votre propre féminin et votre propre masculin. Cette fusion se produit jusqu'à un certain niveau. Elle peut ne point être totale. Il y a des degrés à ceci. Vous pouvez connaître la fusion avec un autre à des degrés différents, dans la mesure où vous avez fusionné à un certain degré à l'intérieur de vous. Nous appelons *fusionner*, vos aspects féminins et masculins qui s'interpénètrent.

L'objectif des relations, qu'elles soient des relations de couple ou des relations de travail, lorsqu'elles se vivent avec un être de sexe opposé, vous renseigne toujours sur les aspects cachés de votre partie intérieure, qu'elle soit féminine ou masculine, selon votre sexe.

Vous avez de la chance lorsque vous avez trouvé un conjoint qui vous reflète également les parties de vous qui sont lumineuses.

Ce n'est pas toujours le conjoint qui reflète un miroir difficile. Lorsque ça va bien avec le conjoint, c'est qu'il miroite le côté lumineux dans la relation. Il n'a point les mêmes difficultés que vous au niveau plus obscur. Votre conjoint devra, pour ses propres parties obscures, vivre des reflets avec d'autres femmes.

Vous pouvez l'aider dans la mesure où vous comprenez la dynamique énergétique de ceci.

Mais la fuite des zones d'ombre n'est point une solution, car l'énergie est intelligente. Peu importe les choix que vous faites, vous retomberez dans le même piège énergétique. Vous pouvez changer le visage du personnage en face de vous, mais l'énergie sera toujours la même, car vous attirez ceci à vous. La polarité de votre être intérieur, dans ses zones d'ombre, attire les mêmes zones d'ombre. Ces dernières peuvent changer de visage, mais elles sont toujours présentes.

Tant et aussi longtemps que vous ne les avez point travaillées, que vous ne les avez point acceptées totalement, tout en respectant vos limites, vous attirerez les mêmes êtres.

Lorsque vous illuminez un côté obscur, vous n'attirez point un être qui possède ce côté obscur et qui en est inconscient. Vous pouvez, par contre, attirer un être qui avait la même zone obscure et qui l'a conscientisée. À ce moment, vos anciennes zones obscures ne sont point une entrave à votre contact commun de lumière. Vous pouvez vivre avec ces êtres, en riant de vos egos. Ceci crée des situations extraordinaires. Un être qui reconnaît ses zones d'ombre n'a point la même attitude qu'un être qui ne les reconnaît pas.

Vous avez le choix de fermer les yeux et de vous distancier des êtres qui vous font un effet miroir ou de rentrer dans l'énergie qui vous informera de vos zones obscures.

Soyez conscients d'un aspect que nous n'avons point abordé encore : le respect de vos propres limites. Le message n'est point de continuer une relation si elle ne vous convient pas. Le message est de prendre conscience de vos limites. La première étape serait de faire une liste de vos limites, à tous les niveaux, autant dans votre côté masculin que dans votre côté féminin. Faites une liste de toutes les personnes qui présentent des aspects qui vous dérangent. Notez que les êtres du même sexe vous reflètent également plusieurs parties de vous.

Vous aurez un portrait robot extraordinaire de vos zones d'ombre, autant dans le masculin que dans le féminin. Une fois ces zones d'ombre identifiées, vous n'avez point besoin de vouloir les illuminer toutes à la fois. Donnez-vous un but d'évolution.

Vous pouvez travailler un aspect qui vous semble prioritaire dans votre vie, présentement. Les autres aspects viendront plus tard. Sachez que vous aurez à les travailler, mais ils sont relégués au deuxième plan. Une chose à la fois. Vous ne pouvez prendre tout globalement.

Le respect de vos limites représente une partie de votre propre unification. C'est une étape. Vous vous prenez tel que vous êtes. Vous vous acceptez avec vos zones d'ombre. Lorsque vous êtes en état de grâce avec un être de sexe opposé, vous êtes face à votre propre lumière à travers cet être. Plus dans votre vie vous travaillez dans vos zones d'ombre, plus vous vivrez des relations lumineuses avec les êtres qui vous entourent. C'est le paradis sur Terre.

Si vous avez beaucoup de zones d'ombre, mettez-vous au travail tout de suite. Vous pourrez voir la différence dans la mesure où vous travaillez sérieusement.

L'énergie planétaire permet actuellement de travailler et de saisir rapidement les leçons de vie pour votre propre évolution en plus de l'élévation collective de la conscience humaine. L'énergie est présente. Il n'y a que votre ouverture qui est attendue à travers cette énergie.

Plus vous vous unifiez, plus la recherche du conjoint devient laborieuse. Vous ne pouvez plus être attirés un être qui n'aurait point reconnu les mêmes zones d'ombre que vous. Lorsque vous êtes totalement unifiés, vous n'êtes plus polarisés, vous n'attirez plus de la même façon. L'attirance se fait au niveau du cœur. Les relations avec les autres êtres sont fusionnels au niveau du cœur seulement. Elles n'ont point besoin de passer par la relation sexuelle pour s'exprimer. Cet aspect a été transcendé.

Une relation fusionnelle entre deux êtres de sexes opposés qui passe par le cœur et qui n'inclut pas de relation sexuelle, se vit au plan énergétique. Les deux êtres n'ont point besoin d'être dans la même pièce. Ils ont la capacité de voyager énergétiquement et, nous dirions, de se faire l'amour à distance. Il peut s'agir d'une fusion totale de tous les chakras, comme d'une fusion strictement au niveau du cœur. À travers une fusion du cœur, les deux êtres vibrent à l'unisson et s'enrichissent l'un et l'autre de leurs expériences respectives. Un être de sexe masculin qui fusionne à travers le cœur, sans passer par l'acte sexuel avec un être de sexe féminin, sera enrichi des expériences de vie énergétique de l'être féminin et vice versa. Les expériences de vie de l'autre vous sont données à travers cette fusion.

Question de l'auditoire :

« Je vis une expérience avec mes enfants. Ils sont adultes maintenant et ne vivent pas avec moi. Quand je fais des prises de conscience importantes j'observe, quelque temps après, que mes enfants bénéficient de cette même prise de conscience, comme si nous étions télépathiquement unis dans l'invisible. Pourrait-on qualifier cette fusion ? Bénéficient-ils de mes ouvertures pour leur propre évolution ? »

C'est cela. Cette forme de fusion est différente. C'est une fusion que nous appellerons karmique, car ces êtres sont liés à vous par le karma.

Ne prenez point ce mot d'une façon négative. Ce que nous appelons *karma*, est tout simplement la réalité de votre incarnation : la relation de cause à effet. Cette personne est la cause de l'ouverture spirituelle de ses enfants. C'est elle qui évolue et ceci se manifeste sur tous les êtres qui gravitent autour d'elle. Vous arrivez à un niveau de compréhension de votre être. Vous transcendez un aspect de vous ; vous illuminez une obscurité. Les êtres proches de vous, sans que vous le vouliez, sans que vous forciez la note, seront touchés bénéfiquement, car vous les aimez. Il n'y a point d'effort à faire. Ceci se fait tout seul.

Il y a également une situation karmique entre les conjoints. Il y a polarisation, il y a une relation de cause à effet. Elle n'est pas nécessairement toujours dans des zones d'obscurité. Plus vous travaillez à votre évolution, plus vous vivez des zones lumineuses dans vos relations.

Question de l'auditoire :

« D'où viennent nos zones d'ombre ? »

Cette question est pertinente. Nous allons remonter dans le temps. Vous êtes toujours parfaits et parfaites. Par contre, dans votre désir de connaître d'autres mondes, de connaître d'autres états de conscience, dans votre désir d'expérimenter la *Lumière* d'une autre façon que celle qui vous habitait à l'origine, vous avez traversé des niveaux de conscience qui vous ont permis de rentrer dans la matière. Pour rentrer dans la matière, vous avez besoin d'un corps physique. Tout allait bien à partir du moment où vous vous souveniez que vous étiez *Lumière*. Vous aviez, il y a très longtemps de ceci, la capacité de faire ce que vous vouliez avec votre corps physique. Celui-ci pouvait redevenir invisible et *Lumière*. Vous aviez la capacité d'être particule et *Lumière*.

Nous ne savons point si certains d'entre vous ont des notions scientifiques. Vous avez des accélérateurs de particules qui amènent les scientifiques à percevoir qu'une particule peut être un élément de matière à certain moment et à un autre moment un élément de lumière. La lumière peut entrer dans la matière et peut en sortir. C'est la même chose avec les êtres humains. Vous aviez des vibrations lumières et vous pouviez ajuster ces vibrations de façon à les matérialiser.

Peu à peu, vous avez perdu le contact avec cette lumière pour jouir de l'aspect matériel.

Peu à peu, vous avez chuté vibratoirement dans la matérialité au point de ne plus avoir ce contact avec votre lumière intérieure. Des couches successives d'ombre entouraient votre lumière intérieure. Ces couches sont devenues très épaisses. Comme toute évolution est circulaire, vous devez retourner d'où vous venez, c'est-à-dire vers votre Lumière. Lorsque vous aurez transcendé votre ombre, vous aurez la compréhension totale de la matérialité et ce sera le paradis sur Terre.

9 – Les âmes sœurs

Les âmes sœurs sont les âmes qui peuvent s'entraider à des niveaux spirituels très élevés à travers leur évolution , dans un but de travail commun.

Vous êtes attirés par des âmes sœurs. L'attirance n'est point seulement au niveau de la personnalité, mais elle est au niveau de l'âme. Vous lisez l'âme d'un être en face de vous. Vous ressentez ce même Espace Divin à travers l'être que vous regardez. Vous pouvez être en face de cet être et vous pouvez vous ressentir comme dans un état de prières sans l'avoir recherché. Il y a quelque chose au niveau du cœur qui vous chavire d'une façon encore plus forte qu'une relation ordinaire. Ceci vous prend au dépourvu. Vous êtes désarmés totalement. Ces relations, si vécues strictement dans la personnalité, ne sont habituellement pas très nourrissantes. Vous êtes amenés à les vivre au niveau de l'âme pour qu'elles puissent vous révéler votre propre nature Divine et votre propre Lumière à travers celle de cet autre.

Souvent et même toujours vous avez donné rendez-vous à cette âme avant votre incarnation. Vous vous êtes promis de vous retrouver dans un but d'évolution commun. Cette notion d'âmes sœurs peut se retrouver autant avec un être de même sexe qu'avec un être de sexe opposé. La nature sexuelle de ceci n'a point d'importance. Tant mieux pour vous si c'est un être de sexe opposé et que vous êtes attirés à tous les niveaux. Ceci est l'état de grâce. Remerciez le ciel. Étant donné que ces êtres, ces âmes sœurs, se rencontrent dans un but d'évolution, elles sont amenées à travailler, à s'entraider dans un projet commun qui peut être un projet tout à fait terre à terre. Le travail sera toujours fait dans un but spirituel et passera par les talents intrinsèques des âmes sœurs.

Une relation d'âmes sœurs peut se vivre à travers une relation adulte-enfant. L'âge n'a pas d'importance. L'âme sœur n'est point là pour votre personnalité, elle est là pour votre âme, qui n'a que faire des relations de couple. Lorsque vous rencontrez une âme sœur de sexe opposé et d'âge idéal pour vous, vous mêlez les choses car vous associez au couple ce qui n'a point du tout rapport au couple. Les âmes sœurs ne sont point là nécessairement pour faire un couple dans la personnalité. Elles peuvent faire un couple dans la spiritualité dans la mesure où une personne maintient l'énergie féminine et l'autre maintient l'énergie masculine et qu'ils fusionnent ensemble pour aider d'autres êtres à équilibrer leur propre énergie. Ceci sera une mission d'âmes sœurs de sexes opposés qui veulent bien travailler en couple et qui peuvent le faire.

Les âmes sœurs qui ont soixante-dix ans de différence peuvent difficilement faire ceci. La relation sera tout autre. Souvent, il y aura transfert d'évolution d'un être à l'autre d'une façon fusionnelle, à travers le cœur. La sagesse d'une grand-mère sera donnée juste avant sa mort physique, ou de son vivant, selon l'évolution de l'enfant.

Le sexe n'a point d'importance. La mission des deux âmes sœurs est différente. Il est important de rejoindre votre âme à travers une relation et de fusionner totalement votre âme avec votre personnalité, de transcender, d'épurer cette personnalité de façon à ce que les deux âmes puissent se manifester dans le quotidien relationnel.

Épurer la personnalité, c'est apprendre à accepter ses zones obscures. Nous dirions *embrassez-les, aimez-les*. Non point les aimer dans une situation où vous perpétuez ces zones obscures mais, au lieu de les séparer de vous, au lieu de les rejeter, acceptez-les et dites-vous qu'elles font parties de vous.

La première étape est d'accepter cette réalité. Derrière de cette zone obscure existe une sagesse. N'oubliez point que cette zone obscure est là pour vous protéger. Elle a sa raison d'être. Elle vous protège de vos blessures profondes.

La zone obscure est un mécanisme de défense pour vous protéger des autres, car vous avez été blessés. C'est cette blessure que vous protégez. Il s'agit, à travers la rencontre de la zone obscure, de saisir la réalité de la blessure. Petit à petit la blessure se révèle lorsque vous laissez ces zones obscures se révéler et que vous les acceptez.

Ne percevez point les zones obscures comme le mal, mais comme l'armure de protection qui protège quelque chose de trop sensible qui ne pourrait point résister à ce que la vie vous amène actuellement. L'armure a sa raison d'être. Elle est là parce que vous n'êtes point capables d'ouvrir à cette blessure. Respectez-vous dans cette découverte. Une à une regardez vos armures et allez plonger dans la blessure qui s'y trouve, lorsque vous en êtes capables. Allez panser cette blessure à travers votre amour pour vous-mêmes. L'armure ne sera plus nécessaire par la suite.

Il ne faut point regarder vos zones obscures comme des ennemies, mais comme des protecteurs de vos blessures. Ne vous jugez point dans ceci. Vous êtes tous et toutes dans la même galère, qu'on appelle la Terre.

Si vous voyez une zone obscure chez l'autre, dites-vous que vous voyez un aspect de son armure et que sous cette armure, se cache une blessure. Plus l'armure est coriace, plus l'armure est déplaisante et à rebrousse poil, plus la blessure est profonde. Sachez regarder à travers la blessure des autres. Sachez aller au delà de l'armure. Si vous êtes en mesure de regarder au delà de l'armure des autres et que vous saisissez leur blessure à travers leur armure, ceci vous révélera votre propre blessure. Les miroirs qui viennent à vous ne sont pas l'effet du hasard.

Ne cherchez pas l'âme sœur dans vos relations de couple. Si ceci est inscrit dans votre plan Divin actuel, n'en doutez point, ceci arrivera. Mais ce n'est pas inscrit chez tous les êtres. Les êtres qui s'incarnent sur la Terre dans un but de travailler spirituellement avec leur âme sœur sont appelés à cette œuvre, mais ceci ne veut point dire que sans âme sœur vous ne pouvez point avancer. Si votre âme sœur n'est point incarnée, qu'allez-vous faire ? Attendre !!!

Vous pouvez sûrement idéaliser la relation avec l'âme sœur. La plupart des êtres l'ont associée au couple. Il se peut qu'elle soit vécue, mais pas toujours. Lorsque l'âme sœur se révèle à ce niveau, ce n'est pas nécessairement toujours une partie de plaisir. Nous dirions que c'est la plus difficile des situations.

Nous vous suggérons de parler des zones obscures de votre armure d'une façon positive. Ne prenez point cette zone obscure comme quelque chose de négatif, car tant et aussi longtemps que vous le percevez de cette manière vous voudrez vous en distancier. Saisissez-vous l'importance des mots ? Changez votre perception de ces zones qui vous appartiennent. Apprenez à les accepter. Prenez votre responsabilité relativement à ces aspects de vous.

Nous saisissons bien votre difficulté de compréhension et voici un exemple qui vous aidera : du jour au lendemain vous percevez des zones obscures que vous ne connaissiez pas avant. C'est un peu comme prendre conscience que vous avez un troisième bras. La première réaction c'est de vouloir l'arracher puisque les autres n'en ont que deux. Vous ne savez que faire de ce troisième bras. C'est cette perception qu'il faut changer. Saisissez l'occasion de vous connaître dans vos multiples aspects. Ils ne sont point négatifs, ils sont strictement une mesure des protections qui enveloppent une blessure que vous devez apprendre à illuminer dans votre propre évolution. Tout simplement ! Ne soyez point durs avec vous. Soyez doux et gentils. Flattez-vous, ne vous faites point la vie difficile à travers tout ceci. Tout le monde est dans la même galère, n'oubliez point ceci.

Question de l'auditoire :

Expliquez-moi une antipathie spontanée et réciproque envers une personne que je ne connais pas ?

Lorsque certaines personnes vous sont antipathiques, c'est que vous regardez dans un miroir. Si la réaction antipathique est réciproque, c'est que vous regardez vos zones obscures respectives et que celles-ci sont identiques. Cependant vous n'êtes point conscients des blessures derrière ces zones obscures. Lorsque vous voyez une image menaçante de cet être, tout ce que vous pourriez dire sur cet être vous appartient. Il en est ainsi !

Si vous avez reconnu cette armure chez vous, mais que vous n'avez point encore pansé votre blessure, vous pouvez avoir la réaction suivante : *Tiens, un autre miroir* ! Vous pouvez en rire. Ce qui se dégagera de vous sera l'acceptation. Cet être, à ce moment, ne réagira point de la même façon. Il se sentira accepté dans ses propres obscurités et viendra à vous d'une façon très ouverte. Ceci ne se fait point au niveau de la parole, mais au niveau vibratoire sur le plan énergétique. Faites l'expérience de rire de vos obscurités, vous verrez que les gens auront beaucoup moins de difficulté à vous approcher. Vous n'aurez point l'armure aussi épaisse. Ils se sentiront acceptés dans leurs propres armures et dans leurs propres blessures.

Vous dégagez une énergie totalement différente lorsque vous acceptez votre armure. Vos blessures ne sont peut-être point toutes guéries, mais l'armure a été mise à découvert et a été acceptée totalement. À ce moment, vous ne dégagez point les mêmes énergies, le jugement ne fait point partie de vos vibrations, car vous ne *vous* jugez plus. Automatiquement, vous ne jugez point l'autre qui possède la même obscurité.

Lorsque toutes les zones grises ont été élaborées, il s'ensuit dans l'évolution d'un couple, un vécu d'ascension commune et un partage des liens respectifs de chacun des deux êtres à travers une acceptation totale de ce qu'est l'autre.

À travers le détachement qui peut sembler l'étape la plus difficile, vous devez être en mesure d'accepter la séparation physique, lorsque l'évolution de l'un des deux êtres se distance de l'autre. Ceci peut se vivre à l'intérieur d'un couple dans le non attachement. Les expériences différentes de vie viendront tester ceci. Lorsque nous parlons de non attachement, nous nous référons à certaines connotations d'appartenance tel : c'est *ma* femme, c'est *mon* mari ».

Lorsque vous accédez au détachement, il n'y a point d'appartenance. Le contrat marital n'a point d'importance. Vous aimez totalement l'être en face de vous, même si son chemin d'évolution diverge du vôtre. Vous vous distancez pour mieux le laisser s'épanouir et vice versa.

La période de détachement est vécue de multiples façons dans le couple. Certains le vivent à travers l'amour physique. Certains vivent le détachement à travers l'histoire de leur vie et certains préfèrent ne point le vivre. Le détachement mène à l'amour inconditionnel.

L'amour inconditionnel, c'est précisément d'aimer quelqu'un sans condition. Vous ne pouvez point aimer quelqu'un *à condition* qu'il reste avec vous, *à condition* qu'il soit gentil avec vous. L'amour inconditionnel n'implique aucune condition de la part de l'autre. L'autre ne doit remplir aucune condition. Vous l'aimez, un point c'est tout. Vous voulez ce qu'il y a de mieux pour lui. Si ce mieux ne vous inclut pas à temps plein et si vous l'aimez de façon inconditionnelle, vous saurez vous retirer de cette relation. Ceci est l'aspect lumineux vers lequel tout être humain est appelé à évoluer. Aimez l'autre pour ce qu'il est. Aimez l'autre pour qu'il se manifeste dans ses dons et dans ses talents.

Il y a une notion d'interdépendance et non de dépendance. Cet être, lorsque vous l'aimez d'une façon inconditionnelle, sera toujours *relié* à vous mais non point *attaché* à vous. Les couples qui sont en mesure de vivre ceci sont plutôt rare, car, vivre le détachement demande d'enlever une armure très épaisse. Ceci représente la notion lumineuse de l'évolution d'un couple vers sa Lumière.

Question de l'auditoire :

« On parle beaucoup d'évolution en couple mais comment peut-on introduire la notion d'évolution pour la personne qui choisit de vivre seule ? »

Un être peut choisir d'évoluer seul ou d'évoluer en couple. L'évolution, seul, se fait d'une façon différente. L'une n'est pas meilleure que l'autre.

L'évolution en couple est plus lente que l'évolution en solitaire car, lorsque vous évoluez en solitaire vous êtes face à vous-même. Vous n'avez point de distraction à travers cette solitude. Vous pouvez, par contre, vous créer des distractions. Si vous vivez pleinement cette solitude dans un but d'évolution, cette évolution sera rapide. Ceci dépend beaucoup plus du niveau de conscience avec lequel vous vivez cette évolution en solitaire. Il y a des couples qui peuvent évoluer rapidement, également, lorsqu'ils sont conscients de la façon dont ils veulent agir et réagir face à leurs obscurités. Mais si vous vivez avec un être qui n'est point conscient de ceci, vous pouvez piétiner.

Il ne faut pas juger les êtres qui choisissent de vivre seul par rapport à ceux qui vivent en couple. L'intériorisation est nécessaire pour permettre le passage à certains niveaux différents de conscience qui permettront une évolution de couple ultérieurement. Ce sont des périodes d'introspection. Certains couples se permettent de les vivre sans se laisser, saisissant cette importance. Il n'y a point de balise dans un couple. Il y a les balises que les deux êtres sont prêts à ériger. Chaque couple est différent.

10 – La route vers soi

Vous parlez de routes difficiles ou de routes faciles. Vous parlez de routes et d'autoroutes. Nous saisissons qu'il existe une différence dans la vitesse de croisière. Certaines fois le pavage est très bien fait et d'autres fois le pavage est cahoteux.

Il existe plusieurs routes et autoroutes. La route vers soi n'est point la même pour tous les êtres. Il ne s'agit point de prendre la même route. Il s'agit de prendre la sienne. Vous pouvez la visualiser comme une autoroute ou comme une route de campagne. Vous pouvez visualiser une route de terre avec des cailloux comme vous pouvez visualiser une route recouverte d'un pavage qui n'offre aucune résistance. Sachez que c'est votre choix profond et que la différence réside dans la résistance de l'ego, tout simplement.

Certains se feront la route difficile croyant, à tort, qu'il faut qu'elle soit difficile. La résistance de l'ego fait que ceci est difficile. D'autres se la font plus facile. C'est une question d'attitude face à l'inconnu. Certains résistent à l'inconnu, d'autres acceptent de marcher les yeux bandés et acceptent ce qui arrivera avec compassion, avec simplicitté. Personne n'est pareil.

Sachez que la route difficile et la route facile ont chacune leurs raisons d'être. Ce n'est point parce que la route est difficile que vous arriverez plus rapidement ou que vous aurez gagné plus de mérite face au Divin. Non, point ! Ceci n'a point d'importance. Le Divin est déjà en vous.

C'est votre degré de résistance qui fait que la route est ce qu'elle est. Plus vous lâchez prise, plus la route sera facile. Laissez tomber les concepts qu'il faut que ce soit difficile, si vous en êtes capables.

La route vers le Divin peut être choisie à travers la souffrance, comme à travers la sagesse. À vous de faire le choix. La plupart des êtres humains, pour se donner bonne conscience ou pour se valoriser, choisissent la route de la souffrance. Elle mène au même endroit, mais vous pourriez choisir la route de la sagesse et vous y rendre tout de même. Ceci n'est qu'une question d'attitude.

N'est-il point un proverbe dans votre langage qui dit qu'il y a plusieurs routes qui mènent à Rome ? C'est la même chose pour Dieu. Votre Divin est à l'intérieur de vous. Vous devez trouver le chemin du Divin à travers vos couches de noirceur.

Si vous avez de la difficulté à saisir quelles sont vos couches de noirceur, vous pouvez trouver la route difficile. Si vous acceptez cette noirceur comme elle est et que vous l'accueillez sans la juger, il est évident que la route sera beaucoup plus facile pour vous.

La lumière n'a point besoin d'entrer avec difficulté dans le corps physique. C'est la résistance de la personnalité qui rend la chose difficile. Mais la personnalité, c'est l'ego. Plus une personnalité est forte, plus l'ego est fort. Sachez que le niveau de noirceur d'un être humain équivaut à son niveau de lumière. Alors pour ceux qui ont un gros ego, consolez-vous !

Vous pouvez faire un cheminement dans le bonheur et la paix en vous acceptant avec votre noirceur... N'ayez aucune culpabilité à ne pas faire les choses comme les autres. Sachez que votre chemin intérieur est aussi bon que celui du voisin. Vous n'avez point à juger le chemin de l'autre. Par contre, il y a des gens qui doivent passer par d'autres chemins. C'est leur façon de faire. Respectez ceci et aimez ceci. Plus vous accepterez ceci, plus vous serez accueillants face à ces êtres, plus vous les influencerez à aplanir leur route.

Nous vous annonçons que cette route n'est point linéaire, elle est holographique. Le but du voyage, c'est de descendre au plus profond de vous-mêmes et de toucher votre partie Divine.

Votre âme vous pousse à ceci, votre âme vous guide. L'énergie qui entoure cette planète, en ce changement de siècle, vous pousse vers ceci dans votre évolution. Évidemment, une route holographiquement construite peut être déroutante à certains moments, lorsque vos propres autoroutes sont linéaires.

Votre perception du temps et de l'espace avec votre mental linéaire peut difficilement comprendre la route holographique. Le mental linéaire possède sa façon de fonctionner, mais il y a une autre vibration à laquelle vous pouvez avoir accès : le mental Divin qui saisit les choses d'une façon non linéaire, plus circulaire et plus holographique.

Il ne s'agit point de prendre une croisée des chemins. Certains pensent qu'ils tournent en rond, d'autres ne savent point comment se rendre vers leur intérieur.

Sachez que cette route a beaucoup plus la forme d'une spirale à travers laquelle vous tournez. Vous entrez de plus en plus en profondeur au cœur de votre être. Il y a un passage, une petite porte par laquelle vous avez accès au Divin. Cette petite porte n'est point au niveau de la tête. Cette porte vient du cœur. Il n'y a aucune autre façon d'y entrer. Cette porte est vibratoire. Si la vibration qui émane de vous n'est pas celle qui correspond à cette porte, vous tournez en rond. Saisissez-vous ceci ? Le cœur déverrouille tout, le cœur accepte tout, le cœur prend tout sans juger. Que ce soit vos noirceurs ou celles des autres.

Lorsque vous saurez accueillir votre noirceur dans sa totalité, vous saurez accueillir celle des autres dans leur totalité et vous apprendrez aux autres à s'aimer, étant donné que vous aurez appris à le faire pour vous.

N'y a-t-il point une parole qui parle d'aimer les autres comme soi-même. Les êtres comprennent mal cette parole. Si vous ne savez point vous aimer, vous ne pouvez point aimer un autre être humain. Votre niveau d'amour pour les autres sera celui que vous aurez pour vous-mêmes, tout simplement. Il sera un miroir.

Alors cette route, sur laquelle vous semblez tourner en rond, n'a pas de fin. Elle n'est point linéaire. Vous allez vers le centre, mais vous ne pouvez entrer dans ce centre que par une vibration d'unité totale, d'acceptation totale. Il n'y a pas d'autre chemin. Suivez votre cœur et vous serez sur la bonne route, tout simplement.

Cet enseignement peut paraître trop simple. En fait, il l'est. Votre spiritualité n'est point en dehors de vous, mais en dedans. Vous n'avez point à vous rendre quelque part. Vous avez à vivre une introspection. Votre centre, votre but de vie, est en dedans de vous. Vous n'avez qu'à le contacter à travers la porte du cœur. Si vous cherchez cette porte, regardez vos émotions et vivez-les. Regardez les blessures de votre cœur, saisissez-en les leçons de vie. Apprenez à guérir ceci.

Comprenez que la spiritualité n'est point un but. Vous ne partez pas d'un point A vers un point B. Vous rentrez chez vous, tout simplement, à travers cette vibration d'unité qui vient du cœur.

Ceci ne prend point de temps. Il s'agit de saisir la vibration et lorsque vous la saisissez, vous pouvez la revivre aussi souvent que vous le choisissez.

Nous allons prendre l'exemple d'un poste de radio. Vous y trouvez différentes fréquences sur les bandes. Il n'y en a qu'une seule qui vous fait connaître l'extase. Trouvez-la ! Vous pouvez vous promener très longtemps sur ces bandes de fréquences et passer tout à côté de la bande qui vous ferait connaître l'extase.

Lorsque vous l'avez connue une fois, il se peut que vous soyez confrontés à des difficultés issues de blessures antérieures. Vous chercherez à retourner sur cette même fréquence, car elle est en vous. Vous n'avez point à la chercher à l'extérieur, puisque votre sagesse la connaît.

11 – Le partage et la lumière

Le partage peut se faire à différents niveaux de conscience, selon l'évolution d'un être. Un être qui est dans une conscience de pouvoir, partagera au niveau du pouvoir. Un être qui est dans une conscience émotionnelle, partagera au niveau des émotions. Comprenez-nous bien à ce stade de l'explication. Un être qui partage au niveau émotif exprimera la colère, la rancœur, etc. Il exprimera ces émotions. Ceci est un partage émotionnel.

Un partage au niveau du premier chakra est relié à la survie. C'est la peur et toute la stabilité de l'être humain, son ancrage à la vie. Évidemment, le premier chakra sert à donner la vie. Cet échange énergétique se fera de différentes façons selon le niveau de conscience. Si un être s'exprime au niveau de conscience de la survie, il fera l'amour pour survivre, pour se dégager d'une tension. Si un être s'exprime au deuxième niveau de conscience, son échange sera très émotif. Il y aura toutes formes d'émotions. Si un être se situe au niveau du pouvoir, il pourra se servir de sa sexualité pour contrôler la relation. Là où le niveau de partage devient très différent, c'est au niveau du cœur.

Le partage se fait par la parole et par le toucher. Donc, le premier et le cinquième chakras sont les portes d'entrée et de sortie de l'énergie et du niveau de conscience qu'un être utilise : les mains, tout ce qui est qui est sensoriel, et la voix qui est le résonateur de l'âme.

Un être partage sa Lumière selon son niveau de conscience. Il ne peut partager à un niveau de conscience plus élevé, s'il ne l'a pas atteint. Ceci est tout à fait normal.

Un être qui possède la conscience du cinquième chakra, partagera ses connaissances de la vie, ses expériences de la vie. Il diffusera sa propre philosophie. Il ne sera pas avare de ses compréhensions. Il sera naturellement amené vers qui veut bien l'entendre, évidemment : que ce soit par des livres, par des rencontres, par des séminaires ou par des conférences. Les formes de partage peuvent être différentes selon ce qui est partagé.

Le partage au sixième plan de conscience devient télépathique. Évidemment, seuls ceux qui vibrent au sixième plan de conscience peuvent recevoir de façon consciente, car chacun reçoit dans l'inconscient.

La pureté de vos pensées est très importante, car la pensée crée. La qualité de vos pensées déterminera la qualité de votre vécu. Si vous prenez la moitié de votre temps à juger les autres, vous serez jugés. Tandis que si vous prenez ce temps pour voir les autres dans leur côté lumineux, vous recevrez de la lumière.

C'est comme la théorie des vases communicants. Vous envoyez des pensées nobles à des êtres, ceci vous est remis. Rien ne se perd, rien ne se crée. Ces pensées cheminent sur bandes vibratoires : si vous envoyez une pensée de jugement, vous émettez sur une bande de fréquence ; si vous envoyez une pensée d'amour, vous émettez sur une bande de fréquence d'amour. Lorsque vous émettez un jugement, il y a récepteur sur cette bande. Le récepteur jugera à son tour. Étant donné que vous êtes vous-mêmes sur cette bande de fréquence, vous le recevrez.

La qualité d'une pensée possède une bande de fréquence particulière relative à un niveau de conscience. L'être humain possède la capacité de se promener sur toutes les échelles de fréquences.

Nous vous donnerons un exemple : un être au cinquième plan de conscience peut avoir un aspect obscur de lui-même situé au deuxième plan de conscience. Il n'a pas réglé tous les aspects de cette bande de fréquences. Lorsqu'il entrera dans cette noirceur, il pourra la transcender. Il aura le choix mais, tant qu'il n'aura pas compris la leçon de cette bande de fréquence, il ne pourra pas, par contre, la transcender.

Plus les niveaux de conscience sont élevés, plus le contact avec une obscurité est rapide à régler, car le taux vibratoire est plus élevé et la notion du temps change avec l'augmentation du taux vibratoire. Lorsqu'un corps vibre à une fréquence très basse, la transformation de ce corps est lente ; plus un corps vibre à une fréquence élevée, plus la transformation est rapide. Alors, la notion du temps diffère selon le niveau de conscience et jusqu'à une certaine limite. La conscience cosmique est dans l'intemporel.

À titre d'exemple : un être au cinquième plan de conscience partage quelque chose à quelqu'un qui vibre au troisième plan de conscience, ce dernier recevra l'information. S'il est ouvert, il vibrera de façon temporaire et il vivra dans son corps les manifestations physiologiques de ce nouvel état de conscience. Mais, parce qu'il n'a pas transcendé le troisième niveau de conscience, il ne pourra le conserver de façon définitive.

Il changera de plan de conscience, s'il est totalement ouvert. Si la résistance n'est pas là, il peut rapidement arriver au cinquième plan de conscience. S'il n'y a aucun ancrage, aucune attache, aucune barrière, il peut arriver à ce plan de conscience dans la mesure où il reconnaît l'émetteur de ce plan de conscience et accepte totalement cette émission d'informations.

Lorsqu'un être est en situation de résistance par rapport à la forme d'émission, il peut vivre un certain mal être par la suite. Une réaction physiologique se fait sentir dans le corps.

Par contre, si cet être s'ouvre totalement à cette émission d'informations, sur cette bande de fréquence, il peut goûter de façon temporaire à ce nouveau plan de conscience.

S'y ouvrir totalement, c'est accepter d'y goûter. Cela ne veut pas dire qu'un être maintiendra cette fréquence à long terme. L'objectif ultime c'est de la maintenir. Encore faut-il accepter d'y goûter. Lorsqu'un être résiste à une information sur une bande de fréquences inconnue, il a mal dans son corps.

Un être conscient des différentes bandes de fréquences sur lesquelles il émet, et conscient du taux de résistance de son récepteur, pourra choisir de moduler pour ne pas trop déstabiliser ce dernier.

Il peut choisir de déstabiliser un peu, lorsque cet être croit en son âme et conscience que ceci sera positif pour l'évolution du récepteur. Il le fera si l'inconscient du récepteur le sollicite. Il évalue le niveau d'ouverture et de fermeture pour ne pas trop déstabiliser, car une déstabilisation à l'extrême pourrait nuire à l'évolution du récepteur.

Un être qui possède une qualité et une ouverture de cœur très grande, possède une sensibilité de même niveau. Cet être a accepté de ressentir LE TOUT dans l'univers, il est donc en état de réceptivité par rapport à ce TOUT. Il peut donc capter ce TOUT et l'émettre. La puissance dégagée de ce TOUT est incommensurable. C'est ce que vous pourriez appeler l'État Christique.

Un être qui s'ouvre au TOUT, accepte la souffrance du TOUT. Il ressent la souffrance d'un être, d'une ville, d'une province, de tout un peuple. Il peut ressentir la souffrance de la Terre. Et, la Terre pleure !

Un être qui accepte de ressentir cette souffrance, à travers son propre corps physique, apprend beaucoup. Lorsque cet être devient canal de Lumière, la capacité et l'intensité du canal EST. Il n'y a plus de barrière.

Chaque personne, autour de l'être qui ressent le TOUT, choisira sa distance par rapport à ce dernier. La distance sera fonction du degré d'ouverture et de la résistance.

La résistance est strictement personnelle. Les êtres vous reflètent votre propre niveau de résistance.

Ce processus de contact, de communication, de communion est le même pour tous, il est universel. Non pas terrestre : UNIVERSEL, puisqu'il fonctionne avec nous et que nous ne sommes pas de la Terre. Vous vibrez au niveau de la loi universelle d'équilibre qui est l'Amour ; vous vibrez partout. C'est là que réside l'intemporel. Il n'y a pas de temps sur cette vibration. Le temps s'arrête sur cette vibration. Si vous émettiez sur cette fréquence vingt-quatre heures par jour, votre corps ne serait pas affecté par le temps.

Étant donné que la pensée crée, vous pouvez manifester cet état à travers la pensée et le demander. Fixez-vous un objectif à cet effet et la vie se chargera de vous apporter les expériences qui vous y amèneront.

Nous vous suggérons de travailler sur vos multiples résistances à cet effet, car une telle demande accélère la vitesse de croisière vers le TOUT. Il n'y a pas beaucoup de temps pour de l'auto-stop. Et le véhicule de croisière choisi doit être le *vôtre*. Il n'y en a pas d'autre à suivre. Seul votre véhicule de croisière est le bon. Il ne faut pas voyager dans celui de quelqu'un d'autre. Ce serait une erreur fondamentale.

Dans ce domaine, il n'y a pas de covoiturage. Comprenez que lorsqu'il y a du covoiturage, vous ralentissez votre vitesse de croisière. Mais ceci est un choix. Nul ne vous oblige à aller plus vite que vous ne le voulez. La qualité du voyage sera en conséquence. Vous saisissez ceci ?

Accepter de faire du covoiturage et être conscient de se ralentir, c'est un manque d'amour pour soi-même. Tout réside dans le niveau de conscience de l'être qui voyage vers le TOUT.

Nous aimerions élaborer sur le concept du covoiturage. Ce concept est en fait un concept d'attache. Le voyage seul est un concept de détachement. Au delà de ce concept de détachement, il y a le TOUT où un être réalise qu'il appartient au TOUT et qu'un autre être humain est tout simplement une représentation d'une facette de lui. Il entre en contact avec cette facette, au besoin. À ce niveau, il n'y a plus de covoiturage.

La solitude physique peut sembler entourer un être à ce niveau mais, à l'intérieur d'un tel être, il n'existe pas de solitude. Cet être se voit à travers tous et toutes. Sa seule ligne de communion intense est avec le Divin, à moins de trouver son miroir total, son parfait complément.

Nous entrons ici dans le concept d'âmes sœurs. Si vous vous situez à ce niveau d'évolution, à ce niveau de conscience, vous ne pouvez plus vivre qu'avec un être qui est votre parfait complément sur ce même niveau de conscience. Cet être serait votre âme sœur.

Lorsque deux êtres partagent à un même niveau de conscience, ils vivent une résonance vibratoire intense pouvant être très agréable ou désagréable, selon le niveau de conscience. Ceci pourrait être si agréable qu'un être pourrait vouloir toujours rechercher cette résonance à travers l'autre. La résonance ultime est avec vous-même et avec votre parfait complément.

Ce que vous expérimentez sera à votre niveau de conscience actuel. Vous ne pouvez être certains de quelque chose que lorsque vous avez expérimenté cette chose et son opposé. Après avoir expérimenté les deux facettes d'une énergie, les polarités d'une énergie, vous pouvez, par la suite, vous situer par rapport à cette énergie et vous centrer.

Un être qui a transcendé le détachement peut se retrouver seul et dans un groupe et ceci ne l'affectera jamais. Il fonctionnera partout dans une harmonie totale.

Si vous avez peur, allez vers cette peur. Si vous avez peur du jugement dans un groupe, alors cette peur fait partie de vos coins sombres. Si vous voulez connaître la raison de ce coin sombre, confrontez ce coin sombre en allant vers un groupe. Ouvrez-vous totalement à un groupe d'une quelconque forme de thérapie car, selon notre perception, c'est l'endroit où vous pourriez être le plus jugé.

Vous avez à vivre le démantèlement de votre carapace. Pour arriver à désolidifier la carapace, il faut qu'elle tombe en mille miettes par terre et que vous vous sentiez nu comme un ver devant une foule de gens. Là vous aurez atteint le but ultime et personne ne vous donnera un pot de colle pour recoller les morceaux.

Les systèmes de protection des humains sont intenses. Vous pouvez chercher un pot de colle, mais vous vous souviendrez toujours de la sensation d'être nu comme un ver. Vous vous rendrez compte, avec un recul, qu'il faut passer par cette étape à chaque fois que vous confrontez une énergie obscure. Et, avec cette conscience, le pot de colle deviendra de moins en moins utile.

12 – Une naissance

(Extrait d'une transe où une personne est amenée à revivre sa naissance.)

Vous dites que votre mère a été anesthésiée à votre naissance. Par le fait même, vous avez été anesthésié également en tant que conscience, mais vos mémoires cellulaires se rappellent.

Vous devez rejoindre vos émotions. Ceci est très en profondeur chez vous. Comprenez que vous devez faire marche arrière dans le temps pour aller vers cette connaissance de votre naissance.

Nous vous suggérons la respiration, afin d'évacuer ce que vous avez peur de rencontrer à travers cette connaissance. Cette connaissance possède beaucoup de réponses pour vous. C'est pour cela que vous devez éveiller vos cellules à ceci.

Nous vous suggérons, dans cette respiration, de prendre une position fœtale. Respirez profondément. Entrez dans cette énergie de votre corps positionné de cette façon. Respirez énormément, prenez de grandes respirations.

Imaginez maintenant, tout en respirant, que vous êtes dans le ventre de votre mère. Pensez à élaborer une conversation avec votre mère à partir de son bas ventre. Si vous étiez un fœtus, quelle question lui poseriez-vous ? Réfléchissez et posez-lui la question.

Que voulez-vous savoir ?

Laissez-vous aller dans ce qui vient. Laissez-vous aller dans cette énergie. Elle vous donnera la réponse. Exprimez votre mal. Parlez à votre mère. Posez-lui la question.

Retournez dans vos cellules. Cherchez cette lumière que vous voulez tant.

« *Je suis en train de m'étouffer.* »

Nous sommes tout à fait conscients de ceci. Mais, comprenez que pour retrouver une mémoire cellulaire il faut lui donner un coup de pouce. Ceci accélère le processus tout simplement. N'oubliez pas que lorsque vous acceptez votre étouffement, vous êtes sur la vitesse de croisière de la lumière.

Lorsque vous vous sentez prêt, retournez dans la mémoire cellulaire, dans l'utérus, car vous n'êtes pas encore né.

Comprenez qu'il y a un blocage au niveau de la respiration. Respirez, prenez de profondes inspirations. Retournez dans cette douleur.

« *Cela m'étouffe.* »

Respirez, cherchez la lumière.

« *Il faut que je sorte.* »

Sortez vers la lumière. Respirez. C'est cela. Comprenez que la lumière c'est la vie. Respirez.

Saisissez-vous que vous avez connu la mort avant la naissance ? Vous n'avez tout simplement pas compris ce qui ce passait. Vous êtes resté sur cette impression de mort dans votre corps d'enfant. Comprenez que les circonstances de votre naissance ont créé ceci non point par mal d'amour, mais par la peur. Un être ne peut aimer lorsqu'il a peur. Saisissez-vous ceci ? Comprenez que cette peur vous a été transférée également. Enfanter peut être très complexe lorsque le niveau de conscience n'y est pas.

Comprenez-vous que vous êtes né à vous-même aujourd'hui ?

« *Il était temps !* »

Le temps est une illusion dans le sens où vous avez toujours la capacité de retourner dans le temps, dans votre temps, pour connaître les réponses à vos questions. Toutes les informations sont là, elles sont présentes. Il ne s'agit que de se donner le courage d'aller les chercher.

Vous en avez fait l'expérience. Maintenant vous savez. Nous n'avons pas à vous expliquer.

« *C'est formidable, je n'ai plus mal.* »

Voyez comme la lumière fonctionne. Vous avez éveillé vos mémoires mortes en mémoires actives, grâce à cette lumière. Vos cellules savent de quelle façon se comporter maintenant. Saisissez-vous ceci ?

Reprenez de grandes respirations. Vous pouvez jouer avec votre corps maintenant. Faites connaissance avec vos mains. Regardez-les comme si vous étiez un tout petit enfant. Nous vous suggérons même de sucer votre pouce. Rentrez dans cette énergie du petit enfant. Des gazouillements sont également de mise. Permettez-vous d'être ce petit enfant. Bougez les jambes, bougez les orteils. Ils sont là également. Prenez connaissance qu'ils existent. Redécouvrez votre corps. Il est vivant. Vous êtes entier. Vous avez tous vos morceaux. Permettez-vous de ressentir ces sensations.

Comment vous sentez-vous ? N'est-ce pas merveilleux de s'ouvrir à la vie ?

« *La position du fœtus est une position que j'étais incapable de prendre. À chaque fois que je prenais cette position, j'étais incapable de respirer.* »

Il n'y a pas de hasard...

Vous savez, poser des questions aux êtres autour de vous vous permettrait d'avoir leur perception sur votre enfance, mais d'aller les découvrir vous-même par vos mémoires cellulaires est beaucoup plus enrichissant, car non seulement vous avez les réponses, mais vous les intégrer. Vous saisissez ceci ?

Avoir une réponse du mental d'un être humain est une chose, vivre la réponse dans votre corps en est une autre. Vous vous êtes permis cette expérience. Ceci est une preuve d'amour envers vous-même, ne l'oubliez pas. Vous vous êtes permis de renaître. Vous êtes le seul maître à bord de votre vaisseau corporel. Toutes les possibilités s'offrent à vous. Donnez-vous cette permission.

Nous sommes heureux que vous ayez permis ceci. Nous n'avions jamais fait d'accouchement auparavant. Nous nous sommes servis des mémoires cellulaires du canal qui vous canalise à cet effet.

Ressentez-vous cet amour pour vous-même, cette joie intense ?

Nous aimerions vous aviser que votre vision des choses de la vie risque de différer. Vous risquez d'apprécier les choses avec un œil nouveau, d'apprécier la beauté à l'intérieur des choses, de voir la vie à l'intérieur des choses. Puisque vous acceptez la vie à l'intérieur de vous-même, vous l'accepterez à l'extérieur. Ce qui est en dedans est comme ce qui est en dehors.

La capacité d'absorption de la lumière dans votre corps repose sur votre vitesse de croisière. Nous allons vous expliquer cette notion.

Votre corps a besoin d'un repos pour se réajuster à cette nouvelle vibration lumineuse. À chaque fois que vous ressentez que vous avez stabilisé ceci, vous pouvez poursuivre à une étape ultérieure et requestionner votre corps. Qu'est-il prêt à vivre ? Quelle information est-il prêt à vous révéler sur vous-même ? et ainsi de suite...

Votre corps a beaucoup d'informations à vous donner. Ce corps est votre véhicule de connaissance. Si vous ne comprenez pas quelque chose qui vous fait mal, si vous ne comprenez pas une situation de vie, retournez dans votre corps. Chaque fois que vous sentez un blocage psychique, ce que vous appelez un cul-de-sac, le corps a une réponse.

Peut-on appeler cela une « ouverture de la conscience » ?

Vous savez, vu de notre point de vue, évidemment, c'est une ouverture de la conscience. Pour un être qui choisit de se découvrir, nous l'invitons à respirer afin d'aller dans un endroit de son corps et de prendre une position qui favorisera sa découverte.

Ce processus vous permet d'évacuer une énergie qui n'a pas lieu d'être à cet endroit et de la remplacer par de la lumière. Cette énergie est évacuée. Vous mourez à cette énergie et vous naissez à la lumière. Plus vous renaissez à la lumière, plus votre taux vibratoire augmente.

Les énergies qui vous habitent sont des énergies d'opposition. En acceptant l'énergie lumineuse, vous favorisez une unification.

13 – S'aimer

Il y a une préoccupation commune des lecteurs en regard avec le cheminement d'évolution. Nous ressentons que la préoccupation commune réside dans l'apprentissage à vivre avec votre lumière intérieure, la toucher afin de ne point perdre le cap de votre évolution. Vous recherchez tous cette clé de votre lumière intérieure.

Selon votre questionnement, vous avez l'impression de n'être point au bon endroit ni de faire les bonnes choses. Ceci relève du fait que vous avez des leçons à apprendre. Tant et aussi longtemps que vous ne les avez point apprises, vous restez à l'endroit où la leçon se donne. Vous réapprenez la leçon jusqu'au moment où vous l'avez comprise. Cette leçon peut être désagréable, mais c'est ce désagrément qui vous amène à vous questionner. Tant que vous n'en avez point assez, vous restez dans ce questionnement et ce, jusqu'au moment où vous en avez assez. Vous êtes testés à la limite de votre ego.

L'ego représente la personnalité. L'ego représente de quelle façon vos parents vous ont construits dans ce qui se reflète vers le monde extérieur. Les parents vous forgent une personnalité et vous y croyez d'une façon acharnée. Vous ne vous êtes jamais posé la question à savoir si cette personnalité allait de pair avec votre âme.

Lorsqu'il y a mauvaise intégration, c'est-à-dire que la personnalité n'intègre pas l'âme, il y a des conflits intérieurs. Vous devez apprendre à lâcher prise devant certaines croyances, parce qu'elles ne correspondent plus avec ce que votre intérieur vous dicte.

Question de l'auditoire :

« *Comment lâcher prise ?* »

La seule façon de prendre conscience de ceci est de faire un inventaire minutieux de votre personnalité : vous ne poseriez pas un geste qui déplairait à telle personne, vous n'oseriez pas faire telle chose, car ceci engendrerait des explications. On ne fait pas cela... Cela ne se fait pas et bien d'autres exemples peuvent vous venir à l'esprit. Vous n'allez pas chez un ami à minuit, si vous savez qu'il est couché. Même si vous avez besoin d'aide, vous restez recroquevillé chez vous et vous endurez votre mal. Si votre âme en a besoin, elle, pourquoi ne satisferiez-vous pas votre besoin ? Pour des raisons de bienséance !!!

Il faut effacer cette programmation de « non, cela ne se fait pas », « il ne faut pas ». Notez le nombre de négation que l'on vous a appris dans votre enfance. Regardez de quelle façon vous vous en servez dans votre vie d'adulte. Ceci a forgé votre personnalité qui est dans une voie. Votre âme peut être dans une autre voie.

C'est cette sensation de discordance qui crée un mal être et même un malaise et qui engendre la maladie. Si cette discordance ressentie à l'intérieur de l'être ne s'harmonise point, la maladie s'installe d'une façon générale. La façon d'écouter cette partie intérieure de vous est de confronter les parties extérieures qui vous empêchent d'écouter cette partie intérieure.

La personnalité, les tabous, les limites, les qu'en-dira-t-on, cette partie extérieure. C'est votre ego qui se mêle de tout et qui empêche votre âme de s'intégrer dans votre corps.

Une âme bien intégrée, c'est une âme où la personnalité s'est épurée assez pour que les gestes du quotidien soient monopolisés par les besoins de l'âme et assez pour que cet être vive en fonction des besoins de l'âme.

Question de l'auditoire :

« Les problèmes émotifs ont-ils un lien avec le fait que nous ne sommes pas branchés sur les désirs de notre âme ? »

Il y a deux aspects à ceci : être branché sur l'âme est une chose pour garder le cap, mais vous êtes sur cette Terre pour faire face à vos émotions. Cette Terre vous offre cet aspect d'évolution. Le corps émotionnel a ceci de particulier qu'il est en lien direct avec l'âme.

Lorsque vous vous sentez ballottés dans les hauts et les bas de la vie, c'est votre corps émotionnel qui est ballotté. Lorsque vous n'avez point regardé tous les aspects de votre personnalité, vos désirs, vos croyances, votre perception de ce qui arrive fait en sorte que vos émotions vont et viennent de haut en bas.

La guérison du corps physique passe par la guérison du corps émotionnel. Il n'y a de guérison véritable que lorsque le corps émotionnel a compris la leçon de vie. Il est alors possible que le corps soit aligné d'une façon beaucoup plus harmonieuse avec l'âme. À ce moment, les hauts et les bas de la vie se font sentir de façon beaucoup moins intense. Les choses de l'extérieur vous affectent de moins en moins et ont moins d'emprise sur votre corps émotionnel, puisque vous travaillez à le guérir.

Plus l'ego est présent, plus le questionnement sera profond. Plus vous êtes résistants à lâcher prise, plus le plongeon sera profond. Certains êtres attendent à la limite. Lorsque nous parlons de l'ego, nous parlons également de l'attitude de victime de l'être humain.

Vous savez ce qu'est une attitude de victime, une attitude de bourreau ? Les êtres humains s'amusent à jouer et à la victime et au bourreau.

Ces attitudes de victime vous amènent à rester dans des situations qui ne vous conviennent point, parce qu'on vous a appris à le faire dans votre éducation...

Un exemple qui peut sembler extrême : un mari bat sa femme. L'épouse n'osera point quitter son mari, car elle est mariée à cet homme et que sa religion l'empêche de le quitter.

La religion aura beaucoup plus d'importance pour elle que sa propre vie. Ceci est une attitude de victime. Son maître intérieur ne lui indique point que c'est la survie de son être et son bonheur intérieur qui est le plus important. Elle acceptera de vivre cet état pour des raisons qui sont extérieures à elle. Il y a des exemples plus subtils. Les êtres humains jouent tous au bourreau et à la victime.

Pour être en mesure de reconnaître l'énergie en cause, un être doit connaître les deux polarités de cette énergie : le bourreau et la victime. Le juste milieu se situe entre les deux. C'est au juste milieu qu'il y a l'âme et qu'il y a ce contact direct. Lorsque vous versez dans les hauts et les bas, il y a des polarités également, des instants de bonheur et de malheur intenses. C'est la forme des jeux émotionnels.

Le centre vient rendre un être humain serein par rapport à son environnement et par rapport à ce qui se passe autour. L'être humain qui est centré n'est point affecté par le jeu des émotions.

Pour arriver à être centré, il faut reconnaître l'un des extrêmes. Ce pourrait être celui de victime, l'expérimenter, en avoir assez et valider que c'est assez. Beaucoup d'êtres humains verseront dans l'autre extrême et l'expérimenteront. Lorsque cette expérimentation sera assez fructueuse, ils verront à se recentrer. Mais tant qu'ils sont restés dans une partie de cette polarité et qu'ils n'ont pas traversé à l'autre, ils ne pourront jamais se centrer.

Question de l'auditoire :

« Pouvez-vous élaborer sur les causes profondes de la maladie ? »

Les causes profondes de la maladie proviennent du fait qu'un être est en disharmonie avec ce que son âme veut vivre et qu'il n'a point créé de contact ou d'espace pour écouter ce que son âme veut.

La maladie devient un espèce de cri lancé par le corps car l'âme ne peut point alimenter le corps physique. Les énergies sont coupées et le corps dépérit. Lorsque l'âme s'intègre totalement dans le corps, et nous disons totalement, il y a stabilisation des énergies et le phénomène de maladie ne se fait plus. Le meilleur moyen d'écouter son âme, c'est de méditer régulièrement.

Mangez-vous tous les jours ? Vous trouvez le temps de manger cette forme de nourriture. Vous appelez vos parents et amis à des horaires réguliers, vous prenez contact avec vos enfants. Si vous ne faites point ceci avec votre âme, vous ne pourrez point l'écouter. C'est pourtant si simple. Le contact est coupé. Vous oubliez que cette âme existe et qu'elle est là. Comment peut-elle vous répondre si vous ne lui parlez pas ? Vous êtes incarnés et cette âme flotte au-dessus de vous. Elle n'attend que l'espace de votre corps pour entrer.

La prière, la méditation, les signes que la vie vous envoie, la synchronicité des événements de la vie sont les moyens d'entrer en contact avec l'âme. Vous deviez aller quelque part et c'est annulé. Au lieu de vous fâcher, demandez-vous : « Que suis-je destiné à vivre si je ne vais pas là ce soir ? Quelle est la signification de ceci ? » Posez-vous des questions sur les dessous des choses. Allez en profondeur dans ce qui vous arrive.

Lorsque le contact est coupé depuis très longtemps avec l'âme, ce sont les désirs de l'ego qui se manifesteront. Mais à force d'écouter et de méditer, il y aura deux formes de message : celui qui vient du cœur et celui qui vient de la tête. Vous savez sûrement lequel est lequel. C'est celui du cœur qui est le bon. C'est votre cœur qui doit vous guider dans vos choix et non votre tête.

Le cœur c'est la première impression, la première idée. L'idée qui vous fait dire : « *Je ne peux pas faire cela, cela ne se fait pas* » est la bonne idée. C'est celle à laquelle vous répondez sans réfléchir. Le « *oui, mais* » qui vient juste après, vient de la tête. Observez-vous dans ce dialogue. Observez lorsque le « *oui, mais* » arrive.

Commentaire de l'auditoire :

On ne peut pas dire du jour au lendemain je laisse mon travail. Nous avons besoin d'une sécurité pour vivre sur la Terre. On a beau écouter son âme, mais il faut continuer à vivre !

Nous comprenons votre questionnement. La logique des choses veut que vous ne laissiez point votre travail. Mais engendrez une conversation avec votre âme. Demandez-lui de vous indiquer les lieux où vous seriez bien, les modifications qui vous aideraient dans votre travail. Cherchez ailleurs, ayez l'œil ouvert. Cette transition ne se fait pas rapidement. Le travail avec l'âme peut se faire sur un certain nombre d'années, selon votre résistance.

Nous percevons beaucoup d'émotions par rapport à ce travail que vous faites et qui ne semble point être en total accord avec votre intérieur, mais vous le continuez coûte que coûte pour des raisons de sécurité monétaire. Il y a la difficulté concernant la sécurité qui est à transcender à travers ceci. Si vous étiez riche continueriez-vous à travailler là ?

Si une personne a rêvé toute sa vie à une activité particulière, mais qu'elle ne croit point être capable de le faire, elle n'a point été encouragée à ceci. Cependant, si elle exécutait cet autre travail, elle ne travaillerait point, elle s'amuserait et se réaliserait à travers son travail. Elle gagnerait beaucoup plus d'argent. Vous avez droit à l'abondance.

Commentaire de l'auditoire :

« J'ai l'impression que prier ou méditer un peu c'est comme si je demandais dans le vide. »

Ce vide, il faut le remplir. Ceci exige de vous apprivoiser et d'apprendre à vous aimer, à vous faire plaisir, à vous gâter.

Lorsqu'un être humain parle de son vide, il s'agit d'un vide intérieur, un manque d'amour pour soi. Les êtres ont tendance à donner de l'amour à l'extérieur pensant qu'ils vont en recevoir en retour, c'est une illusion. Le seul être qui est en mesure de vous aimer pleinement, c'est vous-même. Lorsque votre vide intérieur est comblé par l'amour que vous vous donnez, vous êtes en contact avec votre âme et votre Essence.

La prière est un état d'esprit qui vous met en contact avec votre guidance. Cette dernière ne vient pas de l'au-delà, mais de l'intérieur. La spiritualité n'est pas quelque chose en dehors de vous. C'est quelque chose à l'intérieur de vous. La réponse viendra lorsque vous vous parlerez à vous-même, mais ce sera une réponse intérieure, une réponse de votre âme, de votre sagesse intérieure. Votre au-delà n'est pas à l'extérieur de vous, il est à l'intérieur de vous.

Pour être à l'écoute de votre âme, vous devez travailler sur vous-même. Si vous voulez changer les énergies qui vous entourent, il faut bouger celles du dedans.

Observez votre ego, observez vos limites. Identifiez, en faisant une liste tous les soirs si vous le voulez, des moments où vous vous êtes posé une limite. Vous pouvez commencer par : « Ce soir, je me suis mis une limite dans ceci ou cela. » Ne vous jugez point là-dessus. Ne faites qu'observer. Si vous franchissez cette limite, vous n'en avez point besoin pour faire ce que vous voulez accomplir et elle sera franchie. Si vous voulez vraiment valider vos capacités, vous pouvez trouver toutes sortes de trucs pour vérifier ceci et prendre de l'assurance.

Les rêves sont des moyens de communication privilégiés avec votre inconscient. C'est la partie de vous qui n'est point consciente de ce que vous êtes. Vous devez apprendre à être en contact avec ce que vous êtes dans votre *totalité*. Vous avez à vous rappeler ce que vous étiez, avant d'être ce que vous êtes maintenant. Vous devez explorer vos mémoires cellulaires pour vous identifier. Ceci vous permettra de connaître votre propre chemin vers votre Essence Divine. Vous recontacterez cette forme de connaissance.

Les êtres humains sont très préoccupés par leur mission. Nous dirions que la première mission que vous avez, la plus importante, c'est de découvrir le bonheur. Le reste viendra par surcroît. De quelle façon manifesterez-vous ce bonheur dans la magie de votre vie ? Ceci se fera à travers ce que vous accomplirez.

Vous devez saisir vos leçons de vie le plus rapidement possible et apprendre la sagesse qu'elles révèlent. Plus vous saisissez une leçon de vie rapidement, plus votre corps reflétera la santé. La régénération se fait à travers la vitesse d'apprentissage.

Lorsque vous comprenez une leçon de vie par rapport à vous-même, elle sera transmise aux autres directement. Si vous avez saisi la sagesse de vos expériences, elles sont transcendées dans votre vibration. Cette même vibration, à travers vos faits et gestes, sera transmise à d'autres êtres.

Question de l'auditoire :

« *Que fait-on de la vie quand on en a plein le dos ?* »

Combien de bagages trimbalez-vous avec vous ? Nous vous suggérons d'ouvrir vos valises, de faire un brin de ménage et d'enlever le surplus. Vos valises seront moins lourdes, après. À travers ce ménage, vous vous choisissez vous-même. Tout reste est de trop.

Vous avez besoin de temps d'arrêt pour faire ceci. Vous avez besoin d'expliquer à vos proches que vous avez besoin de temps pour vous-même, pour faire le ménage de vos valises. Votre entourage apprendra à respecter vos besoins dans la mesure où vous les réclamez. Avez-vous déjà demandé à votre entourage d'être seul une heure ? De vous retirer et de ne point être dérangé ?

Ceci est le premier devoir à faire : apprendre à votre entourage à vous respecter dans ce besoin. Il ne s'agit point de les laisser tomber, il s'agit de vous respecter dans votre propre besoin. Par la suite, vous serez en mesure d'être en meilleur contact avec votre entourage. Vos proches saisiront la différence. S'ils sont sourds à vos demandes, enfermez-vous dans une pièce et fermez à clé avec une grosse pancarte « *S.V.P., ne point déranger* ».

Si vous ne faites point ceci, vous atteindrez la limite et vous devrez abandonner vos bagages sur place au lieu de procéder au ménage. Saisissez-vous ? Il ne faut pas attendre d'être rendu là, pour écouter vos limites. Ceci ne vous apportera rien et vous serez séparé de vous-même à un point où la maladie pourrait s'installer de façon permanente.

Pour toute personne qui a perdu le contact, nous suggérons de prendre un bain trois fois par semaine durant une demi-heure. Durant la seconde demi-heure, regardez-vous dans le miroir et parlez à votre âme.

Certains peuvent vous en vouloir car ils pensent que vous leur appartenez et que vous n'avez point à choisir de temps pour vous. Lorsque vous choisissez du temps pour vous, ces êtres se sentent trahis. Le temps que vous choisissez pour vous, vous ne le choisissez point pour eux et ils contestent. Se replacer dans un contexte où il y aura partage du temps pour eux et pour vous-même peut demander certains ajustements, quelques hauts et bas et quelques excès de décibelles.

Donner à soi-même en premier, vous permet de donner aux autres ensuite. Vous ne pouvez point aimer un autre, si vous n'avez point appris à vous aimer. L'amour dont vous parlez, n'est point celui dont nous parlons. Il y a deux formes de langages : celui de *aime-moi et je t'aimerai* et celui de *je m'aime donc je t'aime*. Vous n'aurez point peur d'aimer un autre, si vous avez totalement appris à vous aimer, n'est-ce pas ? Si vous n'avez point appris à vous aimer, il peut y avoir une peur à aimer un autre. À l'intérieur de la peur, existe le manque.

Les recettes de contact avec soi-même peuvent être différentes selon le degré d'oubli de votre âme. La recette du bain et du miroir est une recette intense. D'autres êtres peuvent utiliser une recette plus douce, car ils sont déjà à l'écoute d'eux-mêmes. Alors, les recettes peuvent varier d'un être à l'autre.

Si vous avez un besoin et que quelqu'un de votre entourage peut le remplir, n'hésitez point à le-lui demander. Vous découvrirez à travers cette demande de quelle façon l'autre est prêt à vous aimer et vice et versa.

Question de l'auditoire :

« Comment améliorer sa santé et aimer son corps ? »

Prenez conscience de vos déblocages. La seule façon d'améliorer votre santé, c'est d'apprendre à vous aimer et à écouter votre intérieur. N'oubliez pas que le corps est la demeure de l'Essence Divine. Vous ne pouvez point faire disparaître des parties de vous que vous n'aimez point. Les rejeter ce serait rejeter Dieu, car même ces parties sont divines et ce, même si vous ne les aimez point. C'est en les acceptant, une à une, morceau par morceau, que vous arriverez à les transformer.

N'oubliez point que Dieu est dans tout, donc en vous, et que le bonheur est un état d'être.

Question de l'auditoire :

« Comment expliquez-vous qu'une personne ait une attirance pour les animaux, mais qu'elle se sente vide avec les êtres humains ? »

Le vide vient peut-être du fait que lorsque vous êtes en contact avec un être humain, au lieu de vous adresser à son Essence, vous êtes en contact avec sa personnalité. Ceci peut créer un certain vide. L'animal n'a point de personnalité, il est l'Essence Divine manifestée dans ce qu'il est.

Il n'a point de barrière ou de limite, il réagit tout de suite à votre énergie. Le contact est direct, le lien est fait, nous dirions même un lien fusionnel. Vous entrez l'un dans l'autre. Vous n'avez point vécu ceci avec un autre être humain, n'est-ce pas ?

Enlevez les couches de votre personnalité et vous le vivrez avec des êtres humains.

Les animaux sont de grands maîtres. Ils touchent le cœur de bien des gens et leur font vivre des émotions. Un animal a beaucoup de pouvoir sur les émotions des êtres humains, car les êtres humains les aiment sans limite, sans restriction, sans barrière. Ils n'ont point de compte à rendre à cet animal. Cet animal ne leur demande rien, il est là. On s'occupe de lui quand on en a besoin. Quel être humain accepterait ce traitement ?

14 – L'amour au quotidien

Quelle est la perception de l'amour chez l'être humain ?

L'amour peut se manifester entre un homme et une femme. Vous parlez souvent de l'amour passion, de l'amour foudre, de cette attirance que vous avez l'un pour l'autre. Quand vous pensez à l'amour ressenti pour votre enfant, il s'agit d'autre chose. L'amour ressenti pour un parent, un grand-parent ou envers tout autre membre de la famille est également une autre forme d'amour. L'amitié est une autre forme de sentiment. Ces sentiments sont tous réels, mais ils ont très peu de choses à voir avec l'amour inconditionnel.

Nous dirions que le sentiment qui se rapproche le plus de l'amour inconditionnel, c'est celui d'un père ou d'une mère envers son enfant. Selon le degré d'évolution des parents, l'amour inconditionnel est plus ou moins présent. Ce sentiment permet d'évoluer dans l'amour inconditionnel. Tout autre lien ne possède pas tout à fait ces mêmes caractéristiques.

Le lien entre amoureux comporte toujours des attentes. Un homme doit se comporter d'une telle façon avec une femme et vice versa. Il y a des standards, des attentes reliées à l'amour dans un couple. Il y a des balises, des barrières qu'il ne faut point transgresser, car l'amour ne serait point existant ou pourrait être détruit.

Sachez que l'amour inconditionnel ne peut être détruit lorsqu'il est véritable. L'amour conditionnel vous invite à l'amour inconditionnel. Alors toutes les relations que vous avez avec vos proches comportent, à différents degrés, l'amour conditionnel et l'amour inconditionnel.

L'évolution de l'être humain l'amène à évoluer de façon à se rapprocher le plus de l'amour inconditionnel. Les circonstances de la vie sont là pour vous y conduire. Ces circonstances se retrouvent dans les événements de tous les jours.

Un enfant a besoin de vous : il pleure. Vous avez le choix de le consoler ou de le laisser pleurer. Votre réaction face aux pleurs de l'enfant dépendra strictement de votre interprétation de ses pleurs et non point de la raison véritable de ses pleurs. Si vous percevez que cet enfant s'est fait mal, vous ne jugerez point les pleurs et vous irez vers lui. Si vous croyez que cet enfant pleure pour attirer l'attention ou pour vous manipuler, vous garderez vos distances. Votre attitude face à cet être sera en fonction de votre jugement.

Le jugement à travers l'amour est une barrière. Il est important d'identifier cette barrière dans votre quotidien.

Vous donnez rendez-vous à une amie et elle arrive une heure en retard. Vous passez par les inquiétudes, puis la frustration. C'est votre perception de ce qui se passe, à cause du retard de l'autre, qui vous met dans un tel état. C'est votre interprétation de la chose qui vous fait vivre des émotions. Si vous étiez dans un amour totalement inconditionnel, vous pourriez penser qu'elle magasine un cadeau pour vous et qu'elle sera en retard pour cette raison. Vous pourriez penser à toutes sortes de choses toutes aussi positives les unes que les autres. Vous pourriez inventer des raisons agréables pour son retard, mais la nature humaine n'est point ainsi faite.

Vous inventerez toujours des raisons qui vous chagrineront, qui vous feront du mal. Pourquoi ? Parce que l'enfant en vous réagit à ses propres blessures par rapport à la réaction de ses propres parents. Vous ne savez point que vous transposez vos blessures sur l'amie en question, et vous réagissez. Parce que quelqu'un arrive en retard, vous vous sentez moins aimé, vous vous sentez délaissé, oublié, abandonné. Mais d'où vous viennent ces pensées ? Pourquoi viennent-elles vers vous ? Pourquoi les inventez-vous de toute pièce quand la réalité du retard pourrait être tout autre ?

La première réaction humaine sera une réaction de colère, de frustration issue de ses blessures. La pauvre personne qui finit par arriver recevra une série d'insultes. Si ces insultes ne sont point verbales, elles seront psychiques. L'attitude non verbale de l'autre sera évidente. La coupure dans la relation sera présente. Vous vous coupez de l'autre. Soit, vous êtes fâchés ! Mais saviez-vous que vous vous coupez de vous-mêmes par le fait même ? Vous vous coupez de cet espace où vous pouvez vous aimer vous-mêmes d'une façon inconditionnelle.

Vous pourriez choisir de ne point attendre la personne qui est en retard, de laisser une note, si cela est possible, et de retourner à vos affaires, sans le moindre remords. Mais une personne qui ferait cela se sentirait très mal à l'aise ou perdante dans la relation, sans que ce soit nécessairement réel. L'autre personne pourrait ne point venir au rendez-vous pour des raisons d'ordre tout à fait technique et ne pourrait vous rejoindre pour les mêmes raisons.

Vous ne savez jamais vraiment les raisons qui poussent les êtres à changer leur horaire de la journée. Vous devez alors agir en fonction du respect de vous-mêmes. Si ce retard occasionne d'autres retards pour vous dans votre agenda, vous pourriez reconsidérer tout ceci. Mais, le besoin d'approbation des autres, le besoin d'être aimés des autres vous rend incapables d'agir de façon à vous respecter.

L'amour inconditionnel commence par vous-mêmes. L'amour à tous les jours commence par vous-mêmes, lorsque vous vous regardez le matin dans votre miroir. Si vous partez avec l'idée que vous ne vous aimez pas, que ce soit dans votre apparence physique, dans votre attitude ou dans vos faits et gestes, vous vous jugez et vous aurez tendance à chercher l'approbation des autres pour qu'ils acceptent qui vous êtes, même si vous ne l'acceptez point. La première personne qui doit accepter qui vous êtes, c'est vous-mêmes.

Il est tout à fait facile pour un être humain de percevoir où il ne s'accepte point. Le miroir des autres, autour de vous, vous reflétera ceci.

Si vous vous fâchez contre un enfant qui fait quelque chose, sachez qu'il y a un message pour vous dans votre attitude. Cet enfant vous révèle un aspect de vous-mêmes avec lequel vous n'êtes pas en état d'amour inconditionnel.

L'amour inconditionnel au quotidien c'est de vous accepter tel que vous êtes avec vos points forts et vos points faibles.

L'amour inconditionnel au quotidien, c'est de ne point renier ces espaces, cette partie de vous qui est plus lourde, que vous aimeriez cacher aux autres, mais qui est toujours présente.

Vous devez accepter que cette partie de vous-mêmes qui ne s'aime pas, est bel et bien vivante en vous puisqu'elle vous fait agir d'une façon particulière, n'est-ce pas ? Elle est là, cette partie de vous. Elle est blessée. Il vous reste à négocier avec elle.

Il est important d'établir une relation avec cette partie de vous qui est en manque. Le fait d'établir un contact avec cet espace intérieur en vous crée un lien, une reconnaissance de cet aspect qui a droit à son expression.

Il vous reste à apprivoiser cette partie de vous-mêmes. Elle est en manque. Vous connaissez plus ou moins ses besoins si vous ne l'écoutez point. Il y a un apprentissage à faire.

Lorsque vous avez identifié cet espace blessé, vous pouvez négocier. Étant donné que cette partie de vous, en état de manque, est bel et bien un aspect de vous, vous ne pouvez point renier son existence. Vous devez lui accorder du temps.

La première étape consiste à distinguer la partie blessée de la partie saine. La partie « blessée » vivra une dualité. La deuxième étape consiste à saisir cette dualité et à entreprendre un dialogue.

Un équilibre n'est possible que dans L'AMOUR AU QUOTIDIEN et non point dans des grandes théories ou dans de grandes lectures, mais dans votre vécu de tous les jours. Le matin en vous levant, en vous souriant dans la glace, en bénissant la SOURCE d'être toujours en vie. L'amour au quotidien c'est d'être en mesure de capter l'immensité d'un lever de soleil, la beauté et le parfum des fleurs.

Peu d'êtres remercient cette force qui leur permet d'être en vie. Ceux qui le font ont eu à réfléchir sur la mort.

Remerciez la SOURCE d'être en mesure de vous payer un petit déjeuner complet. Remerciez la SOURCE d'avoir un travail, si vous en avez un ; d'avoir des vacances, si vous n'avez pas de travail ; d'être entouré d'amis, de gens qui sont là pour vous, même s'ils ne sont point parfaits ; d'être entouré d'êtres sur qui vous pouvez compter pour faire les travaux du quotidien. Même si ces êtres ne sont point parfaits, n'agissent point selon vos règles, ils sont tout de même là. Ils ne vous quittent point. Remerciez-les car, malgré leurs imperfections, ils sont là.

Remerciez la vie de ce que vous êtes, de ce qui vous entoure. Au lieu d'être fâchés contre les gens, remerciez-les. S'ils vous reflètent des choses que vous n'aimez point, remerciez-les du miroir qu'ils vous montrent et prenez ce qui vous appartient là-dedans.

En faisant ceci vous ne retournez point vers l'autre une pensée d'ombre, mais une pensée de Lumière.

15 – Les expériences nécessaires à l'évolution

Question de l'auditoire :

« J'ai revu, durant une assemblée, une personne avec laquelle j'avais déjà été en contact. Cette personne m'a suivi partout tout au long de la journée. J'aimerais voir clair sur le comportement de cette personne envers moi. »

Nous allons débuter par votre propre énergie pour expliquer ce phénomène. Le sentiment d'isolement vous parle ? Vous savez ce que c'est ? Vous voyez un être qui est en face de la même situation. Votre réflexe est de lui porter secours. Ceci crée un isolement à deux qui est beaucoup moins difficile à vivre par rapport à un groupe. L'isolement d'un être par rapport à un groupe est plus confrontant, l'isolement de deux êtres par rapport à un groupe est moins confrontant.

Ce qui s'est passé à l'assemblée est différent. Vous avez trouvé le couloir vers le non isolement. Cet être ne l'a pas trouvé, mais il a ressenti chez vous cette trouvaille et veut de l'aide. Il confond ce qu'il veut, en terme d'aide, avec bien d'autres choses.

Un être ne chemine pas à travers un autre. Un être chemine à travers lui-même. Cet être croit que sa propre réalité est de cheminer à travers un autre. C'est un transfert, si vous le voulez ou bien c'est une attache. Soyez vigilant, à moins que vous ne vouliez cette attache.

Cette distinction est très importante. Si vous avez trouvé le chemin vers quelque chose qui fait en sorte que vous évoluez, il y a de toute évidence des êtres qui vous côtoient et qui s'en rendront compte, d'une façon semi-consciente ou inconsciente, et ils iront vers vous pour avoir une réponse.

Comprenez que la réponse que vous leur donnez peut être de deux natures : elle peut être de nature à créer des attachements, au niveau du pouvoir et elle peut être de nature de libre arbitre et d'amour inconditionnel, au niveau du cœur.

Par contre, vous devez être clair dans tous vos comportements par rapport à ceci. Vous devez être clair par rapport à vos choix. Votre énergie affichera vos choix. Comprenez-vous ? Si vous cherchez une attache quelconque, par rapport à cet être, vous l'aurez.

Nous suggérons l'authenticité à cet effet, votre authenticité personnelle, ce que vous voulez vraiment. Si vous ne voulez pas créer d'attache, c'est que vous n'en ressentez pas le besoin. Il se peut que vous ayez besoin d'établir une attache et, si c'est le cas, respectez-vous et vivez ce qu'il y a à vivre à travers cette attache. Soyez authentique dans ce que votre être a besoin. Ne vous jouez pas de tour car votre énergie, elle, n'en jouera pas.

Comprenez bien ceci : il n'y a rien de mal à créer des attaches, mais il y aura toujours un jeu de pouvoir. Mais vous avez peut-être besoin de travailler avec ces jeux de pouvoir pour les comprendre et les reconnaître ? Ceci est tout à fait normal dans un processus d'évolution. Ne vous jugez pas !

Si vous avez besoin de cette expérience, vivez-là et comprenez ce qu'elle vous enseignera car, tôt ou tard, si vous vous mentez à ce niveau, un autre être viendra et il jouera le même rôle miroir. Vous saisissez ? Vous ne pouvez vous mentir à vous-même. Acceptez le miroir qui vient et regardez-le en face, sans le juger et sans vous juger.

Soyez ouvert aux attentes et aux attaches que vous avez peut-être besoin de vivre pour comprendre certains aspects de vous-même. Si cet être s'est approché de vous, il n'y a pas de hasard.

Vous pouvez retourner cette personne à elle-même. Vous pouvez refuser de jouer le rôle qu'elle vous demande, comme vous pouvez accepter de jouer ce rôle. C'est votre choix. Nous vous suggérons de méditer à cet effet. Si votre méditation ne vous semble pas claire, allez vérifier à travers cet être. Une partie de vous aime bien ce qui est reflété. Cette partie de vous a peut-être besoin d'être nourri. Prenez conscience de la partie de vous qui a besoin de cette attache.

Commentaire de l'auditoire :

« *C'est un besoin de tendresse et un besoin de partage.* »

Comprenez qu'un être qui a ce même besoin vous approchera. À vous de faire le choix avec qui vous voulez vivre et remplir ces besoins. Vous avez une responsabilité à travers ceci. Si votre besoin de tendresse et de partage est évident pour vous, manifestez-le à qui de droit, selon votre ressenti. Il se peut que les êtres auxquels vous ferez cette demande, acceptent ou refusent. Mais, en validant d'une façon verbale ce besoin, vous en éloignerez certains et vous en approcherez d'autres. Mais ceci sera validé dans le verbal.

Soyez conscient de ne pas manipuler à travers ceci. Nous vous proposons un scénario : en tant qu'homme, vous vous trouvez devant une très jolie dame et vous manifestez vos besoins de tendresse et de partage. Cette partie de vous qui manifeste ses besoins est réelle chez vous. Cet être vous écoute et veut absolument trouver une raison d'être à sa vie, à travers l'offrande de son propre être à un autre. Comprenez les jeux à travers ceci.

Est-ce que ce partage est pour mieux posséder, pour mieux contrôler ? Ce partage est-il pour se valoriser et pour se trouver une raison d'être ? Peut-être se sent-elle non importante ou peut-être sent-elle qu'elle ne remplit pas de rôle ?

Il y a toujours deux côtés à une relation : la perception de l'un et la perception de l'autre. Mais les deux viennent remplir un besoin. Ceci ne veut pas dire que l'être qui vous approche a besoin de tendresse et de partage pour les mêmes raisons que vous. Vos raisons sont *vos* raisons et ses raisons sont les *siennes*. La dynamique de tout ceci peut créer des systèmes énergétiques particuliers.

Nous vous suggérons d'établir, devant votre miroir, vos besoins personnels de tendresse et de partage. Accordez-vous des temps de tendresse et de partage avec vous-même. Voyez ce que ceci vous fait vivre et de quelle façon ceci remplit votre besoin.

Commencez à remplir votre besoin de l'intérieur, accordez-vous du temps. Ne laissez pas l'extérieur combler ce besoin, tant et aussi longtemps que vous n'avez pas valider si vous pouvez personnellement y faire quelque chose.

Question de l'auditoire :

« Pourquoi, en certaines circonstances, les énergies bloquent-elles le Divin ? »

Lorsqu'un être n'est pas tout à fait conscient de ses capacités psychiques, il peut s'en servir de différentes façons : dans la lumière comme dans la non lumière.

Le pouvoir et son utilisation à travers les initiations, à travers les chemins évolutifs demeurent un piège présent à tous les niveaux de conscience jusqu'à l'état de conscience Christique. À ce niveau, le pouvoir est intégré et reflète la maîtrise totale de l'être. Le pouvoir n'est donc plus utilisé sur les autres.

Question de l'auditoire :

« Dans une situation énergétique particulière, que se passe-t-il dans la relation avec les parents et les enfants... ? »

Une compréhension d'un *pattern* énergétique se fait à différents niveaux. Dans les *patterns* de l'enfance qui ont été engrammés, certains sont plus faciles à cerner. D'autres *patterns*, même s'ils sont compris, subsistent de façon fragmentée jusqu'au moment où ils sont totalement intégrés et guéris.

Une première intégration partielle peut se faire par des thérapies de la conscience, par des thérapies où l'être est plongé dans un état où il prend conscience de certains éléments. Ces formes de thérapies amènent l'être à saisir la majorité du *pattern*. Les parties résiduelles se font par étapes et viendront à la conscience doucement.

Lorsque cette prise de conscience se fait de façon brusque, il y a beaucoup d'émotions vécues. Plus les choses se font en douceur, plus la totalité du *pattern* est intégrée rapidement. Certains êtres ont besoin d'être brusqués pour s'éveiller à un *pattern*.

Certains aspects de ce *pattern* échappent à l'être jusqu'à ce que le tout soit intégré. Par la suite, l'être reconnaîtra énergétiquement ce *pattern* chez les autres d'une façon évidente et il ne tombera plus jamais dans le piège de ce *pattern*. Ceci est intégré, la faille n'est plus. Mais, il y a différentes dimensions de failles qui bloquent le corps émotionnel vers son Divin.

Un être vivra et aura besoin des situations de *pattern* tant et aussi longtemps qu'il n'aura pas compris les messages de ces *patterns*. Tant que ces expériences ne sont pas intégrées dans le corps physique d'un être, il les recherchera à travers d'autres êtres, ne sachant pas qu'il s'agit d'énergies qui sont en résonance avec son intérieur.

Les êtres recherchent à l'extérieur ce qu'ils doivent accomplir de l'intérieur. À titre d'exemple : les êtres cherchent la Sainte Trinité à l'extérieur d'eux. Cette triangulation ne fait que représenter le Père, le Fils et le Saint Esprit selon le langage de votre Église, mais représente, vibratoirement, l'intégration du Divin : le Père c'est l'énergie de la Source, le Fils c'est l'être incarné et le Saint Esprit c'est l'âme. Lorsque ces trois aspects sont intégrés dans le corps, la trinité est complète.

16 – L'évolution et les émotions : biologie énergétique du corps humain

Le corps émotionnel est relié au corps dit « spirituel ». Vous avez également le corps mental qui lui est beaucoup plus en interrelation avec le corps vital et le corps physique.

Vous ne pouvez point ignorer le corps émotionnel pour vivre votre spiritualité, pour modifier vos niveaux de conscience.

Il est impératif que vous passiez à travers tous les aspects de votre corps émotionnel pour vous élever autant dans la conscience que dans les vibrations supérieures. Votre corps émotionnel est votre tremplin vers votre spiritualité. Trop d'êtres, sur cette planète, oublient ce petit détail qui représente une clé maîtresse d'évolution.

Le corps émotionnel contient différentes informations, différentes mémoires qui interagissent avec les autres corps subtils avec lesquels il est connecté. La première étape consiste à établir une espèce de carte énergétique du corps émotionnel. Lorsque nous parlons d'une carte, nous pourrions dire une carte géographique, pour faire image.

Comme cette Terre possède des cartes géographiques, votre corps émotionnel possède sa propre carte géographique. Si vous ne la connaissez pas, vous ne pourrez voyager dans vos émotions, puisque vous ne pouvez les situer. Or, il est important pour chaque être humain de faire le tour de son corps émotionnel et de reconnaître les lieux, les endroits, les localisations où les émotions sont plus ou moins en équilibre. Lorsqu'il y a équilibre dans le corps émotionnel, ceci donne accès à des niveaux de conscience supérieurs. Pour connaître le corps émotionnel, il faut l'écouter.

La difficulté du peuple occidental est qu'il se coupe de ses émotions. Il a tendance à tout mentaliser ou à intellectualiser une difficulté au lieu de la reconnaître au niveau émotionnel, de la ressentir à travers le corps et de voir *où* le blocage émotionnel se localise dans le corps physique.

Il y a des sensations qui viennent si vous êtes fâchés, si vous êtes heureux, si vous êtes tristes. À chaque émotion vous pouvez reconnaître une vibration. Cette vibration se ressent à différents endroits dans le corps physique.

Il y a une expression que vous utilisez souvent : *avoir des papillons dans l'estomac.* Ceci est émotionnel. Le goût de rire ou de pleurer est relié aux émotions. Avoir chaud, froid, être en sueur donne à votre corps des indications physiques claires de l'état de votre corps émotionnel. Vous pouvez vous couper de celui-ci. Si vous avez froid, vous allez chercher une veste sans vous préoccuper du message. Le corps physique donne toujours des informations sur le corps émotionnel.

Au fur et à mesure que vous choisissez d'établir une carte géographique de votre corps émotionnel, vous commencez à l'écouter comme une partie distincte de vous-mêmes. *Ah ! tiens j'ai froid ici, ça fait mal là, j'ai les pieds engourdis, j'ai la tête qui fait mal.* Votre corps physique vous donne des sensations. Certaines sont très agréables, d'autres le sont moins.

La première relation que vous pouvez entretenir avec votre corps émotionnel, c'est de décrire les messages reçus par votre corps physique. C'est un premier niveau de carte géographique de votre corps émotionnel.

Lorsque vous allez plus en profondeur, vous pouvez relier certains maux physiques à certaines situations. Vous avez mal à la tête quand vous êtes dans telle situation et ces maux de tête reviennent toujours dans les mêmes situations. Il y a alors une correspondance entre l'état physique et l'état émotionnel. Votre corps est un grand sage qui vous parle. Ceux qui savent l'écouter apprennent énormément.

Lorsque vous avez réussi à interconnecter un état physique avec une situation émotionnelle répétitive, vous avez une clé, un code d'accès à votre corps émotionnel.

Pourquoi est-ce que j'ai mal dans le dos quand je reçois de la visite ? Pourquoi est-ce que je ne me sens pas bien quand telle personne vient à la maison ? Tous ces signes sont des messages.

Vous pouvez facilement tenir un carnet de bord pour décoder les messages de votre corps physique en relation avec votre corps émotionnel. Il s'agit de faire des interrelations, des connexions.

Au début, cet exercice peut paraître très difficile, car un être qui commence ce travail n'est pas expérimenté. Pouvoir faire l'interconnexion d'un malaise particulier ressenti par le corps physique avec une situation ou un événement dans votre vie peut prendre un certain temps, car l'événement doit se répéter pour qu'il y ait connexion.

Lorsque cette connexion est établie, il peut s'établir d'autres formes de connexion entre les événements de votre vie et les maux physiques que vous ressentez ainsi que les états d'être dans lesquels vous vous trouvez. Vous pouvez vous sentir las après avoir rencontré une personne et vous sentir tout excités après en avoir rencontré une autre. Ceci vous donne également des indications sur votre carte géographique émotionnelle et vous permet d'identifier les êtres avec lesquels vous vous sentez bien et ceux avec lesquels vous vous sentez mal.

À partir du moment où vous avez réussi à faire des interconnexions, vous êtes en face d'une situation où vous êtes conscients d'un malaise par rapport à une personne ou d'un bien-être par rapport à une autre. À ce moment, vous pouvez choisir de provoquer une rencontre avec l'un ou l'autre de ces êtres pour vivre consciemment le malaise ou le bien-être et accepter de ressentir l'expérience de cette rencontre. À ce moment, vous n'êtes plus dans le corps mental.

Lorsque vous acceptez de ressentir de quelle façon vous vous sentez avec telle personne et que vous avez fait des observations mentales au préalable, vous pouvez consciemment aller vivre dans le ressenti. À ce moment, vous entrez dans votre corps émotionnel.

Alors, lorsque vous choisissez de vivre consciemment un malaise, si c'est un malaise, ou un bonheur, si c'est un bonheur, ceci vous donnera des informations sur vous-mêmes. Souvent les clés les plus importantes sont en fonction des malaises, car l'être humain aura tendance à les fuir.

Pourquoi vous sentez-vous mal avec une telle personne ? Qu'est-ce que cette personne vous reflète ? L'émotion qui monte à ce moment peut être de la colère, de la tristesse, etc.

Lorsque vous avez identifié les situations qui sont difficiles pour vous, vous pouvez facilement choisir de les revivre d'une façon consciente en observant toutes les émotions qu'elles vous font vivre. À travers cette observation, vous prendrez conscience que l'émotion est présente (colère, tristesse, etc.) ou que vous vous sentez mal dans telle situation. Votre corps émotionnel vous transmet un message en résonance vibratoire avec la situation. Les êtres, reflétant l'émotion en cause, possèdent une vibration qui vous affecte.

Nous pourrions parler d'un effet miroir. Ces êtres vous rappellent quelque chose, vous font revivre quelque chose qui a pu être en résonance avec votre enfance. C'est pourquoi vous réagissez. Toutes les personnes qui vous font réagir sont messagères de certains aspects cachés de vous. Ces aspects sont votre partie obscure, votre côté noir. Il ne faut pas prendre ceci d'une façon tragique. Lorsque nous parlons de *noirceur, nous parlons des aspects de vous que vous ne connaissez pas*. À partir du moment où vous reconnaissez que ces aspects sont là, ils se dévoileront à vous-mêmes. Alors, les êtres qui vous entourent et qui provoquent ces états sont d'une certaine façon les miroirs de vos émotions.

Lorsque vous identifiez vos émotions, que vous les revivez dans le contexte où vous savez qu'elles sont présentés, vous observez alors de quelle façon vous vous comportez, de quelle façon l'autre se comporte. Vous obtenez, par le fait même, des informations sur certaines parties obscures de vous.

Il est donc important de reconnaître qu'il y a un lieu dans votre corps émotionnel où cette émotion existe. Plus vous observez, plus vous remontez le temps de façon à trouver dans l'enfance les mêmes situations émotionnelles. Ceci s'applique à toutes sortes d'émotions.

Question de l'auditoire :

« Si je suis en furie contre quelqu'un, je suis incapable de retourner dans mon enfance. Je suis dans mon émotion. Que faire avec cette colère ? Comment la gérer ? »

Lorsqu'un être a pris conscience d'une émotion, il peut la vivre à travers l'autre. La plupart des êtres font ceci, mais cette façon de fonctionner ne vous donnera pas la clé ou le message de cette émotion.

Le fait de vivre cette émotion peut vous ramener dans une résonance de situation qui vous rappellera d'autres situations antérieures que vous avez vécues et qui s'apparentent à celle-ci. À titre d'exemple : revivre une colère à travers un autre être pourra peut-être vous aider, mais ceci n'est pas une solution à long terme.

Plusieurs thérapies existent pour gérer sa colère sans la transférer sur les autres. Le fait demeure que l'objectif consiste à reconnaître pourquoi cette colère existe. C'est un long processus, nous l'admettons. Un être inexpérimenté dans ce cheminement peut y arriver après un certain nombre d'années. Il ne faut point vous décourager.

Lorsque le processus est bien compris pour une première émotion, il est plus facile de gérer la deuxième émotion. Vous voulez travailler sur une émotion qui vous rend malheureux, il est important de gérer une seule émotion à la fois pour reconnaître un certain *pattern* énergétique qui se répète d'une fois à l'autre. Si vous gérez plusieurs émotions à la fois, il y aura une difficulté à cerner les clés d'informations significatives pour vous.

Lorsque les émotions sont gérées une à une, il se peut que vous réalisiez une interconnexion entre ces émotions, reliées à des expériences du passé. Lorsque cette conscience se vit, c'est l'origine de l'émotion qui apparaît. Elle dévoile l'événement marquant de cette émotion.

Une émotion peut se manifester de différentes façons. Nous pourrions dire qu'au début vous vivez un processus de recherche, car l'émotion se développe en spirale. Il s'agit de réduire cette spirale et d'arriver au cœur de celle-ci.

Lorsque vous êtes au cœur de cette émotion, il est possible d'en saisir le pourquoi, à travers votre corps. Pourquoi cette émotion est-elle née à l'intérieur de vous ? Quel est le traumatisme auquel elle se raccroche ? Ces découvertes viennent modifier les énergies à l'intérieur de votre corps.

Cette dynamique est facilement ressentie dans l'énergie d'un être qui prend conscience d'une difficulté. Prendre conscience fait basculer l'énergie de votre corps émotionnel et elle coule.

Le blocage énergétique disparaît lorsqu'il y a une prise de conscience de l'énergie appartenant à l'émotion. Il s'ensuit une augmentation du niveau de conscience.

Un être humain peut avoir des milliers de blocages, des milliers de parcelles d'émotions dans le corps émotionnel. Au fur et à mesure qu'il s'investit à reconnaître tous les aspects de ses émotions et à partir du moment où il accepte ces dernières et les accueille, un processus de guérison s'installe et l'énergie est plus fluide dans le corps. À ce moment-là, l'être ressent qu'il a modifié son niveau de conscience et, par le fait même, sa vibration.

Vos émotions sont vos clés d'accès à des fréquences et à des niveaux de conscience supérieurs.

Question de l'auditoire :

« *Vous avez dit que le corps émotionnel est relié au corps spirituel. De quelle façon est-il relié ? Comment sent-on cette liaison ?* »

N'essayez point de le comprendre avec le mental. Lorsqu'une énergie est comprise dans les cellules du corps, un être humain ressentira une décharge énergétique dans son corps physique.

Une circulation d'énergie beaucoup plus intense est amenée par une nouvelle prise de conscience. Mais, ce n'est pas une compréhension mentale, c'est une compréhension au-delà du mental. C'est un ressenti qui vous fait dire : « *Ah ! je saisis maintenant.* » Il n'y a point nécessairement de mots à ceci. Vous n'êtes peut-être point capables de l'expliquer au niveau de votre mental, mais le ressenti corporel fait que vous pouvez avoir plus chaud, vous pouvez vous sentir plus énergique. Le courant passe beaucoup plus.

Lorsque vous rencontrez quelqu'un et que vous avez peur, qu'est-ce qui arrive ? Le corps se contracte, l'énergie ne passe plus. Alors la compréhension de l'énergie serait le contraire de ceci. Il y a expansion des corps subtils et le flot d'énergie passe beaucoup plus facilement dans le corps physique. Le corps émotionnel devient plus lumineux lorsqu'il y a une compréhension, non pas mentale, mais lorsque le corps émotionnel saisit le message d'un blocage énergétique.

Il est très difficile d'expliquer ceci à un niveau mental, il est plus facile de le vivre. Nous pouvons prendre un exemple ici et maintenant. Comment les êtres se sentent-ils à écouter dans l'énergie actuelle ? Le corps travaille à deux niveaux : ce que vous recevez à travers vos oreilles et ce que vous recevez dans votre énergie corporelle.

Il serait intéressant de questionner les êtres qui ont cette sensibilité de saisir que le message se fait à plus d'un niveau.

Commentaire de l'auditoire :

« Une dame exprime que lorsqu'elle va trop en profondeur cela la porte à pleurer. Comme elle trouve cela souffrant, elle retient ses pleurs... »

Lorsque vous ne contactez point vos émotions, par crainte de pleurer, vous ne les reconnaîtrez pas. Tant et aussi longtemps que vous les ignorez, elles ne peuvent s'exprimer, elles ne peuvent vous transmettre le message qu'elles portent.

Lorsqu'un être humain n'a point appris à exprimer ses émotions, il les accumule durant un certain nombre d'années. Il s'exerce une espèce de pression et la soupape est pleine. Lorsque les émotions commencent à être exprimées, la situation est très émotionnelle, mais il faut bien commencer quelque part. Laissez passer vos émotions petit à petit.

Commentaire de l'auditoire :

« Une personne dit ressentir beaucoup de points de pression... »

Vous vous ouvrez à l'énergie. Les pressions qui sont ressenties à travers le corps sont les résistances. Plus les résistances sont fortes plus le corps peut faire mal.

Commentaire de l'auditoire :

« Une personne dit ressentir une forte oppression au niveau de la cage thoracique... »

Votre corps émotionnel vous donne une indication : votre acceptation de la vie. La vie est respiration. Ceci se fait au niveau du chakra du cœur. Le cœur c'est l'amour. Il y a beaucoup à travailler de ce côté, mais votre corps vous donne ces informations. Ce que vous ressentez est réel. Vous devez vous y fier. C'est votre carte géographique personnelle pour accéder à ces informations. Selon l'acuité de la résistance, certains êtres vont la ressentir dans leur corps physique.

Le processus de maladie s'installe lorsque vous n'écoutez pas votre corps. Lorsque ces résistances sont ignorées, elles s'incrustent dans le corps physique. Une maladie peut mettre de six à dix ans de votre temps pour s'installer. Si cette information vibratoire est prise à temps, elle ne s'installe pas dans le corps physique, elle demeure dans le corps émotionnel. Le corps émotionnel va toujours demeurer sensible à cette énergie, mais vous la reconnaissez et en l'exprimant vous l'empêchez de s'incruster dans le corps physique. Vous assurez par le fait même votre santé en acceptant les informations de votre corps émotionnel.

Les informations que vous donne votre corps physique ne sont pas toujours désagréables. Plus vous irez dans ceci, plus les cadeaux seront riches. Un être humain peut arriver à l'illumination complète à travers ses cellules, en écoutant tous les messages émotionnels. Si ceci est prévu dans son plan Divin, à ce moment, il part avec son corps de lumière.

Commentaire de l'auditoire :

« *Une personne exprime qu'elle ne sent plus l'oppression qu'elle ressentait un peu plus tôt dans la soirée...* »

Vous l'avez exprimée et vous l'avez conscientisée. Vous savez maintenant qu'il y a quelque chose là. Il ne faut point l'ignorer maintenant. Le travail de conscientisation est fait. Déjà, le fait de conscientiser amène une nouvelle énergie dans le corps. Le travail se fait. Vous acceptez de faire une opération à travers cette énergie et vous avez conscientisé un lieu où il y avait blocage. Le seul fait de conscientiser débloque à un certain niveau.

Lorsque l'énergie circule librement à travers tous les chakras, vous ressentez une sensation intense, mais non point désagréable.

Lorsqu'il y a blocage, il peut y avoir des désagréments, des palpitations au cœur, des maux de gorges, de la toux même. C'est qu'il y a des choses à régler à ces niveaux. Vous pouvez facilement ouvrir un livre et regarder quelles sont les émotions qui sont rattachées aux différents chakras. Le seul fait de prendre conscience, de repérer les informations dans un livre provoque une situation de reconnexion et le cheminement se fait non point à votre insu, mais d'une façon plus consciente.

Sachez que la conscience est intelligente. Elle laissera passer seulement ce que l'être est en mesure d'accepter, vibratoirement parlant. Lorsque nous parlons de conscience, entendez le conscient, le subconscient et l'inconscient. Le subconscient est un filtre qui laissera passer au conscient ce qu'un être humain est en mesure d'accepter comme réalité de vie, sans se déstabiliser. Si, de l'inconscient au conscient, s'amenait une information qui, vibratoirement, était trop forte pour vous, alors vous pourriez être malade. Alors le subconscient laissera passer au conscient les informations que vous pouvez gérer.

Commentaire de l'auditoire :

« Une dame dit sentir ses pieds et ses mains lourds ainsi qu'une sensation au niveau du troisième œil... »

Si vous avez une sensation de lourdeur dans les pieds et les mains vous êtes en train d'intégrer votre corps physique dans sa totalité. Vous vous faites des racines plus profondes. Ceci est un état vibratoire qui vous servira dans votre évolution. À chaque fois que vous ressentez cette impression, elle vous indique que vous êtes en mesure d'aller à un niveau vibratoire plus élevé encore. Plus vous travaillez votre enracinement, plus vous pouvez vous élever dans les vibrations de l'au-delà. Votre niveau d'évolution vous permet ceci.

Lorsque votre vibration s'élèvera avec le temps, il se peut que vous ressentiez des maux dans votre corps physique. Au palier vibratoire où vous êtes actuellement, il n'y a point de sensation désagréable. Mais il est possible qu'à des paliers vibratoires plus élevés, il y ait des sensations désagréables. Plus un être s'élève dans ses vibrations, plus l'information devient subtile et, selon les découvertes, les sensations seront en conséquence. C'est comme les chapitres d'un livre. Certains chapitres peuvent être très intéressants, d'autres plus délicats. Alors, les paliers d'évolution s'ouvrent de cette façon.

Il est important de saisir que plus un être s'enracine, plus il est en mesure de s'élever dans les vibrations supérieures. Un manque constant d'enracinement amène la maladie et un vieillissement prématuré. Alors il est très important, au fil d'une vie, d'être enraciné. Les êtres qui sont mal enracinés auront un processus d'installation de la maladie plus rapidement que les êtres bien enracinés et en contact avec leurs émotions.

Lorsque vous ressentez vos membres, vous commencez à les habiter totalement. Ceci se cultive. Au début, c'est une énergie plus intense qui vous propulse dans une prise de conscience. Vous pouvez tenter de retrouver cette même sensation dans les événements qui n'ont point rapport avec la présence angélique. Vous connaissez la sensation, maintenant vous pouvez la rechercher. Elle ne s'explique point, elle se ressent.

Les arbres sont habituellement bien enracinés. Vous pouvez vous enraciner en méditant adossé à un arbre. Ceci aura un effet intense dans la mesure où la méditation dure environ une demi-heure de votre temps terrestre. Vous vous sentirez enracinés.

Une marche dans le bois aura un effet d'enracinement. Il se peut qu'une fatigue physique s'installe, mais il y aura aussi une sensation de bien-être.

L'enracinement se pratique de plusieurs façons. La danse est une forme d'enracinement, dans la mesure où le rythme est agréable pour vous. Il y a des danses qui enracinent plus que d'autres. C'est une forme d'exercice physique très agréable sur le plan terrestre.

Commentaire de l'auditoire :

« *Une personne dit avoir les mains moites...* »

C'est votre corps émotionnel qui se manifeste à travers les mains. Vous en prenez conscience et à cause de cette prise de conscience il y a un flux d'énergie qui circule d'une façon différente. Lorsque le corps émotionnel est touché, les liquides du corps physique se manifestent : que ce soit par la sueur, par les mains moites ou par la chaleur. Tous les liquides du corps physique sont reliés au corps émotionnel. Par ces sensations, vous avez une indication qu'une émotion se loge sous cette moiteur. Il s'agit de retracer cette émotion.

Question de l'auditoire :

« Une personne demande comment faire pour sortir sa colère sans blesser personne ? Mais, cela ne l'inclut pas elle-même. »

Si cela ne vous inclut pas, nous ne pourrons rien pour vous, car vous acceptez de vous blesser. Il est très important de constater que lorsque vous ne voulez point blesser personne souvent une telle colère se retourne contre vous-même.

Vous êtes la personne la plus importante à travers les personnes que vous connaissez. Si votre centre de perception de la vie est à l'extérieur de vous, vous ne vous accorderez jamais la possibilité de guérir. Vous êtes la personne la plus importante dans votre vie. Les autres sont autour de vous comme des miroirs.

Lorsque vous dites « ne blesser personne » ceci commence par vous-même et non point par les autres. Ceci se reflète dans vos attitudes face à l'expression de ce que vous êtes intérieurement.

Question de l'auditoire :

« Une personne demande comment faire pour lâcher prise face à son enfant, car celui-ci la touche dans ses émotions... ?

L'enfant pourrait être un enfant qui ne sait rien. Pour les êtres qui sont à l'aise avec le processus des vies antérieures, cet enfant devant vous, peut avoir plus d'expérience que vous. Il est dans un corps d'enfant alors des messages peuvent ne point être compris à la mesure de ce qu'ils sont.

Cet enfant a, engrammés dans son corps énergétique, les mêmes *patterns* émotionnels, les mêmes caractéristiques que ses parents. Vous êtes en résonance avec cet enfant. Il projette un aspect de vous que vous n'avez point accepté. Lorsque vous pourrez lâcher prise, vous aurez totalement accepté cet aspect de vous, vous l'aurez totalement embrassé et compris. Cet enfant ne fait que vous refléter votre miroir. Remerciez-le.

Lorsqu'un parent décide d'être parent, il ne sait pas que c'est l'enfant qui l'aidera dans son évolution. Sortez de cette illusion que c'est le parent qui élève son enfant. Sur une base tout à fait terre à terre, le parent élève l'enfant mais sur une base d'évolution spirituelle, c'est le contraire. Regardez cet enfant comme une clé à votre évolution et vous ne le reverrez jamais de la même façon. Établissez un contact d'âme à âme dans votre cœur avec cet enfant.

Les enfants sont dans la vie des parents pour les faire évoluer dans l'amour inconditionnel. Peu importe ce que l'enfant fait, vous continuez de l'aimer tel qu'il est. L'enfant développe les mêmes qualités. Il n'a point de parents parfaits. Il a les parents qu'il a choisis. Il apprendra à les aimer avec leurs limites.

Lorsque l'enfant est adopté, les *patterns* émotionnels sont différents d'une façon biologique. Mais, vous savez, Dieu est intelligent. Cette intelligence énergétique amènera un éventuel parent à adopter un enfant qui l'aidera dans son évolution. Le parent sera attiré vers un enfant qui pourra, vibratoirement parlant, lui dresser ses miroirs.

La même chose se manifeste lorsqu'un être choisi un conjoint. Il n'y a point de similarité biologique et pourtant, il y a attraction : qu'elle soit dans une situation d'adoption, qu'elle soit au niveau du couple, Dieu travaille très bien.

17 – L'intuition divine

L'intuition, c'est cette guidance qui vous amène dans des plans de vous-mêmes plus élevés que la personnalité. Ce sont les plans de l'âme et les plans de votre Moi Divin. L'intuition, c'est quelque chose qui se cultive, comme une fleur, pour en reconnaître les bienfaits.

L'intuition, c'est être à l'écoute de tout et de rien, des choses de la vie qui peuvent sembler les plus insignifiantes ou non significatives, mais qui font que vous réagissez d'une façon bien particulière. Cette petite voix qui est là en tout premier lieu, celle qui sort de nulle part. Cette voix que vous n'avez point commandée ou demandée, qui est là, mais qu'à travers une éducation ou des croyances vous dites : « *Cela ne se peut pas, je dois être fou, ça n'est pas possible* ». Vous mettez de côté cette petite voix, car vous ne saisissez point qu'elle a peut être ses raisons que votre raison ne connaît pas. Cette petite voix, à force de la bafouer, finit par se taire. Elle revient une fois de temps en temps, mais elle restera calme et réservée tant et aussi longtemps que vous ne lui ferez point d'espace pour l'entendre.

De quelle façon entendre cette voix ? Prenez rendez-vous avec elle. Accordez-vous du temps pour ne rien faire, même pas lire un livre. NE RIEN FAIRE. Être dans une contemplation devant un paysage, une fleur ou tout simplement dans votre espace de vie. Regardez autour de vous. NE RIEN FAIRE. Ceci est difficile dans le siècle où vous vivez. Les gens sont tellement pressés qu'ils ne prennent point le temps de ne rien faire. Mais cette petite voix ne peut pas s'extérioriser, si vous ne l'écoutez pas.

La méditation est une chemin vers cette petite voix. Lorsque vous méditez vous ne faites rien. Vous pouvez être branchés sur vos pensées, elles vont et viennent et vous ne vous y accrochez point. Mais au travers ces pensées viendra quelque chose qui vient d'ailleurs que de la pensée et qui se distinguera en terme de message. Ceci vient du cœur.

L'intuition ne vient point de la tête. La pensée vient de la tête, le mental vient de la tête, mais l'intuition passe à travers le cœur. Plus elle se développera, plus vous la ressentirez à ce niveau.

Les messages reçus de l'intérieur peuvent venir de la tête ou du cœur. Ce sont les messages du cœur qui sont les plus prépondérants pour écouter votre intuition. Les messages de la tête ne sont là que pour embrouiller une situation. Lorsque vous connaissez vos mécanismes de brouillage, vous êtes plus en mesure d'écouter à partir de votre cœur tout en laissant de côté le mental.

L'intuition se fait connaître sous différentes facettes : une réaction non réfléchie est une intuition ; une parole non pensée qui vous sort de la bouche, sans savoir que vous la diriez, vient de votre intuition ; un geste que vous ne feriez pas dans une situation de bienséance, mais que vous posez quand même, vient de l'intuition.

De quelle façon écouter cette intuition ? De quelle façon lui donner l'espace dont elle a besoin pour fleurir ? C'est dans votre quotidien que vous trouverez la réponse.

Le temps que vous vous accordez est primordial pour entrer en contact avec cette intuition.

Vous donnez rendez-vous à quelqu'un pour aller manger au restaurant, vous lui consacrez une heure et demie de votre temps. Avez-vous déjà invité votre intuition au restaurant ? Avez-vous déjà consacré une heure à votre intuition ? La plupart des gens ne prennent point ce temps. Une relation avec l'intuition et une relation avec un être, c'est la même chose. Si vous ne vous occupez point d'une relation, elle s'effritera. Si vous ne vous occupez point de votre intuition, elle restera cachée. Elle est prête à fleurir, mais ne trouvant point l'espace pour éclore elle restera sous forme de semence.

Il y a des situations parasites à la bonne écoute de l'intuition, d'un point de vue vibratoire, ce sont des interférences parasitaires. Ces interférences viennent de deux niveaux : vos émotions et votre rationnel. Tant que les émotions ne sont point en eaux calmes, vous n'entendrez point cette petite voix. Tant que votre rationnel voudra mener la barque, vous n'entendrez point cette petite voix.

Bien des êtres humains naviguent en eaux troubles : leurs émotions prennent tout l'espace de leur vie. Ils sont emportés par leurs émotions dans les hauts et les bas de la vie. Ils ne peuvent rester au-dessus de l'eau. L'eau étant une représentation de ces émotions, ils naviguent carrément dedans et suivent la vague ou la tempête. Pour calmer les émotions, il faut les reconnaître, saisir qu'elles existent, qu'elles vous habitent, qu'elles sont là et qu'elles vous appartiennent.

Vous avez le choix de nourrir une émotion ou de ne point la nourrir. Vous avez le choix de la reconnaître et de ne pas la nourrir ou de la reconnaître et de la nourrir, selon votre état d'âme.

Une émotion de colère vous vient. Vous pouvez entrer dans votre colère et la vivre totalement. Ainsi vous reconnaissez votre colère et vous la nourrissez. Certains êtres entrent dans cette colère sans même la reconnaître, ils ne font que la nourrir. Une première étape vers une prise de conscience, c'est de reconnaître que la colère est là, et qu'il s'agit de la colère. Mais tout autre émotion peut bien faire exemple également.

La deuxième étape vient après avoir reconnu cette émotion. Vous pouvez choisir de ne point la nourrir, de ne point entrer dans l'énergie de cette émotion. Il est souvent très tentant d'entrer dans cette émotion.

Entrer dans cette vibration ne vous donne ni ne vous enlève rien. Cela ne change point votre état vibratoire. Nous dirions que tant et aussi longtemps que vous vivez totalement vos émotions, vous les entretenez. À partir du moment où vous les reconnaissez, sans nécessairement y pénétrer ou les entretenir, vous apprenez à voir les choses sous un autre angle.

Une émotion moins bien nourrie révélera son côté caché. Pourquoi étiez-vous en colère ? Pourquoi en telle situation réagissez-vous autant ? Tant que l'émotion est nourrie, elle ne vous révélera point la raison profonde pour laquelle elle est là. À partir du moment où vous cessez de nourrir cette émotion, elle vous révélera tranquillement la raison d'être de sa présence dans votre énergie.

Nous faisons une distinction entre *ne point nourrir une émotion* et *la nier*. Il ne s'agit point de nier une émotion, ici. Il s'agit tout simplement de ne point rentrer dans l'énergie de cette émotion tout en la reconnaissant.

Vous vous sentez en colère, vous sentez que vous avez peur ; prenez conscience que vous avez cette peur ou cette colère. Ressentez dans votre corps physique ce que ces deux formes d'émotions vous font vivre comme stress physique. Quelle est l'énergie qui vous habite lorsque vous pensez à ces émotions ? Les résistances de votre corps physique vous révéleront des endroits où il y a blocage.

Une fois cette prise de conscience faite, vous aurez toute l'information nécessaire pour aller vers la guérison de cette émotion. Ceci ne se fait pas en une journée. Vous pouvez mettre de deux à trois années à travailler sur cette émotion. Ne vous en faites pas. Le chemin est ardu, mais la récompense en vaut la peine. Lorsque vous aurez fait le tour de toutes vos émotions vous vivrez un état de stabilité, de sérénité qui vous mettra directement en contact avec votre intuition sans interférence émotive.

La deuxième forme d'interférence, en plus des émotions, c'est le rationnel. Logiquement vous devriez prendre telle décision, logiquement vous devriez faire tel choix et logiquement vous devriez agir d'une certaine façon dans telle situation.

Souvent, au lieu d'admettre vos émotions, vous vous coupez tout simplement de l'émotion, vous ne la reconnaissez point. Vous vous cachez derrière une logique qui vous protège pour éviter de ressentir les blessures issues des émotions. Cette logique vous guide, mais au fur et à mesure qu'elle vous guide vous avez la sensation que vous n'êtes point sur le bon chemin. Tout va de travers. Vous avez l'impression d'être dans un cul-de-sac. Les chemins que vous croyez ouvrir se referment sur vous. Vous êtes tout simplement dans la mauvaise direction. Votre logique vous a amené dans la direction la plus logique, mais ce ne sont point des informations qui viennent de l'intuition.

L'intuition possède une logique que la logique ne connaît pas. L'intuition possède une logique divine qui n'a rien à voir avec la logique que vous connaissez. Cette logique divine voit dans le futur, perçoit des expériences de vie à être vécues et vous amène à prendre des chemins qui vous mèneront vers ces expériences. Alors que votre logique venant du mental est une logique linéaire qui ne prend point en considération la dimension espace et temps, la logique divine intègre ceci. Nous préférerions parler d'intelligence divine qui prend en considération l'espace et le temps et l'aspect holographique de votre être dans toutes ses dimensions.

Votre logique linéaire ne peut point saisir ceci. Vous ne pouvez jamais saisir ces espaces avec le mental, car cette forme de logique se situe dans des plans vibratoires au-dessus du plan mental. Seuls votre cœur et votre intuition peuvent vous y amener.

Si ce que nous avons dit jusqu'à maintenant est plausible dans vos vies de tous les jours, alors vous saisissez où nous vous amenons ! Vous avez le plan vibratoire émotionnel et le plan vibratoire du mental qui vous entourent. Vous devez, pour toucher à cette intelligence divine, transpercer ces deux énergies qui vous entourent de façon à ce qu'elles ne vous influencent plus dans votre façon d'agir, dans vos décisions afin que toutes formes de décisions viennent des plans supérieurs. Mais tant que vous nagez dans vos émotions ou tant que vous les reniez à travers le plan mental, vous n'y êtes pas du tout.

L'intuition se place au-dessus de tout ceci. Pour atteindre cet espace intuitif de guidance intérieure, vous devez apaiser vos émotions et votre mental. Vous devez mettre ces deux formes d'énergie au neutre. Ne vous laissez plus ballotter par vos émotions et ne laissez plus votre mental faire son petit cinéma.

Vous devez saisir que le mental fait son petit cinéma, mais que ce cinéma n'a point d'emprise sur vous. Tant que ce cinéma est là, vous nourrissez une énergie, sur le plan mental, qui vous empêche de transpercer cet espace et de monter à des fréquences vibratoires plus élevées qui vous connecteront avec votre divin. Calmez votre mental, calmez vos émotions. Ces lieux de calme sont les lieux et les espaces que vous vous accordez à ne rien faire avec vous-mêmes, dans une solitude choisie, à des moments bien précis de votre journée.

Une barrière profonde à ceci réside dans cette peur de la solitude, cette peur de la rencontre avec soi-même. À partir du moment où vous acceptez cette rencontre, vous ferez face à vos émotions, vous ferez face à votre petit cinéma.

Dans les premiers temps, ces rencontres avec vous-mêmes seront peuplées d'émotions et de cinéma. Ce qui est tout à fait normal. Vous n'aviez point laissé d'espace pour ceci auparavant. Il y a un trop plein qui doit être liquidé. Soyez patients avec vous-mêmes. Ne vous jugez point dans ceci.

Les émotions et le mental se calmeront lorsqu'ils auront saisi que l'espace que vous leur accordez est constant dans le temps, que ce rendez-vous avec vous-mêmes sera toujours présent. À ce moment, ils cesseront de se précipiter au moment venu et laisseront de l'espace pour l'intuition divine en vous.

C'est une pratique sur de longues années. L'état d'être dans lequel cet exercice vous amène est un peu comme un gain à votre loterie. Au lieu d'être emportés par les vagues des flots, vous marcherez sur l'eau, vous ne serez point engouffrés. Vous saisirez la différence entre ce qui vient de votre mental, de vos émotions et ce qui vient d'en haut. Ce sont trois vibrations différentes. La différence entre les messages émotionnels, mentaux et divins, est vibratoire.

Comment être certains qu'un message vient bien d'en-haut lorsque vous le recevez ? Nous vous annonçons que seule la pratique vous amènera à différencier ceci. Il n'y a pas d'autres chemins. Le savoir vers la sagesse de l'âme ne vous est point donné d'un seul coup. Il vous sera donné petit à petit dans la mesure où vous créez l'espace dans votre vie pour le recevoir.

Cette Lumière divine ne pénètre point d'un seul coup dans votre être pour la seule et bonne raison que vous pourriez en mourir physiquement si ceci arrivait. Vos systèmes nerveux ne pourraient point le prendre. Alors, petit à petit, vos systèmes nerveux sont ajustés à recevoir cette vibration divine.

Comprenez que ceci ne peut point se faire du jour au lendemain et que votre présence sur Terre consiste à reprendre possession de cet aspect divin en vous. Alors vous avez toute une vie pour ceci.

La spiritualité n'est pas une chose que l'on pratique une fois de temps en temps. La spiritualité est un état d'être et non point une possession. Vous vivez votre spiritualité ou vous en parlez, mais non point les deux à la fois. Cette spiritualité ne se vit qu'au quotidien, à vous donner des rendez-vous avec vous-mêmes. C'est là que réside le grand secret de votre ascension vers vos plans divins.

Le mot de passe c'est « discipline ». Les êtres qui n'ont point de discipline ont énormément de difficulté à saisir ceci, à mettre en pratique ce que nous vous suggérons, parce que les résultats se font attendre. Discipline et persévérance sont les qualités de base vers ce contact avec votre intuition divine. Il faut vouloir le faire. Ceci ne peut venir que du cœur.

Ce besoin d'être en contact avec vous-mêmes doit être tellement fort qu'il vous pousse à cette discipline sans savoir ce qu'il y a au bout. Ceci demandera énormément de foi, car personne ne vous garantit des résultats. Non seulement personne ne vous garantit les résultats, mais personne ne vous parle du type de résultats que ceci amènera dans votre vie.

Vous aurez besoin de beaucoup de foi. Croire en vous-mêmes, croire en cet espace divin à l'intérieur de vous. Vouloir contacter cet espace. Ceci exige énormément d'amour pour vous-mêmes également, car au lieu de donner du temps aux autres pour vous faire aimer, vous vous accordez tous les jours espace et temps pour *vous* aimer.

Si votre niveau d'amour envers vous-mêmes n'est point satisfaisant selon vos références, vous trouverez ce temps très difficile avec vous-mêmes, car vous pourriez rencontrer un espace de non amour.

Ceci vient mettre en lumière les informations concernant votre intuition et vos émotions.

Nous allons aborder le troisième thème demandé par cet auditoire, celui de la maladie du corps physique.

Les êtres qui vous entourent et qui sont malades physiquement sont des trésors cachés. Saviez-vous ceci ? Ils vous offrent, à leur façon, une possibilité de vous détacher totalement d'eux, car tant et aussi longtemps que nous n'êtes point détachés, vous êtes dans vos émotions.

Ces êtres vous offrent l'opportunité de vous détacher de vos émotions. Non point de vous détacher d'eux au sens strict du terme, mais de vous détacher des émotions qui vous habitent lorsque vous les voyez. Ce n'est pas d'eux que vient la douleur, mais de votre propre blessure intérieure, incomprise par vous-mêmes. Leur douleur à eux, leur appartient.

Si vous êtes en mesure de surmonter vos propres blessures à travers le vécu d'une maladie provenant de quelqu'un d'autre, vous développerez la compassion. Vous ne serez point émotifs à la place de l'autre qui est malade. Vous ne prendrez point l'autre en pitié, car la pitié est une émotion.

La maladie physique vous amène à ces formes de détachement, elle vous aide à faire le passage du détachement avec vos émotions et vos blessures les plus intimes. Si ces détachements ne sont point vécus à travers cette maladie, le malade vous drainera. Saisissez-vous ceci ? Vous perdrez votre énergie à travers le vécu de vos propres émotions face à ce malade. Vous perdrez votre propre énergie, car vous serez face à vos blocages émotifs.

Si vous n'êtes point à l'étape de la compassion, acceptez-le. Si vous êtes à l'étape de l'émotion et que le fait d'être émotivement lié à cet être qui est malade vous fait perdre tout vos moyens, acceptez ceci. Prenez conscience que ceci existe et prenez conscience des émotions que cette situation fait naître en vous. Acceptez-les !

La compassion ne se commande pas. Elle vient à maturité lorsque l'être est prêt, tout simplement. La compassion est le résultat de l'apprentissage à travers le plan émotionnel.

Vos blessures vous font mal : elles sont en résonance avec un malade, ce malade vous montre le chemin de votre réalité, vous montre vos blessures, vous montre vos émotions, accueillez-les, elles sont là.

La compassion vient seulement lorsque les blessures sont guéries totalement face à un individu. Donnez-vous le temps de faire le tour de vos blessures et de les amener à des plans de guérison avant même de penser pouvoir vivre la compassion, car cet état ne se commande pas. Il se vit tout simplement lorsque vous y êtes rendus. Il vient de lui-même et à un moment donné. Vous saisissez ! Vous saisissez la souffrance de l'autre, mais elle ne vous atteint point émotivement parlant. À ce moment, vous pouvez rayonner votre propre puissance divine à travers votre corps physique pour venir en aide à cette personne malade. C'est le principe de la guérison. Tant et aussi longtemps que votre corps émotionnel est *troué* de blessures, le processus de guérison est partiel.

La maladie physique est une grâce de Dieu. Ceci peut vous sembler bizarre. C'est une grâce de Dieu autant pour celui qui la vit, que pour celui qui vit avec le malade. Les leçons de vie à apprendre sont grandes et profondes, mais les gens ne regardent pas la maladie sous cet aspect. Il la voit comme quelque chose de mauvais, d'injuste, comme quelque chose qui ne devrait pas exister.

Quelqu'un de malade a beaucoup à vous apprendre sur vos propres discordances. Ayez l'œil ouvert. Il vous ramènera sur un chemin de la concordance si vous le laissez faire. Cet être est dans votre vie pour cela. Vous avez peut-être aidé cet être dans une autre vie en étant vous-mêmes malade, alors il y a échange de bons procédés d'une vie à l'autre.

Ceci vous fait rire ! Lorsqu'un être rit, c'est qu'il saisit une vérité intérieure qui est en résonance avec lui. L'âme, lorsqu'elle saisit des vérités de vie qui lui appartiennent, se met tout simplement à rire. Lorsque vous prenez conscience de quelque chose et que le drame n'y est plus et que vous vous mettez à rire totalement, c'est que votre âme a saisi une leçon de vie. *Les plans de conscience ne sont point douloureux. C'est l'absence de conscience qui l'est.*

Si un enfant est malade, le parent trouvera ceci injuste surtout si cette maladie mène à la mort physique. Qu'un être sur son déclin soit malade est plus accepté socialement. Vous acceptez de vous laisser aller dans ce concept de mort avec les aînés qui vous entourent parce que vous croyez qu'il faut mourir. C'est cela votre conception de la vie.

Sachez que cette croyance est tellement ancrée profondément sur la Terre, qu'effectivement vous mourez tous sans vous poser la question si cette forme pensée est adéquate ou non, n'est-ce pas ? Vous ne remettez point la maladie en question, mais elle est bel et bien là pour des raisons bien particulières. La maladie s'installe lorsqu'il y a une trop grande discordance entre l'âme et la personnalité (votre ego).

La mort doit être vécue pendant que vous êtes vivants. La plupart des gens se trouvent en mort physique, car ils n'ont point voulu mourir à leur personnalité. Ceux qui acceptent de mourir à leur personnalité seront dédiés à leur âme totalement et pourront vivre une étape d'élévation de leur corps de lumière s'ils saisissent le chemin de ceci.

Saisissez que le chemin est le même pour tous et toutes, mais que la mort peut se vivre, avant, à travers la vie. *N'attendez point d'être vieux pour mourir, mourez maintenant.*

Il s'agit de mourir à certains aspects de vous-mêmes. Ceci n'est pas très bien compris des humains. Mourir à vos rôles de parents, mourir à vos rôles sociaux, à vos rôles dans votre travail. Vous vous identifiez à des rôles. Vous vous identifiez à toutes sortes de choses. Mourir à vos croyances.

Ceux qui n'ont point commencé le processus de mort au début de leur vie, sont amenés à vivre leur mort d'une façon intense et condensée à la fin de leurs jours. Saisissez-vous ? Le corps physique n'y résiste pas.

Tandis que si vous vivez votre le processus de mort maintenant, le vieillissement de votre corps ne se fera pas. C'est une question de travail avec le temps et l'espace sur une période de trente ou quarante années de votre vie. Saisissez-vous ? Le corps n'aura point ces messages de discordance avec l'âme, car il sera aligné avec le Divin.

Alors nous vous disons : *Mourez pendant que vous êtes vivants*. Mais il s'agit de savoir à quoi mourir. Là est le secret. Mourez à tout ce qui n'est pas divin en vous. Mourez à vos émotions, à votre mental, à votre personnalité et à tous les rôles que vous vous donnez. Ceci n'est point la tâche pour un enfant d'école et le chemin est rocailleux, car l'ego n'a point l'intention de se laisser faire aussi aisément.

Question de l'auditoire :

« Quelle sera l'étape suivante après avoir appris à écouter notre intuition, à faire la part entre nos émotions et le divin... ? »

Ceci n'est pas un apprentissage, mais une compréhension, une intégration. Les étapes subséquentes arrivent lorsque vous êtes ouverts à votre Plan Divin, le Divin vous l'apporte sur un plateau d'argent.

Vous êtes ouverts aux lois cosmiques. Ces lois cosmiques vous seront expliquées, vous les saisirez non point d'un niveau mental mais d'un niveau divin. Vous saisirez l'Essence même de la vie sur Terre. Vous saisirez votre rôle sur cette Terre : ce que vous avez à apprendre, ce que vous êtes venus y faire. Vous vivrez en connexion avec ceci, dans l'écoute de votre Plan Divin, totalement.

18 – L'énergie féminine et le cœur

(Canalisation où seulement des femmes sont présentes)

L'énergie féminine ! Vous savez que vous êtes sur Terre pour renverser les pôles. Votre continent est beaucoup trop dans son masculin, vous avez à le ramener dans son féminin. C'est votre travail. N'êtes-vous point incarnées dans un corps féminin ? Qui d'autres peut faire cet ouvrage ?

Vous avez vous-mêmes abandonné en partie cette forme de pouvoir au profit d'une énergie plus masculine. Il serait intéressant que vous le récupériez totalement. Ceci renverserait la polarité et ramènerait ce continent dans une direction plus centrée, en terme d'évolution. Les choses se passent à la masculine dans votre continent : analytique, cerveau. Les hommes ont quelquefois oublié le cœur.

Vous n'avez point eu de modèles, car ceci existe depuis quelques générations déjà. Vous devez retourner dans des mémoires de vies antérieures où vous avez utilisé ce pouvoir féminin, à travers votre cœur. Réveillez-ceci, car ceci est en dedans de vous. Vous n'en n'êtes tout simplement point conscientes. Vous pouvez réveiller ceci en vous observant dans vos actions et dans vos réactions avec les hommes. Peu importe leur âge. Il ne faut point copier leurs attitudes. Déjà ceci élimine certaines formes de comportement.

Laissez-vous guider par vos intuitions et par votre cœur. Si vous avez une envie de réagir d'une façon et que ceci ne se fait pas, vous êtes au bon endroit. Faites-le. Si vous ne vous y risquez pas, vous demeurerez sur les terrains de l'aspect masculin et vous ne basculerez point les hommes vers leur pouvoir féminin. Ils ont besoin d'être ramenés dans un aspect plus centré. L'aspect féminin est l'aspect qui ouvre le chemin vers le cœur.

Les choses du cœur ont une vibration. Au début d'une relation amoureuse, si vous choisissez d'être dans votre vulnérabilité, dans ce lieu où l'on pourrait vous faire mal, vous êtes dans votre cœur. Si vous ouvrez ce cœur à dire pourquoi vous voulez ce genre de relation, quel en est le besoin sous-jacent, quelles sont vos peurs, alors vous êtes dans votre cœur.

Il existe un effet de synergie qui fait que l'être qui vous écoute aura possiblement deux réactions : l'une de fermeture ou l'autre d'ouverture.

L'ouverture de votre cœur, c'est montrer votre sensibilité, votre vulnérabilité, vos craintes face à une relation, les balises que vous sentez le besoin de mettre.

Vous sentez le besoin de dire à cet homme que vous voulez quelque chose de sérieux, n'est-ce pas ? Pourquoi ? Ne serait-ce point la peur de vous engager et d'être laissée pour compte à un moment donné ? Ceci est une vulnérabilité. Lui avez-vous déjà partagé ceci dans votre cœur et non point dans votre mental ? Ce lieu où vous devenez toute tremblante, ce lieu à l'intérieur de vous où vous pourriez pleurer, ce lieu où vous montrez votre jeu de cartes, totalement, c'est le lieu de votre cœur. Cet être qui vous écoute peu basculer dans son propre cœur ou se fermer de peur de s'engager.

Les deux attitudes sont possibles. L'important dans tout ceci, c'est que vous ayez eu le courage de montrer cette vulnérabilité. Vous ne pouvez lui imposer de montrer la sienne. Lui seul peut en faire le choix. Il se peut qu'il ne soit point prêt à ceci.

Nous vous suggérons de rester dans votre cœur tout le temps. Ou il baissera pavillon, ou il sera désarmé et glissera vers sa propre vulnérabilité. Ne vous contentez point de faire ceci une seule fois pour tester cet homme. Donnez-vous un laps de temps pour faire des choix car vous devez établir une nouvelle façon d'être avec lui.

Ce sont les femmes qui ouvrent le chemin, saviez-vous ceci ? C'est votre rôle sur cette planète. Les femmes, qui se plaignent que leurs hommes ne sont point ouverts, ont à travailler leur propre ouverture. Vous percevez toujours le miroir en face de vous. Cette ouverture, c'est votre ouverture à la partie masculine de vous-mêmes, car vous êtes et masculin et féminin.

Comprenez que la seule et unique voie, c'est la voie du cœur. N'en cherchez point d'autre. C'est celle qui vous nourrira. Les autres sont des artifices qui peuvent peut-être nourrir votre ego, mais qui, à un moment ou à un autre, vous décevront. Seule la voie du cœur vous remplit.

La voie du cœur est parsemée d'obstacles, car votre cœur possède toutes les blessures issues de toutes vos incarnations. Il y a du bagage. Les êtres ont souvent l'impression que lorsqu'ils écoutent leur cœur, ils doivent faire tout ce que les autres leur demandent. Non point !

La voie du cœur est la voie de l'amour. Comment pouvez-vous montrer à quelqu'un comment il peut s'aimer, si vous ne connaissez point de quelle façon vous aimer vous-mêmes ? Ne cherchez point l'amour de l'autre. Cherchez l'amour de vous-mêmes. Lorsque vous recherchez l'amour de l'autre pour vous nourrir, vous êtes dans une illusion, car si l'autre ne vous aime plus, vous perdez votre nourriture. Vous n'êtes point autosuffisantes. Saisissez-vous ceci ? Vous devez courir vers un autre pour avoir à nouveau cette nourriture. Vous cherchez la lumière de l'autre. Nous vous suggérons de chercher la vôtre. Vivez ceci petit à petit, pas à pas.

Lorsque vous êtes dans votre cœur, vous débutez par être dans vos émotions, dans vos blessures. Petit à petit, ces blessures se cicatrisent et font de moins en moins mal. Plus la blessure est cicatrisée, plus vous êtes en mesure d'être dans votre cœur sans souffrir.

Les blessures se cicatrisent en les aimant. Accepter une blessure, c'est accepter que quelque chose vous fait mal tout simplement. Ceci ne vient pas de la tête, ceci vient de l'intérieur.

Question de l'auditoire :

« Une mère se demande si elle agit avec son cœur ou avec sa tête avec son enfant. Elle trouve très difficile d'établir la communication avec lui. Elle essaie de le rendre autonome, de l'accepter tel qu'il est et de le laisser libre le plus possible. Mais, elle constate que sa propre autonomie et sa liberté sont limitées... »

Travaillez votre propre autonomie et votre liberté. Montrez-lui l'exemple. Vous avez peur pour lui, mais ce que nous entendons, c'est que vous avez peur pour vous. Vous transposez sur votre enfant vos propres craintes face à votre vie.

Travailler sur vous lui donnera l'exemple du comment faire. Il ne le sait point. Il regarde sa mère et ne voit point de porte de sortie. Il est affecté par vos limitations. Vous regardez les siennes et vous aimeriez faire quelque chose, mais vous ne pouvez rien faire pour lui, directement. La seule et unique façon que vous puissiez vraiment l'aider, dans un amour maternel, c'est de faire pour vous ce que vous aimeriez faire pour lui. À ce moment, il reçoit le plus bel enseignement de sa vie : celui de l'exemple parental.

Ne soyez point gênée de lui parler de ceci. Non point par rapport à lui, surtout pas, mais strictement par rapport à vous-même. Confiez-lui votre difficulté et votre intention de travailler au manque de liberté, au manque d'autonomie que vous ressentez en dedans de vous. Vous saisirez son attention, sûr et certain. Il vous regardera aller et, par le fait même, vous prendrez avec lui la voie du cœur. Il n'attend que cela.

Vous ne pouvez rien faire pour lui. Il a charge de sa vie, mais vous pouvez tout pour lui à travers vous-même.

Question de l'auditoire :

« Prendre tout sur ses épaules et vouloir plaire à tout le monde ne serait-il pas une contrepartie de notre énergie féminine mal utilisée ? »

C'est cela. Ceci n'est point à faire. Vous vous détruisez. Cessez de vous détruire. Sachez lâcher prise. Cessez de penser que tout va tomber si vous n'êtes point là. Nous vous annonçons que vous n'êtes point aussi indispensables que vous le croyez. D'ailleurs personne n'est indispensable sur cette Terre. Glissez plus vers la joie de vivre. Changez votre fardeau contre un ballon de plage. Ceci influencera votre enfant, car il ressent tout ceci et il l'absorbe. Vous devez changer de canal d'émission pour lui. Vous êtes dans un canal d'émission de responsabilité et de fardeau. Comment pouvez-vous penser qu'il puisse réagir d'une autre façon ?

19 – La fusion de l'âme

Il y a sûrement plusieurs questionnements sur ce thème. Il est pourtant fort simple. Nous ne vous apprendrons rien si nous vous disons que l'être humain est formé de trois parties : le corps, l'âme et l'esprit. Ces trois parties ont des fréquences différentes, des densités différentes et des vibrations différentes.

Votre corps physique vibre dans la tridimensionnalité. Ceci lui permet d'avoir une densité à travers laquelle il est palpable. Votre âme vibre à une autre fréquence et votre Source, l'esprit, vibre à une troisième fréquence encore plus élevée. Ces trois aspects de vous, vous représentent dans votre totalité à travers des fréquences différentes.

La nature humaine n'est habituellement point consciente dans son corps physique de ces trois aspects. Vous avez bien entendu parler de l'âme, vous avez bien entendu parler de votre Source intérieure, mais le contact du cœur avec ces parties de vous est beaucoup moins tangible ; pour certains oui, mais pour la plupart ce contact est très difficile à exprimer.

La fusion de l'âme consiste à nettoyer le corps physique ainsi que tous les corps énergétiques du premier au septième. Le siège de l'âme réside dans le huitième corps ou dans le huitième chakra : celui qui se trouve au-dessus de la tête. La fusion de l'âme est possible à un certain moment dans l'évolution d'un être humain vers sa lumière, lorsqu'un certain niveau de nettoyage est atteint. Ce niveau de nettoyage comprend le nettoyage des trois premiers chakras et du quatrième lorsque les chakras supérieurs sont ouverts.

Lorsque la personnalité est suffisamment épurée pour laisser pénétrer l'énergie de l'âme dans le corps physique, il y a une possibilité que la fréquence de l'âme puisse descendre dans la fréquence du corps physique. Pour que ceci soit possible, il faut que la fréquence du corps physique s'élève au niveau de l'âme. Cette fréquence ne peut s'élever que si vous regardez votre obscurité et que vous l'amenez en lumière. Cette obscurité représente les aspects de vous que vous ne reconnaissez point comme étant Divin. Ces aspects de vous sont ceux que vous reniez, que vous ne voulez pas voir.

Il peut y avoir une tentative de l'âme de pénétrer dans le corps physique d'une façon temporaire à cause de situations particulières, d'endroits ou de lieux où ceci est temporairement possible. Le corps physique peut temporairement s'ajuster à la vibration de l'âme. Cependant l'énergie de l'âme peut rester dans le corps physique, peut y résider totalement vingt-quatre heures sur vingt-quatre que si le corps physique a élevé ses vibrations pour recevoir son âme.

Les situations, où le corps physique goûte à cette énergie de l'âme, peuvent se produire d'une façon temporaire pour inciter l'être à prendre conscience qu'il y a autre chose, qu'il y a d'autres niveaux de conscience, qu'il y a d'autres niveaux vibratoires. Il y a des niveaux de bien-être bien au delà de ce qui est connu de l'être humain. Nous pourrions les appeler des niveaux de béatitudes.

L'incorporation de l'âme dans le corps physique se fait graduellement et se solidifie au fur et à mesure que l'être accueille ses noirceurs et qu'il les reconnaît. Comment voulez-vous reconnaître quelque chose si vous ne lui faites point d'espace ? Reconnaître les parties ombragées de vous-mêmes n'est pas nécessairement une tâche facile. Ceci prend beaucoup d'humilité. L'orgueil est souvent la grande barrière pour tout être humain. L'humilité est la partie de vous qui permettra cette forme d'ascension, car l'humilité accepte tout. L'humilité vous invite à reconnaître la petitesse de la nature humaine et non point de la Nature Divine : la petitesse de la nature humaine par rapport au Grand Tout.

L'ego doit s'effacer pour laisser place à l'âme, mais l'ego ne veut habituellement point s'effacer. À partir du moment où il y a cette prise de conscience, lorsqu'un être veut fusionner avec son âme, il commence un long cheminement de négociations avec l'ego. Vous ne vous débarrassez point de votre ego, vous en avez besoin sur votre parcours vers la Lumière. Si vous ne l'aviez point, vous mourriez physiquement. Ceci ne vous avancerait point.

Un être qui a goûté une fois, par un rituel adapté, dans un lieu énergétique choisi une certaine forme de contact avec son âme, voudra répéter l'expérience, recherchera toujours ce contact énergétique. Cette vibration devient comme le moteur de son cheminement vers sa Lumière. Il acceptera de faire le chemin qui amènera cette intégration d'une façon totale, à travers l'ego.

L'illumination de l'ego est un long processus. Vous avez la vie pour y arriver. La vie sur Terre est en moyenne de soixante-quinze à quatre-vingt années. Il vous est donné un potentiel de quatre-vingt années de vie pour nettoyer votre ego. N'est-ce point merveilleux ? Avez-vous déjà vu la chose de cette façon ? Vous devriez l'entrevoir. C'est comme un grand voyage : on vous indique la destination, on vous informe que le voyage peut prendre beaucoup moins de temps, mais que vous disposez de plus de temps que vous en avez besoin vraiment pour faire le voyage. Dans la mesure où vous saisissez les leçons de vie, vous pouvez faire le voyage beaucoup plus rapidement, surtout avec les énergies qui entourent votre planète actuellement. *Tout va plus vite, mais votre temps de vie, lui, demeure le même.*

Alors vous pouvez atteindre cet état beaucoup plus rapidement, si vous en saisissez les secrets dans l'accueil de votre ombre à travers la porte de l'humilité. L'orgueil est la grande barrière. C'est la partie de l'ego avec laquelle vous devrez le plus négocier. Il faudra lui parler. Plus l'humilité fait de place dans tout ceci, plus ce processus ira rapidement et plus la nature humaine comprendra les leçons de vie de son ego. Il ne s'agit point de lutter *contre* l'ego. Il s'agit de *l'accueillir dans sa totalité*, dans sa partie humaine pour transcender les parties obscures inconscientes ou semi-conscientes avec lesquelles vous n'êtes plus tout à fait en contact.

Comment pouvez-vous savoir qu'une partie de votre ego existe, si vous ne la connaissez point ? Si vous ne l'avez jamais expérimentée ? La vie vous amène les expériences émotionnelles vous permettant de saisir tous les aspects de votre ego. Soyez à l'écoute. Ceci vient sans que vous le vouliez, ceci vient sans forcer. Telle est l'Intelligence Divine !

Votre personnalité veut souvent contrôler les événements de la vie. Votre âme, elle, cherche à expérimenter tout simplement. Elle n'a point les mêmes définitions que votre personnalité face à votre vie. Elle voit les choses sous un tout autre jour. Si l'âme veut expérimenter la pauvreté et que vous vous acharnez à faire de l'argent, il y aura discordance entre la personnalité et l'âme. Si l'âme veut expérimenter la richesse monétaire et que vous voulez être pauvre, il y aura discordance entre la personnalité et l'âme. L'un n'est ni bien ni mal par rapport à l'autre. Ce sont les expériences de l'âme qui sont importantes. Vous avez pu expérimenter un aspect de ceci dans une vie antérieure et choisir d'expérimenter l'autre extrémité pour équilibrer tout ceci dans la finalité de l'expérience. La personnalité ne le sait point mais l'âme, elle, le sait. Elle le porte dans son énergie. Cette matrice de l'âme connaît cette information.

Plus vous illuminez votre personnalité, plus votre âme vous amènera à saisir ce qu'elle a besoin de vivre. Si l'âme a besoin de vivre le lâcher prise total, elle vous amènera à ceci. L'âme est polarisée en conséquence. Lorsque nous disons *polarisé*, il y a des expériences dans la lumière et des expériences dans l'ombre. Lorsque le cumul de ces expériences sont vécues, elles se neutralisent et, à ce moment, une étape plus haute est franchie. L'âme s'unifie et laisse place totalement au Divin. Ce n'est point l'âme qui s'exprime à ce moment, mais la Source à l'intérieur de vous. La fusion de l'âme est la première étape de l'unification. La fusion avec la Source est la seconde étape.

Il y a des étapes intermédiaires qui se vivent d'une façon différente, d'un être à l'autre. Des étapes de mort, non point physique, mais de mort de la personnalité. Il est bien de mourir pendant que vous êtes vivants. Ceci s'adresse à la mort de l'ego. C'est à travers la mort de l'ego que vous pouvez vous épurer et enfin vibrer à la fréquence de votre âme. Ceci implique des modifications souvent étranges de votre façon de vivre, de votre perception de la vie, de votre perception des relations humaines et de votre perception de la société. Tout doit être reprogrammé en fonction des attributs de l'âme et non point en fonction des attributs de la personnalité.

Dans la fusion de l'âme, il y a un pont à créer entre ce huitième chakra, qui est la base de l'âme, et le cœur. L'âme descend dans le cœur et rayonne à partir du cœur. Tant que l'âme n'est point descendue, c'est la personnalité qui rayonne.

Vous avez, en tant que personnalité, le contrôle de votre vie. Vous avez, en tant que personnalité, choisi une vie, un lieu d'habitat, un travail en fonction de la personnalité. La personnalité a été forgée en fonction de ce que vous avez appris de vos parents, de votre société et de ce que vous avez reçu comme éducation. Il y a un chemin que la personnalité prend pour s'épanouir qui n'est ni bon ni mauvais. Il est tout simplement dressé en fonction d'un moule parental et social. Ceci n'est point le moule de l'âme.

Nous donnerons l'exemple du pain et du levain : la personnalité est en quelque sorte le moule qui contient le pain et l'âme est le levain. Si le contenant est fermé et non conçu pour permettre au levain de gonfler, que pensez-vous qu'il arrivera au pain ? Il ne lèvera point ou le contenant craquera. Alors s'installe la maladie. Vous devez modifier votre contenant de façon à ce que le levain, votre âme, puisse s'épanouir et lever dans sa totalité. Pour ce faire, vous devrez apprendre à saisir la forme de votre contenant, sinon vous ne pourrez point le modifier. La première étape pour modifier votre moule c'est de le connaître donc de connaître votre personnalité. Vous ne pouvez point modifier quelque chose que vous ne connaissez point. Ceci est impossible.

Chaque être humain possède un contenant différent, donc une personnalité différente. La Nature Divine vous a ainsi faits. Vous avez tendance à attirer vers vous les êtres qui possèdent des contenants similaires. Dieu a pensé à tout. Alors vous reconnaissez votre contenant en regardant celui des autres. N'est-ce point merveilleux ? Votre seul point de référence pour reconnaître votre propre contenant, c'est de reconnaître celui des autres. Certains aspects de la personnalité sont intéressants, d'autres le sont moins. C'est une forme de jugement de la part de la personnalité qui ne regarde point avec les yeux du cœur.

Alors la première leçon, lorsque vous regardez le contenant de quelqu'un d'autre, c'est de ne point le juger. Si vous trouvez cette personne extraordinaire, c'est que vous l'êtes vous-mêmes. Si vous trouvez cette personne colérique, c'est que vous l'êtes vous-mêmes. Vous voyez dans l'autre votre propre contenant.

Commentaire de l'auditoire :

« *J'ai toujours pensé que notre âme était dans notre corps* ! »

Elle est rattachée au corps par un couloir très mince, comme une cage d'ascenseur qui lui permet de descendre jusqu'au cœur. Il s'agit donc d'élargir ce couloir très mince tout le long de la colonne vertébrale. L'âme ne peut prendre place dans le corps que lorsque la fréquence du corps a su s'élever au niveau de l'âme. L'âme est présente et fait partie de votre corps. Elle se localise au huitième chakra, juste au-dessus de la tête, mais n'est point totalement intégrée physiquement dans votre corps, elle n'habite point toutes les parties de votre corps.

La première étape de la descente de l'âme dans votre corps se localise au niveau du cœur. Ensuite, vient un rayonnement à travers les mains et un deuxième rayonnement vers les pieds et vers le centre de la Terre. Lorsque l'âme habite totalement tout le corps, elle se préparera à accueillir la Source dans le corps : ce que vous appelez l'état de sainteté.

La Source, à son tour, descendra petit à petit avec une épuration encore plus profonde de l'ego. La Source descendra par ce même canal que vous aurez forgé à travailler cette épuration de votre ego et descendra petit à petit dans votre cœur.

Une deuxième cage d'ascenseur à l'intérieur de la première, très mince au début, s'agrandira et placera cet espace de plus en plus grand dans votre corps. Les grands maîtres vivent cette situation d'intégration totale de la Source dans leur corps physique jusqu'à la pointe des pieds. Ils ont transcendé totalement leur ego.

Ceci résume les différentes étapes d'évolution vers la Source et de quelle façon, en tant qu'être incarné, vous pouvez choisir le chemin vers cette Source pour amener la Lumière directement dans votre corps physique. Vous pouvez ne point choisir ce chemin. Vous pouvez choisir de rester avec le contenant qui forgera votre pain et votre levain et de ne point modifier ce contenant. Vous avez ce choix. D'une incarnation à l'autre, vous aurez toujours ce choix. Par contre, la vie vous amènera à vous éveiller. Plus vous vous obstinez à ne point vous éveiller, plus vous attirerez à vous les événements qui vont vous secouer. Si avec ces secousses vous ne vous éveillez point, il y aura alors des secousses *sismiques* de plus en plus évidentes.

Ainsi la merveilleuse histoire de la dualité se maintient sur cette Terre. Vous avez le choix : vous pouvez prendre le chemin de la Lumière et illuminer votre contenant, comme vous pouvez vous battre dans tous les sens pour le conserver. Sachez que l'ego est très intelligent. Il a bien des tours dans son sac. Il ne veut point céder à la Lumière si facilement. C'est ce que nous appelons la *dualité* à l'intérieur de l'être humain. Votre âme vous amène vers une direction et votre personnalité voudrait aller dans une autre. Il est tout à fait normal que vous soyez dualisés dans cette situation.

Lorsque la personnalité et l'âme sont fusionnées, les deux vont dans la même direction. Alors les différentes parties de vous ne s'obstinent plus. Il en reste bien quelques parcelles ici et là, mais vous avez saisi le processus de la dualité vers l'unité lorsque vous l'avez vécu un certain nombre de fois face à certains aspects de votre ego. Vous saisissez la leçon lorsque vous l'avez vécue et lorsque vous avez fait l'unité sur une situation. Une autre situation se présentera pour vous permettre de faire l'unité sur un autre aspect de vous et ainsi de suite... Ceci est une longue démarche vers la Lumière. La vie, dans cet espace, vous est offerte pour expérimenter et vous avez choisi cette expérience.

L'âme se situe donc sur le huitième corps. Dans la plupart des enseignements il y a sept corps qui sont les corps énergétiques principaux, du premier jusqu'au septième chakra. Sachez que ces corps énergétiques vont beaucoup plus loin.

Ce qui appartient à cette dimension se rend jusqu'à neuf corps. Après le neuvième corps, le dixième, le onzième, le douzième et ainsi de suite vous touchez à des niveaux de conscience qui n'appartiennent plus, nous dirions en terme karmique, à cette dimension. Lorsque nous disons cette dimension, nous parlons de cette planète, de cette fréquence qui est dans la dualité. Les corps, au delà du neuvième, appartiennent à d'autres fréquences, à d'autres dimensions à l'intérieur desquelles vous avez pu vivre dans d'autres vies, mais qui n'appartiennent point à cette dimension-ci sur la Terre. Au delà de la neuvième dimension, vous n'êtes point attirés vers le karma de cette Terre.

Certains d'entre vous pensent peut-être qu'ils ont beaucoup de difficulté à vivre l'intégration de leur âme. L'âme doit accepter de ralentir sa fréquence vibratoire pour s'incorporer dans un corps physique. Une partie de cette âme perd conscience de sa propre existence. C'est le contrat que l'âme accepte de signer avec la création pour expérimenter dans cette dimension. Elle a de la difficulté, car elle perd son niveau de conscience original et ne se rappelle plus de sa propre Source.

Lorsqu'un être entre en contact avec sa Source, il apprend à se rappeler et n'a point de difficulté à prendre le chemin de cette Source. Il est convaincu que c'est le chemin. Ceci ne veut point dire qu'il aura une plus grande facilité à le parcourir, mais il en saisira toute la dimension. Tant que ce contact n'est point fait, la personnalité est en quelque sorte laissée à elle-même, n'a pas de point de repère, cherche et ne sait pas quoi chercher. *Mais celui qui cherche, trouve.* Tant et aussi longtemps qu'une personnalité n'a point demandé à chercher, ne s'est point arrêtée à chercher, elle ne trouvera point car elle ne créera point de situations dans sa vie pour lui apporter des réponses.

Alors certains êtres humains vivent comme des automates toute leur vie, sans se poser de questions. Ils ont choisi une vitesse de croisière un peu plus lente pour leur évolution, tout simplement.

Question de l'auditoire :

« Vous parlez de dualité entre le corps et l'âme, ne s'agit-il pas d'un tout ? »

Sachez que le corps est un tout dualisé dans la matière. La matière est polarisée : le +, le –. La Nature Divine a créé cette dimension de façon à ce que la matérialité soit dualisée. C'est un tout lorsque vous le regardez avec un œil évolutif. Le tout, c'est le + et le - ensemble. Mais, à partir d'une certaine fréquence vibratoire le tout se divise. À partir de cette baisse de fréquence, cette division est polarisée et permet la matérialité, la densification de la matière.

Lorsque nous nous adressons à de vieilles âmes, nous reconnaissons la grandeur de ces âmes car l'âme est riche d'expériences de vies. Plus une âme est grande, plus elle doit illuminer son ego pour descendre. Plus une âme est jeune, moins il y a de travail à faire. La tâche est plus difficile pour les vieilles âmes qui transportent en elles de vieux karmas lourds de dix, vingt ou trente mille ou millions d'années sur cette Terre.

Ces vieilles âmes ne sont point là par hasard. Elles viennent également s'épurer n'ayant point totalement saisi les leçons de vie il y a dix, vingt ou trente mille ou millions d'années. Elles reviennent. Le changement de siècle également les attire. Elles se spécialisent dans les changements de siècle. C'est pour cette raison qu'elles peuvent aider les autres âmes dans cette bascule vers un nouveau siècle. Elles ont l'expérience. Elles ont, à l'intérieur d'elles, les mémoires de changements antérieurs de même nature et ont une solidité plus imposante à ce niveau.

Question de l'auditoire :

« Est-ce que notre côté noirceur viendrait de choses accumulées du passé, de nos défauts ou de nos blessures ? »

Nous dirions que c'est un amalgame de tout ce que vous avez dit. Ce que vous percevez comme un défaut, ce qui est perçu comme une blessure, est une lumière en état de manque. Tout ce qui vous fait mal est une noirceur, tout ce qui vous fait souffrir est une noirceur. À titre d'exemple : la peur est une ombre. La première étape, c'est de ne point avoir peur de vos noirceurs. La peur est en soi une noirceur, la colère est une noirceur. Tout ce que vous pouvez appeler un défaut, ou perçu comme tel, est une noirceur, car ceci est une qualité non éveillée. Elle est dans la noirceur parce que vous ne l'avez point amenée en lumière.

Si vous admettez que vous avez peur de quelque chose ou même de quelqu'un et que vous acceptez d'entrer dans cette noirceur, il y a fort à parier que vous apprendrez pourquoi vous avez peur. Ceci ne vous enlèvera point la peur, mais vous comprendrez pourquoi elle est là. Ceci mettra en lumière votre peur, de plus en plus.

Étant donné que la peur appartient au chakra de la racine, le premier, il y a bien des peurs qui peuvent être validées de cette façon. Il n'y a point qu'une seule peur. Il y a toutes sortes de peurs. La peur est une noirceur. Vous devez apprendre à la mener en lumière, à saisir pourquoi cette peur existe. La plupart des êtres humains ne reconnaissent même point qu'ils ont peur.

La toute première étape, c'est de reconnaître qu'il y a cette émotion. La deuxième étape, c'est d'admettre qu'il y a sûrement une raison derrière de cette peur et écouter pourquoi elle est là. Vous n'avez point à chercher la réponse mentalement. Vous n'avez qu'à créer un espace à l'intérieur de vous en admettant que vous avez peur dans telle situation, mais que vous ne savez pas pourquoi. Vous créez un espace pour le découvrir. Vous pouvez écrire ceci dans votre journal intime et la réponse viendra. Vous avez posé une question à la vie et vous créez un espace à l'intérieur de vous pour recevoir une explication à votre questionnement. Vous recevrez la réponse, mais encore faut-il créer cet espace, encore faut-il admettre cette peur, cette colère, cette rancune peu importe.

La majorité des êtres humains ne sont point conscients de ceci. Comment peuvent-ils, s'ils ne sont point conscients, créer l'espace pour accueillir cette peur, cette colère, cette rancune ? Lorsque vous créez l'espace, vous changez votre contenant, vous changez le moule. Vous le modifiez pour créer un espace supplémentaire. Ce n'est point l'espace physique. Il s'agit plus d'un espace énergétique, psychique si vous voulez. Mais cet espace est en fait énergétique, car il est issu de vos pensées. La nature a horreur du vide. Cet espace, que vous créez, sera rempli de la réponse que vous attendez. Mais encore faut-il admettre que cette noirceur existe. C'est la partie la plus difficile du cheminement.

Question de l'auditoire :

« Est-ce que la pureté de la pensée peut être un moyen pour élever la vibration de notre corps, pour être un peu plus près de notre âme ? »

Certes, la pureté de la pensée créera votre réalité d'âme et votre réalité extérieure également. Vous regardez une personne et dites : *Mon Dieu qu'elle est moche.* Non seulement cet être sera affecté par cette pensée, mais elle vous le reflétera. Si vous regardez le même être et dites : *Mon Dieu que cette personne est belle intérieurement*, cette personne vous renverra les mêmes vibrations de façon consciente ou inconsciente, peu importe. Ceci vous sera retourné en miroir. Les pensées que vous envoyez aux autres vous reviennent, souvent multipliées par dix. La pureté des pensées élève le corps vers l'âme, mais ce n'est point le seul chemin. Celui de la reconnaissance de l'obscurité de votre être aide également.

Question de l'auditoire :

« Que penser de l'utilisation de la régression dans les vies antérieures pour élever le taux vibratoire de notre corps afin de se rapprocher de notre âme et de la Source. »

Sachez que ce qui élève les vibrations de votre corps sont strictement les prises de conscience, peu importe la méthode : que ce soit une régression, ou toutes les formes de thérapies qui existent sur cette planète. Si la prise de conscience ne se fait point dans le corps directement, ceci ne changera rien. La fatalité de tout ceci, c'est que bien des êtres font des régressions et voient des choses, mais ils ne ramènent point cette régression dans le temps présent. Vous voyagez dans le temps, c'est bien, mais si vous ne ramenez point ces anciens temps dans le temps présent, il ne peut y avoir d'intégration dans votre corps physique. Cette intégration dans le corps physique se fait à travers une prise de conscience et c'est elle qui élève les vibrations du corps, rien d'autre, peu importe la technique.

Il y a une façon de reconnaître cette prise de conscience : lorsqu'un être humain l'a déjà vécue une fois, il sait ce que c'est. Il le ressent dans son corps et cherchera à travers les différentes techniques ce même chemin. Il devient maître de sa destinée à travers les techniques. Les techniques seront un outil de prise de conscience. Nous vous suggérons de prendre la technique qui vous sied le mieux et avec laquelle vous vous sentez à l'aise. L'être qui vous accompagne dans cette technique doit également être un être avec lequel vous vous sentez à l'aise intérieurement. Ce sont les deux prémices de base, peu importe la démarche. Ces enseignements vous permettront, petit à petit, de vivre cette fusion de votre âme à travers les chemins suggérés.

20 – Les trois premiers chakras

Commentaire de l'auditoire :

« Nous aimerions entendre parler des blocages que nous avons au niveau des trois chakras inférieurs : les émotions, le pouvoir et l'enracinement. »

Vaste sujet, nous en parlerons dans la mesure où les personnes présentes ont des blocages spécifiques. Ils portent en eux les archétypes des trois premiers chakras pour cette province et, généralement, des archétypes standards dûs à la culture.

Nous pouvons aller dans les spécificités du groupe d'une façon plus pointue. Cependant les êtres du Québec portent une signature dans leurs trois premiers chakras : la culpabilité face au devoir et la culpabilité face aux tabous religieux. Le service aux autres est compris d'une façon erronée, il en résulte l'oubli de soi pour l'autre. Ce n'est point tout à fait de cette manière que le Plan Divin l'avait prévu. Il y a une incompréhension à cet effet.On attend aussi que les choses se fassent tout en restant dans une situation de non implication. L'attente que l'autre fasse les choses. Une espèce de soumission issue des premiers temps de la colonisation où différentes cultures ont pris le pouvoir. La culture francophone porte cette abnégation dans ses racines.

L'art d'accepter *d'être né pour un petit pain*, l'art d'accepter d'être *le dernier dont on s'occupe*, de passer inaperçu, de s'effacer, de ne pas prendre de place, de se sentir coupable si on ose demander son dû. Ce sont des comportements qui peuvent sembler exagérés, mais vous les portez tous en vous, pas nécessairement de façon consciente. Ces comportements affecteront vos décisions, votre façon de vivre, votre façon d'agir et de réagir face à votre réalité quotidienne.

Vous avez choisi ce karma culturel vous l'avez choisi. Vous avez choisi de venir dans ce Québec. Alors, ce karma enraciné dans les trois premiers chakras, c'est celui que vous avez choisi pour évoluer. C'est celui que vous avez choisi de transcender dans votre évolution. Le travail reste à faire maintenant.

Nous débuterons par ce que vous appelez *le sens du devoir*. Vous percevez le sens du devoir comme étant la façon d'être disponible à chacun autour de vous, sauf à vous-mêmes. Comme si vous n'existiez point. Vous avez été éduqués de cette manière. Ceci est profondément ancré.

Si vous avez le sens du devoir cela fait en sorte qu'on vous identifiera comme une bonne personne, une personne qui vit dans la chrétienté. Vous êtes au service des vôtres. Ceci vous valorisera, mais à un certain moment de votre vie l'épuisement surgit. Vous vous sentez malades, un moment ou vous perdez vos forces.

Ce sens du devoir de donner et donner encore ne vous rapporte rien. Il ne semble point y avoir d'équité dans ceci. Vous devenez la victime de vos propres croyances. Vous avez l'impression que plus vous donnez, plus vous recevez. Et, l'impression n'est point une impression, vous donnez effectivement plus que vous recevez. Vous donnez dans l'attente de recevoir une gratification qui vous donnera *une médaille de bonne personne*. Souvent, les êtres vous prendront pour acquis. Ils se fieront à vous. Ils accepteront que vous ayez tout le poids d'une situation sur vos épaules. Vous portez le fardeau de la communauté ou de la famille. Vous portez sur vos épaules un karma collectif. Qu'est-ce que ceci donne en bout de piste ? Beaucoup de frustration !

Il y a deux aspects à ceci. Tout d'abord, l'aspect de votre forme de gratification est erronée. *Personne* ne vous donnera de médaille. *Personne* ne vous dira que vous êtes une bonne personne, à moins que cet être veuille continuer à abuser de vous dans sa façon de vous demander de l'aide, de vous faire savoir qu'elle a besoin de vous, de vous faire savoir que sans vous, tout s'écrase. Ceci est une fausseté ! Vous admettez que l'on abuse de vous et les gens le feront parce que vous le-leur permettez, parce que vous attendez en retour une gratification.

Tandis que si vous n'aviez point besoin de cette médaille, si votre façon de percevoir la vie était différente, si vos relations avec la noirceur et la lumière étaient différentes, qu'est-ce vous appelleriez le service ? Si votre perception du bien et du mal était différente ? S'il n'y avait point de bien ni de mal, mais que tout venait du cœur ? Voilà le second aspect !

Si quelqu'un vous demande toujours de s'occuper de ses affaires, croyez-vous que vous lui rendez vraiment service dans son évolution en acceptant de toujours l'aider ? Non !

Il existe une interdépendance humaine équitable où les uns aident les autres. Mais lorsque c'est toujours la même personne qui fait tout pour l'autre, le service que vous croyez lui rendre n'en est point un.

Commentaire de l'auditoire :

« Quand on arrête de rendre le service, parce qu'on trouve que l'autre ambitionne, c'est à ce moment qu'on commence à se sentir coupable. »

C'est cela. Vous vous sentez coupables pour la simple et bonne raison que vous êtes pris avec ce karma collectif. On vous a appris que si vous cessez de rendre service, vous êtes dans le mal. Alors c'est une autre perception.

Il n'y a point d'espace pour la culpabilité si vous amenez cet être, qui compte toujours sur vous, à prendre conscience qu'il doit apprendre lui-même à ne point toujours se fier sur l'autre, mais à se fier sur lui-même. Dans votre façon de lui faire comprendre ceci, vous l'aidez dans son évolution. Vous servez la Source, car cet être prendra conscience de sa dépendance.

Servir l'évolution est le propre de l'âme. Ceci ne se fait point avec culpabilité ou toute autre forme émotionnelle. Ceci se fait dans la vérité du cœur à l'intérieur de vous-mêmes.

Vous avez à traverser ces trois chakras pour exprimer totalement la vérité du cœur, sans souffrir. Plusieurs êtres savent exprimer cette vérité, mais se sentent tellement en souffrance de le faire, car la culpabilité et les sentiments d'impuissance sont présents.

Pour vous guider dans cette vérité, posez-vous toujours les questions suivantes avant d'agir : quels sont les motifs profonds pour lesquels vous agissez d'une manière et quelle serait la façon d'agir la plus pertinente pour que cet être prenne conscience de certaines de ses failles ? De quelle façon devez-vous agir avec cette personne pour qu'elle s'élève dans sa propre conscience ? Cette attitude sert la Source et l'évolution de cette Terre.

Question de l'auditoire :

« Pour une personne qui ne demande jamais rien, y a-t-il une manière de se sentir en paix avec soi-même tout en demandant ? »

Certes. Un petit devoir serait de mise afin de vous bâtir un autoportrait de votre comportement à cet effet. Sur une page faites deux colonnes : inscrivez dans la première colonne les services que vous rendez aux autres et dans l'autre inscrivez les services que l'on vous rend, ceux qu'on accepte de vous rendre et ceux qu'on n'accepte point de vous rendre.

Sur une seconde page, tracez deux colonnes. Dans la première colonne inscrivez qui vous êtes, quelles sont vos qualités. Dans la seconde colonne, indiquez quels sont vos défauts et dans quelles circonstances ils apparaissent.

Mettre sur 2 pages les colonnes telles que décrites ici.

Si vous prenez ces deux pages et les superposer, vous trouverez la colonne des défauts et celle des services que vous rendez aussi longue l'une que l'autre. Quand à la colonne des aspects de vous qui sont vos qualités et celle des services que vous recevez, elles seront également de la même longueur, mais totalement différentes de l'autre série de colonnes. Faites cet exercice.

Si votre première colonne est d'une certaine longueur et que la deuxième colonne est plus longue que la première, (la première colonne étant vos aspects positifs et la seconde vos aspects négatifs, selon votre perception évidemment), l'exercice ultérieur consiste à effacer au fil du temps les aspects de la seconde colonne et de les ramener dans la première colonne. Lorsque la première colonne, celle des aspects positifs, sera un peu plus longue et il fort possible que la quantité de services qui vous seront rendus se rallonge également.

Cet exercice sert seulement à vous faire prendre conscience de votre valeur personnelle. Il y a fort à parier que vous trouverez plus de défauts que de qualités. Vous avez été éduqués dans ce sens. Si vous ne sentez point une valeur personnelle à l'intérieur de votre être, comment voulez-vous que les autres trouvent une valeur en vous ?

Plus votre valeur personnelle augmente, selon votre propre perception, plus vous émanez une énergie de reconnaissance de vous-mêmes et plus les êtres autour vous considéreront comme ayant une grande valeur. Si vous avez une valeur plus grande, vous avez le droit de demander plus de services n'est-ce pas ?

Il est évident qu'il y a un équilibre qui se fait dans ces prises de conscience face aux êtres qui vous entourent dans votre quotidien. Si vous aviez l'habitude de tout faire et que du jour au lendemain vous n'en faites que le tiers, votre décision vous amènera à vivre des situations-chocs. L'idée, c'est de vous respecter dans vos prises de conscience. Ne vous sentez point coupables d'en faire moins. Si vous jugez une injustice dans la situation actuelle et que vous voulez atteindre une équité où vous vous sentirez bien, alors faites-le.

Ce petit exercice vous fera prendre conscience de la perception de vos valeurs personnelles : qui vous êtes, ce que vous valez, l'estime que vous avez de vous-mêmes. Notez également toutes les émotions qui vous viennent lorsque vous choisissez de modifier votre comportement pour rebalancer ces deux colonnes. Ces émotions se logeront dans les trois premiers chakras. Ainsi vous découvrez vos blocages émotifs. Dans la peur d'oser demander, se cachent la peur du rejet et la peur du jugement.

Certains êtres s'effaceront totalement par peur du rejet. Ils ne peuvent point supporter le rejet. Ceci vient de la tendre enfance. La blessure face au rejet est tellement profonde qu'ils ne peuvent point la revivre. Ils s'effaceront totalement et perdront tout pouvoir sur leur vie et sur leur capacité de diriger leur vie. Si votre vie ne vous appartient pas, comment pouvez-vous faire quelque chose avec cette vie ?

Alors, il s'agit d'évaluer à quel point votre vie vous appartient. Si vous ne sentez point le besoin de faire cet exercice, vous pouvez choisir de le faire à tout hasard. Peut-être éveillera-t-il en vous certaines émotions, question de vérifier où vous en êtes rendus. L'exercice vous amènera de plus en plus loin, peu importe votre chemin d'évolution.

La confiance est un autre aspect de cet exercice. La non confiance est la limitation de la capacité d'un être humain de prendre sa vie en main. Le manque de confiance en soi vient également de la tendre enfance où vous avez pu vous faire dire que vous n'étiez point capables, vous n'étiez point assez bons pour ceci ou pour cela, que vous ne pouviez point, vous n'étiez point un homme, vous n'étiez point du sexe qui vous permettait d'agir d'une façon ou d'une autre, le jugement dans vos actes, la morale rattachée à ces actes.

Lorsque vous étiez enfants, si les êtres dans votre entourage vous ont toujours dit des paroles qui vous amenaient à perdre confiance, vous répétez cette non confiance dans votre vie d'adulte.

L'impression de se sentir diminués, l'impression de ne rien valoir, l'impression d'être petits aux yeux des grands, l'impression de n'être jamais assez grands pour les autres. Ceci amène les êtres à regarder les autres comme des idoles ou comme des êtres qui sont sur un piédestal. Comme vous vous sentez petits, les autres doivent automatiquement être grands. La nature humaine est ainsi faite.

Par contre, si vous preniez votre vraie grandeur, celle qui se regarde strictement au niveau du cœur, vous verriez que les êtres humains sont tous égaux. Il n'y en a point un plus grand que l'autre. Ils ont tous la même taille. Ceux qui sentent le besoin de se gonfler, se sentent probablement trop petits.

L'estime de vous-mêmes se cultive également avec l'exercice que nous vous avons suggéré. Tant et aussi longtemps que vous laissez les autres avoir du pouvoir sur votre vie, vous ne pouvez la diriger adéquatement selon les aspirations de votre âme, car vous ne possédez point votre vie. Les autres la possèdent.

Vous devez reprendre la possession de votre vie. La clé réside dans l'inventaire de ce que vous êtes et de ce que vous n'êtes point ou de ce que vous pensez être ou le contraire. Acceptez cette réalité comme étant la vôtre avec ses tares. Acceptez cette réalité d'être petits, de ne point avoir confiance en vous, de ne point être assez bons ou autres émotions qui pourraient venir de l'exercice. Acceptez cette réalité comme étant la vôtre, ne la rejetez point.

Prendre conscience d'une telle réalité, l'accepter et l'accueillir telle qu'elle est, sans la juger, vous amène déjà à régler la moitié du problème. La deuxième moitié du problème se règle à vous observer dans vos actions lorsque vous avez fait ces prises de conscience. Ce travail s'échelonne non point sur deux, trois semaines ou même un mois, mais sur des années, car il y a plusieurs niveaux de profondeurs reliés à ces prises de conscience. Plus vous vous enracinez en profondeur, plus les prises de conscience seront profondes, plus vous toucherez ce que nous appelons le karma collectif, un karma de six millions d'êtres. À ce moment, vous êtes dans les profondeurs archétypales.

À partir du moment où vous faites les prises de conscience pour vous et que plusieurs personnes le font pour elles (vous n'êtes point les seuls à travailler à ceci), vous prenez tous conscience de vos difficultés et illuminez ce karma collectif. Les générations à venir l'auront beaucoup moins dans leur génétique. Si vous notez déjà la différence avec vos propres enfants, c'est que vous avez très bien travaillé.

Question de l'auditoire :

« *Comment faire pour se relier davantage à l'énergie universelle, et se sentir plus unis au Tout ?* »

L'intermédiaire par lequel nous vous suggérons de passer sont les beautés de la nature. Il est évident qu'il est important d'être en mesure de recontacter l'enfant en vous, pour atteindre cet état...

En regardant une fleur, vous saisissez la béatitude du Grand Tout, après un certain temps d'exercice. Évidemment, ceci ne vient pas du premier coup. Si la fleur est trop petite, regardez le paysage. Si le paysage est trop petit, regardez le ciel étoilé. Regardez ce qui vous inspire, mais que vous ne pouvez point comprendre. Pourquoi la terre, les fleurs existent-elles ? Pourquoi la végétation semble savoir ce qu'il y a à faire lorsque c'est le temps de se reproduire ? Regardez les grands mystères de la vie. Contemplez ce que vous ne comprenez point dans sa beauté la plus silencieuse. Retrouvez votre capacité d'émerveillement. Contemplez un lever de soleil, un coucher de soleil avec toute sa kyrielle de couleurs, un arc-en-ciel. Cette contemplation ne peut se faire qu'à partir du cœur.

Lorsque vous êtes sur la route et que vous voyez un arc-en-ciel, vous êtes-vous déjà arrêtés pour l'admirer jusqu'à ce qu'il disparaisse ? Ceux qui l'ont fait *bravo*. Dieu s'exprime, Il passe. Quand quittez-vous un lieu de parade avant que la parade soit terminée ? Si vous cherchez Dieu dans toute cette béatitude du Grand Tout, il faut prendre le temps de le regarder passer. Il ne vous interpellera point comme un être humain en interpelle un autre. Il EST. Seuls les yeux du cœur peuvent le voir. Encore faut-il que les yeux soient branchés au cœur.

Voici un petit exercice pour vous brancher sur les yeux du cœur. Le soir avant de vous coucher, tracez deux colonnes. Dans la première colonne, identifiez ce que vous avez trouvé *beau* et dans l'autre, identifiez ce que vous avez trouvé *laid*. Vous découvrirez si vous avez tendance à critiquer les choses ou à les admirer, à trouver la beauté dans toutes choses ou à en trouver la laideur. Vous aurez vos yeux branchés dans votre cœur quand la colonne des beautés sera plus longue que la colonne des laideurs. C'est facile comme exercice.

En faisant cet exercice tous les soirs, vous reconnaîtrez des similitudes d'un soir à l'autre. Vous verrez que vous voyez les mêmes laideurs partout et possiblement les mêmes beautés partout. Sachez que ces informations seront le miroir de vous-mêmes, de vos propres perceptions de la beauté et de la laideur.

Lorsque vous ressentez que les énergies de votre entourage vous alourdissent, il est impératif de couper les liens avec ces lourdeurs karmiques. Redécouvrez la joie dans sa profondeur et ne vous laissez point aspirer vers le bas.

Nous parlerons maintenant de votre nourriture affective. Lorsque vous avez faim, vous ouvrez le réfrigérateur. L'appétit émotif fonctionne de la même façon sauf que le réfrigérateur est représenté par les êtres humains qui vous entourent. Si vous avez le goût d'une pomme ou d'une banane, vous allez vers le fruit qui vous tente. C'est la même chose pour les êtres humains. Certains vous donneront d'une façon, tandis que d'autres vous donneront d'une autre façon. Chaque être humain ne donne point la même chose, il a ses caractéristiques propres, son essence.

Si vous voulez être assidus à vous observer dans votre nourriture affective, prenez une feuille de papier et tracez deux colonnes. Vous pouvez le faire tous les jours. Une colonne par semaine cumulée pour sept jours. Mettez sur la colonne de gauche les situations où vous vous êtes occupés d'aller chercher votre nourriture affective et sur la colonne de droite inscrivez les situations où vous n'avez point osé aller la chercher. Lorsque la colonne de gauche sera plus longue que la colonne de droite vous ne serez plus affectés par la façon dont les autres se nourrissent dans leur propre joie de vivre, vous aurez la vôtre.

Que les gens soient malheureux, c'est leur affaire et non la vôtre. Ceci vous laissera non point indifférents, mais vous n'exigerez point des autres qu'ils soient responsables de votre propre joie de vivre.

21 – La mission et la plan de vie

Commentaire de l'auditoire :

Il est important que vous saisissiez que le mot « mission », au sens où votre éducation l'entend, n'est pas du tout le même que le sens que nous lui donnons.

Nous définissons « mission » comme plan de vie : ce que vous avez décidé, en haut, de faire sur cette planète, de quelle façon vous avez choisi d'évoluer, quelle est l'expérience globale que vous avez choisi d'acquérir pour aller vers une étape de plus dans votre évolution. Ceci, selon nous, est *votre* mission.

L'attitude avec laquelle vous intégrerez cette mission, car il faut l'intégrer, est très importante, puisque si vous avez une attitude qui bloque le plein développement de votre plan de vie, les leçons de la mission sont incomplètes.

Mission ne doit pas être entendue comme devoir, leçon ou corvée. Il est plus approprié d'avoir une attitude de plaisir à travers ceci. Mais tant et aussi longtemps que vous vous accommodez de la souffrance, vous êtes en difficulté de voir les choses sous un autre jour.

La mission ou le plan de vie de chacun est différent. Vous ne pouvez point comparer la mission de l'un avec celle de l'autre. Vous êtes tous venus ici pour des raisons différentes. Certains viennent apprendre la souffrance, d'autres viennent apprendre la béatitude. Ceci dépend du choix fait avant la naissance. De quelle façon s'assurer que cette mission est bel et bien vécue ?

Découvrir sa mission avec une approche dite *mentale* est impossible. Lâcher prise ! La mission, celle avec laquelle vous avez des questionnements, ne se perçoit point avec le mental. Elle ne se perçoit qu'avec le cœur. *Et si votre mission était d'aimer, tout simplement !*

Le but n'est peut-être point assez noble pour vous. Vous voudriez peut-être quelque chose de plus glorifiant. Nous regrettons, mais la mission dont nous parlons n'est point glorifiante. Elle n'appartient point au mental. Elle appartient à cet espace intérieur qui se cache dans votre cœur, qui vous connecte à votre Divin. Lorsque cette connexion se fait, il s'ensuit une compréhension globale ne venant point du mental. C'est une compréhension dite *énergétique* qui intègre le corps tout entier.

Si votre mission est d'apprendre l'amour inconditionnel, vous pouvez résister de différentes façons mais votre âme vous guidera vers ceci.

Beaucoup d'êtres sont venus apprendre l'amour inconditionnel. Dans ces temps qui viennent, il sera nécessaire que la Terre possède des âmes qui ont évolué à travers l'amour inconditionnel. Votre planète a besoin de ceci et plusieurs d'entre vous se sont nommés volontaires, avec les karmas qui s'y rattachent évidemment.

D'autres iront plus loin, s'élèveront à des plans de conscience qui leur permettront de saisir la totalité de ce qu'ils sont. Une forme de conscience dite *universelle* qui intègre tous les aspects d'eux-mêmes.

Vous êtes tous de Source Divine. Si votre mission était de vous souvenir de qui vous êtes et de développer l'amour inconditionnel, de quelle façon croyez-vous que ceci pourrait se vivre sur cette Terre ? Si vous avez toujours des jugements : un tel est comme ci, un tel est comme ça, celui là je ne l'aime pas... vous venez de dénigrer un aspect de vous. Vous êtes agacés par le reflet du miroir. Vous ne pouvez point arriver à l'amour inconditionnel pour vous-mêmes, si les êtres autour de vous ne vous plaisent pas. S'il y en a plusieurs, dites-vous bien que ce sont les reflets de certaines parties de vous, que vous n'acceptez point encore.

L'amour inconditionnel pour vous-mêmes serait d'accepter ces miroirs. L'amour inconditionnel, c'est de vous accepter tels que vous êtes et, seulement à ce moment, pouvez-vous accepter les autres tels qu'ils sont avec leurs qualités et leurs défauts tels que vous les percevez.

L'amour inconditionnel va plus loin. Vous devez accepter que les êtres qui vous entourent et auxquels vous êtes attachés ne vous appartiennent point : ils s'appartiennent à eux-mêmes. S'ils sentent la nécessité de se retirer de votre vie, pour leur propre évolution, vous devez accepter cette forme de liberté, comme vous le feriez pour vous-mêmes pour votre propre évolution.

Sachez que dans l'amour inconditionnel, il n'y a point de séparation. Un être peut être à une distance énorme et vous pouvez être en état de communion intense avec lui. Mais ceci ne peut être fait que dans la mesure où vous acceptez que cet être ne vous appartient pas, mais s'appartient à lui-même. Ceci ne peut se faire que si vous travaillez à votre propre appartenance.

Vous réapproprier qui vous êtes est un travail de longue haleine : « *Je suis l'épouse de monsieur, je suis la secrétaire du patron, je suis la mère des enfants, je suis la copine d'un tel...* » Saisissez-vous que vous êtes quelqu'un qui appartient à une autre personne ? Vous n'êtes point vous-mêmes dans ceci. Vous vous identifiez à un rôle et vous vous perdez dans ce rôle.

L'énergie que vous consacrez dans un rôle, vous éloigne de qui vous êtes. Ceci ne veut point dire de ne plus jouer le rôle, mais d'être conscients lorsque vous le jouez. Vous n'avez point besoin d'être l'*employé* du patron. De l'extérieur ceci sera vu de cette façon, mais vous êtes un maillon d'une chaîne, tout simplement. Vous vous appartenez, vous êtes un être distinct dans cette chaîne.

L'âme est chercheuse et vous amènera à voir vos jeux de rôle. Elle cherchera à s'attirer les expériences de vie émotionnelle qui vous amèneront à cette prise de conscience afin que vous vous détachiez de ces jeux de rôle. Il y a deux chemins : *la souffrance* et *la sagesse*. Tant et aussi longtemps que les êtres n'ont point compris que la souffrance est une illusion de l'ego, vous vous mortifiez dans un rôle qui n'est point nécessaire. Pourtant vous y restez. Mais vous êtes dans l'illusion. Cette illusion n'est point vaine, car en bout de piste elle se révèle à vous. Vous saisissez, à un certain moment de votre vie, que vous en avez assez de la souffrance et vous choisissez le bonheur. À partir de ce moment, votre façon de penser se modifie et vous attirez des événements différents dans votre vie.

Tant et aussi longtemps que vous ne prenez point conscience de ceci, *vos pensées inconscientes* vous ramènent à vos souffrances. Votre façon d'être, votre personnalité, votre ego vous ramènent à cette souffrance, mais elle n'est point nécessaire.

Question de l'auditoire :

« Est-ce à cause du karma que la souffrance est présente ? »

Le karma est relié à l'incarnation tout simplement. Lorsque vous vous incarnez, vous abaissez vos vibrations. Vous signez un pacte avec un voile de noirceur. Ce pacte est nécessaire pour vivre la tridimensionnalité. Vous ne pourriez point avoir de corps physique, si vous n'acceptiez point de karma.

Qui dit incarnation, dit karma. Un être illuminé qui s'incarne devra passer par toutes les étapes pour se souvenir *qui il est* car, au moment de la naissance, il aura choisi un voile de noirceur afin de s'incarner. Ce voile de noirceur sera celui qui lui sera donné par son code génétique. Il devra passer à travers des périodes d'apprentissage pour atteindre la sagesse et reconquérir son savoir. Il devra se souvenir de *qui il est* pour atteindre l'illumination une seconde fois. Il pourra choisir des parents très évolués qui pourront le guider à travers ceci. Un tel être revient par amour pour votre planète. Lorsqu'un tel être s'incarne pour se rappeler *qui il est*, il aide les autres à se rappeler également. À chaque fois qu'un être s'incarne pour se rappeler, il pousse les êtres autour de lui à le faire.

Lorsqu'un être se dégage de son karma, il intègre une leçon de vie comprise et il n'a plus besoin de la vivre. Il peut alors montrer le chemin aux autres, tout simplement. Pour que ceci se produise, l'âme cherchera à attirer vers elle des êtres qui réveilleront ses codes génétiques.

Lorsque vous êtes mal avec certains êtres, le travail à faire est sur vous. Lorsque vous êtes bien avec d'autres êtres, le travail est à faire ensemble en montrant le chemin aux autres.

Lorsque vous saisissez que la souffrance est une illusion de l'ego, il n'est point nécessaire de la vivre. Cette compréhension se situe au-delà du mental. C'est une compréhension qui vous permet de saisir comment fonctionne votre cerveau quand il recrée les *patterns* de vie avec lesquels vous avez été engrammés dans votre karma.

Pour se dégager de la souffrance, il faut se dégager de la peur.

Question de l'auditoire :

« *Dernièrement, une jeune mère de vingt-six ans a perdu son enfant de quatre ans. Quel était le but de l'âme de l'enfant de quitter prématurément la Terre ?* »

Les enfants peuvent choisir de quitter cette Terre pour des raisons différentes. Ils sont sensibles karmiquement et ils se rendent compte que leur karma sera trop lourd. Ils préféreront quitter le plan terrestre pour attendre une situation plus clémente. D'autres viennent avec l'intention de quitter dans le but de faire progresser leurs parents vers l'amour inconditionnel, vers le détachement. Il y a plusieurs situations, aucune n'est la même.

Tant que vous regardez ceci sous l'angle de la souffrance, c'est inacceptable. À partir du moment où vous regardez la situation sous un autre angle, vous vous ouvrez. Cet enfant vient et accepte de laisser aller sa vie pour permettre à l'être qu'il aime, sa mère, d'évoluer vers l'amour inconditionnel. Vos âmes s'entraident au détriment de vos personnalités, selon toute évidence. Mais tant et aussi longtemps que vos personnalités gouvernent vos vies, c'est une bataille à n'en plus finir.

Lorsque vous commencez à écouter vos âmes et à écouter les leçons de vie derrière ces souffrances, vous n'avez plus besoin de souffrir. La souffrance devient inutile. Elle n'a plus sa raison d'être. Elle n'était là que pour vous faire réfléchir, vous amener à un autre niveau de conscience, car elle est illusion.

Question de l'auditoire :

« *Nous avons parlé, antérieurement, d'exprimer de plus en plus notre Source profonde à travers notre vie quotidienne. Nous aimerions entendre parler de cela d'une façon peut-être un peu plus pratique.* »

Amusez-vous ! Jouez ! Prenez chaque situation, chaque rencontre avec un autre être comme un jeu de découverte de vous-mêmes. C'est l'attitude face à la vie qui change tout. Vous prenez la souffrance trop au sérieux. Amusez-vous ! Soyez témoins de vos réactions à travers ceci. Riez de vous-mêmes. La SOUFFRANCE ne vous amènera point à gagner votre ciel, **car elle n'est pas méritoire**, saisissez bien ceci. La souffrance n'est point une garantie vers le ciel. Non point. Chassez cette perception de vos esprits.

Le service à la planète n'est pas synonyme de souffrance, mais d'enthousiasme et de joie. Vous avez le droit de souffrir. Nul ne vous en empêchera, car c'est votre choix.

Question de l'auditoire :

« *Qu'est-ce que vous appelez jouer ?* »

Jouer, c'est regarder la vie sous un autre angle. Savoir rire de vous-mêmes dans tout et ne pas dramatiser une situation. Savoir reconnaître vos propres difficultés à travers ceci et d'en rire. Ne vous prenez point au sérieux, nous vous en prions. Restez légers dans votre attitude face à la vie. Rire d'une situation vous amène à vous accepter tels que vous êtes, avec vos petits défauts, sans jugement. C'est une forme de jeu. Il ne faut point vous prendre au sérieux dans tout ceci.

L'art de ce jeu est de le cultiver sur une base quotidienne. Ne prenez point de gros tests pour commencer. Prenez-en des petits. Une annulation de rendez-vous, à titre d'exemple, veut dire que vous ne deviez pas être là, c'est tout et non point que cet être vous manque de considération et de ceci et de cela. Vous n'aviez tout simplement point à être là, vous deviez être ailleurs. Sachez rechercher où vous deviez être. S'il manque de lait un matin dans le réfrigérateur, c'est peut-être votre foie qui vous parle et vous dit que vous avez besoin de diminuer cet aliment... Les enfants font un dégât sur le plancher, peut-être est-ce une façon pour votre plancher de vous dire qu'il aimerait être astiqué... Les choses vous parlent. Les situations et les événements vous parlent, écoutez-les !

Vous deviez aller au restaurant, la réservation était faite. Vous arrivez sur place et il y a eu une erreur, plus de place. Vous pouvez vous fâcher comme vous pouvez dire : « *Où dois-je être ?*

Cher ange gardien, guide-moi vers le restaurant où je serai en synchronicité pour mon évolution personnelle ». Vous vous retrouvez dans un autre restaurant où il y a un beau jeune homme assis à côté de vous. Tout ce temps perdu à vous fâcher pour vous rendre compte que vous n'aviez pas réservé au bon restaurant.

C'est une question d'attitude face à un événement. Quand vous prenez cet événement d'une façon positive, tel que nous l'avons suggéré, vos pensées ont un effet sur votre corps physique et il ne se crispe plus, vous rajeunissez. Lorsque vous devenez en colère, vous fermez vos chakras. Vous n'êtes plus en contact avec cette énergie universelle disponible. Ceci affecte votre corps.

Votre façon de penser face aux événements vous apporte souvent la maladie. Saviez-vous ceci ? Vous entretenez des idées noires, attendez-vous d'attirer le même genre de personnes, car vous avez besoin d'un miroir pour saisir la leçon. Quelqu'un d'autre doit vous dire, d'une façon ou d'une autre : « *Regarde-toi, tu as les idées noires* ». Alors cette autre personne, qui elle-même entretient des idées noires, se sentira attirée par vous. Vous verrez tous les deux cet aspect de vous. Que vous l'acceptiez ou non, ceci dépend de votre attitude à percevoir la chose. Ça demande beaucoup de détachement et de lâcher prise. N'oubliez pas que votre âme possède cette capacité de vous ramener dans le droit chemin. Le droit chemin de votre âme n'est peut-être pas celui de votre ego.

Question de l'auditoire :

« *Quelles sont les meilleures façons de rester en communication avec son ange gardien ?* »

De lui parler comme si c'était quelqu'un à côté de vous. Vous saisirez ses réponses à force de lui parler. Apprendre à saisir les messages n'a rien à voir avec la visibilité d'un être. Quelqu'un peut vous expliquer et vous ne comprendrez point, même si vous le voyez et qu'il vous parle. Alors la barrière avec un ange gardien ne se situe pas au niveau de la visibilité...

Cet ange gardien saura vous répondre à travers les événements de votre quotidien. Il vous fera saisir des leçons à travers les dégâts sur le plancher, à travers les rendez-vous manqués, à travers toutes les situations de la vie qui sont contradictoires avec ce que vous aviez prévu dans votre mental. Vous avez le choix de les écouter ou de les ignorer. Le dialogue s'installera lorsque vous saurez regarder les choses sous un autre angle.

Cet art se développe avec le temps et la pratique. C'est la leçon d'une vie tout entière, ne vous découragez point. Vous êtes ici pour cela. Ceci ne veut point dire que vous ne souffrez point à cause d'une situation. Il ne faut tout simplement point vous prendre au sérieux.

Certains êtres pourraient, en vous regardant aller, vous dire que rien ne vous touche ou que vous êtes insensibles, car vous ne vous accrochez pas à la souffrance. Ces êtres se sentent mal à l'aise parce que vous souffrez moins.

Question de l'auditoire :

« Si on ne connaît pas notre ange gardien, s'adresse-t-on à un ange ou à plusieurs anges ? »

Vous avez le pouvoir de vous adresser à tous les anges que vous voulez. Vous avez le pouvoir de créer un ange par votre pensée, une forme-pensée angélique, dans une intention bien précise. Les anges sont là pour vous servir. Votre propre forme pensée peut protéger quelqu'un dans une situation particulière.

Nous pensons à une situation qui inviterait à ceci : ceux qui font de la course automobile, à titre d'exemple, ont tout intérêt à se fabriquer des anges temporaires pour leur propre protection. Saisissez-vous, c'est dans un but précis. Lorsque le but est atteint l'ange se dissout, car le but est atteint. Ce sont des anges créés par la pensée. C'est une pensée pure, une pensée de protection, une pensée pour régler une situation.

Vous pouvez également confier toutes vos difficultés à votre ange gardien principal. Même si vous n'en connaissez point le nom, ceci importe peu. Vous pouvez dire mes anges. Pourquoi se contenter d'un seul ! Soyez dans l'abondance et travaillez avec plusieurs. Ne vous privez point. Appelez-les, les « *anges gardiens* ». L'ignorance de la hiérarchie angélique ne doit pas vous empêcher de les invoquer pour vos demandes.

En haut, nous savons ce que nous avons à faire et chacun se sentira attiré par les besoins de la personne qui le réclame. Même si vous ne connaissez point les noms de tous les anges, ceci n'a point d'importance. S'arrêter à ce genre de détails serait pour nous de nous catégoriser, de nous mettre dans des petits paquets. Nous avons chacun des tendances particulières, mais nous travaillons en groupe et nous ne sommes point dissociés les uns des autres. Nous formons un tout. Alors ne vous préoccupez point des noms, ils viendront lorsque requis.

Question de l'auditoire :

« Est-ce qu'un ange peut se canaliser à plusieurs endroits en même temps ? »

Certes. Pour votre compréhension, une vibration peut se canaliser à plusieurs endroits en même temps si le récepteur est ouvert, comme une radio. Étant donné qu'il n'y a aucun être humain semblable, il y aura toujours une particularité de canalisation avec l'Essence de chaque être humain.

Les radios que vous possédez dans vos maisons sont toutes faites sur le même modèle et captent des fréquences bien particulières. Les êtres humains ne sont pas tous faits sur le même modèle. Il n'y en a aucun semblable à l'autre. Alors la fréquence captée sera ajustée en fonction du récepteur.

Nous irons plus loin dans ceci : plusieurs êtres sur cette Terre canalisent notre famille et d'autres familles d'Archanges. Ils canalisent à travers leur propre Essence, leurs propres expériences de vie et leur propre degré d'évolution. Pour ces raisons, les discours peuvent être teintés. La canalisation pure, totale, exige un canal qui a su évoluer de façon à illuminer complètement son ego. La qualité vibratoire du message est en fonction de la qualité du canal ou du niveau d'évolution du canal. Un être qui accepte de canaliser, doit prendre la responsabilité d'évoluer sous tous ses aspects afin d'assurer une qualité de canalisation. Il y a une responsabilité dans ceci.

Question de l'auditoire :

« Pourquoi certaines personnes qui canalisent semblent nous envoyer des messages de peur, de mise en garde, de guerre. C'est très négatif. Quelle en est la cause ? »

Vous attirez ce que vous êtes, ces êtres attirent ce qu'ils sont. Ils ont une programmation qui n'est point épurée de ses aspects négatifs. Ceci influence leur façon de voir la vie de tous les jours en tant qu'être humain. La canalisation se fait en conséquence à travers ceci.

Vous devez cultiver un discernement par rapport aux différentes formes de canalisation provenant des êtres qui vivent sur cette Terre. Le discernement se retrouve dans votre corps physique. Comment vous sentez-vous après ce contact ?

Voici un exemple pour mieux vous faire saisir ce discernement : vous allez dîner avec un être et vous sortez du restaurant rempli de joie. Cet être vous nourrit. Par contre, vous dîner au restaurant avec un autre être et vous sortez du restaurant tout affaibli, épuisé dans vos énergies. Que s'est-il passé ? La même chose s'applique à travers la canalisation. Si vous sortez d'un endroit et ceci vous crée des peurs, vous pouvez dire que cet être canalise des énergies inadéquates pour vous. À moins que cet être vous ait permis de voir vos propres peurs.

Il n'y a point de situation négative là-dedans. Vous pouvez les voir d'une façon négative, comme vous pouvez dire que ce canal vous a montré certains aspects de votre noirceur. Ceci est évolutif pour vous. Sachez tirer la leçon de ceci.

Vous ne devez point avoir peur de ce qui est dit. Vous n'avez point à prendre au pied de la lettre, ce qu'on vous dit. Vérifiez. Si un canal vous dit des choses qui vous confrontent, allez voir si c'est vrai. Si les informations glissent sur votre dos comme la pluie sur le dos d'un canard, vous ne serez point affectés par une canalisation qui, selon votre jugement, serait faite par un canal plus ou moins pur. Sachez saisir que vous voyez votre propre reflet à travers ceci.

Alors il n'y a point de bon ou de mauvais canal. Il y a des canaux qui vous montrent certains aspects de vous. Si vous voyez en nous la douceur et l'amour, c'est que ceci vous habite. Si vous avez saisi la peur à travers d'autres canaux, c'est que la peur vous habite.

Pour découvrir votre lumière, vous devez inévitablement regarder votre propre noirceur. Ne vous jugez point là-dedans. Tous les êtres ici présents, incluant le canal, sont dans le même tourbillon. Tout le monde a ses petites et ses grandes noirceurs. L'art de l'évolution, c'est de les accepter et de les accueillir telles qu'elles sont. À ce moment, vous commencez à devenir inconditionnels par rapport à vous-mêmes et vous ne pouvez plus juger un autre lorsque vous percevez votre propre noirceur.

Lorsque vous regardez vos propres noirceurs, que vous sillonnez vos propres dépendances personnelles et que vous les acceptez, qui êtes-vous pour juger de la gravité de la dépendance d'un autre ? Vous vous limitez !

22 – Les dons

Tous les êtres humains ont des facultés extrasensorielles endormies à l'intérieur d'eux. Le vécu de leurs différentes vies, de leurs différentes incarnations sur Terre, ont permis, soit de laisser ces qualités endormies, soit de les éveiller.

Par contre, dans le temps que vous vivez actuellement, l'énergie qui entoure votre planète pousse sur ces dons de façon à ce qu'ils vous amènent à devenir conscients de leurs présences. Ceux qui le savent déjà vivront de plus en plus cet état de dons. Ceux qui en sont moins conscients commenceront à se poser des questions.

Ces facultés se développent selon votre degré d'ouverture et selon votre résistance. Plus vous développez ces facultés, plus elles vous serviront. C'est un peu comme pratiquer un sport : ceux qui choisissent de devenir athlètes s'en tirent très bien. D'autres, moins intéressés par la chose, se contentent d'exercer leurs dons avec beaucoup moins d'assiduité et d'acuité. Ceci dépend vraiment de votre attirance à vous développer dans cette avenue.

C'est différent pour chacun d'entre vous, mais souvent la vie vous bouscule. Actuellement, c'est le cas. Vous pouvez être amenés à vouloir clarifier certains aspects de ces dons, question de vous rassurer, de vous mettre en confiance.

Question de l'auditoire :

« Est-ce que les dons nous sont donnés pour nous-mêmes ou pour servir les autres ? »

Un bras vous est-il donné pour vous-même ou pour les autres, une jambe vous est-elle donnée pour vous-même ou pour les autres... Le plus grand utilisateur de ces dons devrait être *vous*. Si, par contre, vous ressentez davantage et que quelqu'un veut comprendre quelque chose vous pouvez, à ce moment, l'aider avec votre voyance. Mais seulement s'il veut comprendre.

Voir implique une sagesse à révéler et à ne point révéler ce qui est vu, selon les circonstances et les capacités d'ouverture des gens qui vous entourent.

Lorsque vous apprenez à un enfant à faire un jeu, vous devez le laisser aller pour qu'il découvre quelles sont ses difficultés et quels sont ses potentiels. Il doit essayer seul. Vous intervenez lorsque vous croyez qu'il est pertinent de le faire. Vous le laissez aller le reste du temps pour qu'il prenne sa propre expérience. Avec le jeu des dons, c'est la même chose.

La plupart des êtres, lorsqu'ils découvrent ces dons, ont plusieurs attitudes. Il peut y avoir la peur. Ceci ne fait que refermer l'être humain. Cependant les dons ne s'en vont point parce que vous avez peur. Ils sont là !

Le fait que ayez peur fait en sorte que vous ralentissez le processus de développement de ce don. Mais la vie saura bien vous rattraper. Plus un être aura peur de ses dons, plus ses dons se manifesteront à lui. À partir du moment où il s'ouvre, les dons se manifesteront d'une façon moins alarmante et viendront l'aider, car il sera ouvert à ceci.

Si vous avez peur de votre main ou de votre pied, vous pourriez vous mettre les pieds dans le plat beaucoup plus souvent que prévu. Si vous l'acceptez, vous risquez de pouvoir mieux marcher. C'est la même chose avec les dons. Ce sont des prolongements extrasensoriels de vos cinq sens.

Une fois le don accepté, il y aura un questionnement : est-ce que les messages que vous recevez sont les bons ? Sont-ils mauvais ? Ils ne sont ni bons, ni mauvais. Vous êtes à la phase d'apprentissage. Vous devez différencier ce qui vient du cœur, de l'intuition et ce qui vient du mental. Phase très critique, car vous n'avez point de référence.

La meilleure façon de pouvoir décoder ceci est de vous exercer sur des petites choses. Voici un exemple : vous devez vous rendre quelque part. Votre première pensée vous guide à prendre un chemin et une seconde pensée vient s'ajouter et dire : « *Non, je devrais prendre celui-ci.* »

Notez vos deux pensées et notez qu'elles peuvent venir de lieux différents dans votre corps soit de l'intuition, soit du mental. Notez votre choix et notez ce qui arrive parce que vous avez écouté tel choix plutôt que l'autre. Exercez-vous à ceci plusieurs fois. Écoutez le premier et le second choix alternativement. Vous verrez bien lequel est le bon.

Nous vous suggérons de faire ces exercices pour des décisions qui n'impliquent point les émotions, en premier lieu, car lorsque vous parlez d'émotions tout s'embrouille. Il est plus difficile de discerner si c'est l'intuition ou bien si c'est le mental. Lorsque c'est émotionnel vous êtes pris à partie dans la décision. Commencez par les petits tests qui n'impliquent point d'émotions. Ceci vous permettra de reconnaître quelle est la petite voix qui vous parle. Est-ce celle de l'intuition ou celle du mental ?

Si certains d'entre vous ont développé une clairvoyance, une clairsentiance ou même une clairaudiance, à certaines fréquences hors de la troisième dimension, il s'agira pour vous de valider si ces êtres, ces énergies qui vous apparaissent, sont Lumière ou sont ténèbres.

Puisque vous voyez, vous serez invités à être testés dans votre déduction. Voir est souvent un handicap, car la voyance vient souvent interférer avec la sentiance. Vous pouvez être en face d'un être qui semble très lumineux. Cette énergie peut être la projection de votre propre obscurité, mais vous ne la voyez pas, car vous ne voyez point vos obscurités. L'expérience est alors une invitation à découvrir vos côtés obscurs, tout simplement. Vous attirez ce que vous êtes.

Pour voir « clair », allez dans votre propre lumière lorsque vous êtes en face d'un être qui semble être lumineux, mais qui peut ne pas l'être. Il se dévoilera dans sa totalité. Il ne pourra point résister, mais vous ferez face à votre propre noirceur dans ce processus.

Question de l'auditoire :

« Comment faire pour être dans la Lumière ? »

Allez dans votre cœur avec amour. Vous verrez, ces êtres ne sont point inutilement devant vous. S'il s'agit de test, c'est pour que vous choisissiez entre l'ombre et la lumière. Ces tests se feront de plus en plus subtils.

La meilleure consigne que nous pourrions vous donner à cet effet, c'est de saisir et de savoir dans votre for intérieur, que vous êtes toujours le maître. L'autre est maître de lui et non point maître de vous. Ne lui donnez point votre pouvoir. Ne lui accordez point plus de crédit qu'il n'en faut. Ce n'est point parce que cet être est du côté invisible qu'automatiquement il est « parfait ».

Nous allons nous prendre en exemple. Les anges ont un degré de lumière qui n'est point à cent pour cent. Nous vous l'annonçons ! Nous sommes dans l'imperfection nous aussi, à notre façon. Vous venez nous écouter, mais il est important et primordial que vous consultiez votre propre maître intérieur, vos propres guidances intérieures afin de *valider* ce que nous disons. C'est la même chose pour un être qui apparaîtrait devant vous.

Question de l'auditoire :

« A-t-on le pouvoir de le chasser, si on doute ? »

Vous avez tous les pouvoirs. Vous avez le pouvoir de refuser une interaction avec cette entité, ou de lui ouvrir la porte, comme vous le feriez avec un être humain. C'est votre sentiment qui vous guidera, votre intuition, votre première impression.

Vous laissez vivre ces êtres, là où ils sont, en leur envoyant de l'amour, tout simplement, et observez leurs façons d'agir dans ces circonstances, pour un certain temps. Tant et aussi longtemps que vous êtes perplexes, nous vous suggérons de ne point vous ouvrir.

Observez, soyez ouverts sans aller dans une interaction. Soyez observateurs. Rien ne vous oblige à entrer en contact avec ces êtres. Par contre, prenez conscience qu'un aspect, souvent inconscient de vous, peut déjà être en contact avec ces êtres de par des vies antérieures. Ces êtres viennent souvent frapper à la porte *du déjà connue*. Si vous n'êtes point prêts à leur répondre, respectez-vous dans ceci. Souvent ces êtres sont dans votre énergie, car ils ont un lien avec vous. Vous attirez ce que vous êtes. Ils pourront vous révéler, dans la mesure où vous comprenez le sens de leur message, certaines parties obscures, comme certaines parties lumières de vous.

Question de l'auditoire :

« Comment chasser à un être lourd qui entre dans mon énergie ? »

Si l'être appartient à un lieu particulier, il demeurera dans le lieu. Si l'être vous colle après, c'est qu'il est attaché à vous. C'est dans votre énergie qu'il y a des prises de conscience à faire. Cet être peut être dans sa noirceur et avoir besoin de lumière, car il ne sait point rejoindre la Lumière Divine. Ce peut être un être décédé qui n'a point idée de l'endroit où il est rendu et qui continue de rôder autour de la Terre. Il est attiré par les êtres qui pensent encore à lui. Il continuera à vivre dans l'énergie des êtres vivants tant que vous lui en laissez l'espace.

Question de l'auditoire :

Comment couper avec ces êtres ?

S'ils sont très lumineux, il n'y a point à couper avec eux. Si, par contre, vous saisissez qu'il y a une baisse énergétique à entretenir des liens émotionnels avec des êtres décédés, un nettoyage de vos chakras, fait par quelqu'un qui possède l'art du nettoyage dans l'invisible, serait de mise.

Encore faut-il être certain que toutes les parties de vous-mêmes veulent bien laisser aller cet être. Lorsque nous disons toutes les parties de vous-mêmes, nous parlons des parties conscientes et des parties inconscientes. Souvent, le conscient veut laisser aller, mais l'inconscient refuse.

L'efficacité du traitement en sera amoindri tout simplement, si l'inconscient ne veut pas laisser aller et ce, jusqu'à ce qu'une partie de cet inconscient vienne à la conscience. Alors ceci se fera par étape.

Question de l'auditoire :

« Est-ce suffisant d'envoyer de la lumière et de l'amour pour éloigner une entité dérangeante ? »

Si sa réaction est de disparaître, certes. Sinon vous devrez travailler sur vous-mêmes, car elle est la représentation d'une de vos noirceurs. Saisissez qu'il ne s'agit point d'un combat. Tant que vous combattez vous êtes sur une piste qui ne vous mènera nulle part.

Apprenez à ne plus avoir peur de votre noirceur. À cet effet, vous pouvez demander l'aide d'un guide de lumière. La noirceur doit être intégrée. Elle est porteuse d'un message pour vous. Il ne s'agit point de la combattre, mais de l'illuminer.

Lorsque vous entrez dans une pièce obscure, que faites-vous en entrant ? Vous ouvrez la lumière ! Avez-vous l'impression d'être en combat contre cette pièce ? Lorsque la pièce est dans la noirceur, vous n'y voyez rien ! À partir du moment où vous ouvrez la lumière, il se peut fort bien qu'un beau cadeau vous attende au centre de la pièce. Vous découvrez alors que si vous n'étiez point entrés dans cette pièce et que vous n'aviez point ouvert la lumière, ce cadeau ne vous aurait jamais été révélé.

Question de l'auditoire :

« Comment expliquez-vous que nous ayons si peur de nos noirceurs ? »

Ceci date de très longtemps. Déjà la petite enfance vous aide à ceci, car on vous inculque que la noirceur est mauvaise et que la lumière est bonne. Remontez dans l'histoire et vous verrez qu'il y a toujours eu de la dualité.

Lorsque vous regardez un film, il y a toujours un bon et un mauvais n'est-ce pas ? Les films qui n'incluent point cette dualité sont souvent des films qui manquent de saveur selon votre perception. Vous avez choisi ces saveurs. La planète Terre offre cette saveur. Dégustez-la ! C'est la dualité. L'objectif de toute évolution, c'est d'unifier ceci.

Il faut ouvrir les lumières dans toutes les pièces de votre maison intérieure. S'il y a des pièces où vous n'êtes point allés, il se peut que quelqu'un de l'extérieur vous les montre. Ce sera un signe que cette pièce existe, que vous n'y êtes jamais entrés et que vous n'y avez point allumé la lumière. Il se peut que vous soyez obligés d'installer un interrupteur, car cette pièce n'est point électrifiée. Vous n'aviez point pensé à mettre de la lumière dedans. Le travail est un peu plus difficile et demande quelquefois l'expertise d'un être compétent. Deux têtes valent mieux qu'une. Ne négligez point l'aide de l'extérieur, qu'elle soit dans le visible ou dans l'invisible.

Ce que vous pouvez percevoir comme quelque chose d'alarmant, peut être une direction dans votre cheminement. Avec le recul, vous comprendrez que les apparitions énergétiques que vivent certains d'entre vous, étaient nécessaires. Au moment où elles se présentent, vous n'en êtes point convaincus. Vous voudriez tout simplement les faire disparaître.

Question de l'auditoire :

« Comment transiger avec la peur de ces apparitions ? »

Nous dirions que c'est la même vibration que la peur de la découverte de votre propre intérieur et de vos propres noirceurs. Si vous avez peur de quelque chose de l'extérieur, dites-vous qu'il y a peut-être une peur intérieure correspondante et c'est avec elle que vous devez transiger et non point avec celle de l'extérieur.

Pour y parvenir plusieurs exercices sont suggérés. Le journal de bord est bien pour ceci. Écrivez vos peurs. De plus, faites des exercices de découverte dans l'obscurité de la nuit, en pleine forêt. Regardez ce que ceci vous fait vivre. Promenez-vous dans une maison non éclairée également.

Se promener la nuit dans le bois, sans aucun éclairage, est une expérience enrichissante. À la première expérience, vous pouvez tricher un peu et aller un soir de pleine lune. Puis, à la deuxième expérience, vous faites en sorte de sortir lorsque la lune est à moitié et à la troisième expérience, vous choisissez un soir de lune noire.

N'exigez point trop de vous. Lorsque vous rentrez à la maison, posez-vous des questions sur comment vous vous êtes sentis. Vous pouvez vivre des instants de panique. Vous pouvez avoir l'impression de ne plus avoir de sens : parce que vous avez perdu la vue, vous perdez tout.

Plusieurs êtres vivent leur vie seulement avec la vue. Les autres sens sont relégués aux oubliettes. Amusez-vous à jouer à l'aveugle. Bandez-vous les yeux. Nous vous montrons qu'il y a une façon de jouer qui peut vraiment faciliter le contact et l'apprivoisement avec vos peurs, si vous êtes prêts à vous laisser aller évidemment.

Plusieurs expériences sensorielles peuvent être vécues. Pour être en mesure de se sentir à l'aise dans tous les aspects de vous-mêmes, il faut découvrir les aspects de vous qui sont dans l'obscurité.

Ces aspects de vous ne sont point méchants, ils sont tout simplement inconnus de vous. C'est pour cela qu'ils sont noirs. À partir du moment où vous les connaissez, il y a conscience. Donc, vous les illuminez petit à petit.

Question de l'auditoire :

« *Ce pourrait-il que notre lumière, et non pas nos ombres, nous fasse peur ?* »

Avoir peur de sa propre lumière est une forme d'ombre puisque la peur est une ombre. Beaucoup d'êtres ont peur de leur lumière.

Question de l'auditoire :

« *Il y a plusieurs voix à l'intérieur de nous. Comment faire la différence entre elles ?* »

L'intuition est une de ces voix. Les autres voix sont des sous personnalités créées par le mental. Nous suggérons le journal de bord. Tenter d'identifier dans quelle situation une « petite voix » se manifeste. L'intuition servira à laisser parler ces « petites voix » les unes après les autres. Un questionnement viendra apaiser les « petites voix ». Lorsqu'elles sont apaisées, l'intuition surgira.

Donnez la possibilité à ces « petites voix » de s'exprimer par écrit et rattachez-les à un événement. Dans quelle circonstance ces « petites voix » s'expriment-elles ? Quelles sont les émotions de votre vie qui font parler les « petites voix » ? Vous identifierez le *pattern*, si vous faites vos devoirs et vos leçons tous les jours.

Lorsque vous avez deux « petites voix » contradictoires en vous, il ne s'agit point de les faire taire, mais de les laisser s'exprimer. Ces voix ont besoin d'être calmées, elles ont un message.

Vous pouvez reconnaître ces voix si vous notez ce qu'elles ont à vous dire. Ce sont des parties de vous qui ont besoin de vous parler. Tant et aussi longtemps qu'elles ne sont point exprimées, vous ne serez point en contact avec votre intuition, il y a trop de distorsion.

Au lieu de l'écriture, vous pouvez jouer une pièce de théâtre et faire les personnages fictifs. Ces parties de vous sont en noirceur, elles ont besoin de s'exprimer. Si vous ne voulez point les montrer aux autres, montrez-les à votre miroir !

Écrivez un roman. Ces « petites voix » doivent s'exprimer. Écrivez tout ce qui pourrait vous arriver, si vous les laissiez s'exprimer. Jouez le psychodrame, ayez du plaisir à faire ceci dans la lumière car c'est très lourd lorsque vous regardez votre noirceur à partir de votre noirceur. Si vous regardez votre noirceur à partir de votre lumière, vous vivrez de la compassion pour votre noirceur et vous cesserez de vous identifier à elle.

Ne vous prenez point au sérieux, il faut regardez les choses d'un point de vue humoristique. Sachez rire de votre noirceur, sachez rire de toutes ces imperfections, dédramatisez. Sachez que cette petite voix en vous qui a peur du bonheur, est une ombre.

23 – La croisée des chemins

La croisée des chemins représente le questionnement commun de plusieurs êtres ici présents.

Question de l'auditoire :

« Est-ce que vous voyez la croisée des chemins au niveau de l'âme ? »

La croisée des chemins se vit à travers les choix sur la manière d'évoluer. Ceci implique l'âme, de toute évidence. C'est comme si tous ces êtres avaient appris à fonctionner d'une façon. Ils sont maintenant à la croisée des chemins et ne savent point quelle direction prendre pour apprendre à fonctionner autrement.

Une croisée des chemins représente plusieurs portails qui s'offrent à vous. Un portail c'est un lieu qui invite à passer à travers une porte.

Très souvent, plusieurs d'entre vous ont une croisée des chemins qui comporte deux ou trois volets : un volet où c'est le mental qui choisira vers quel chemin vous irez, un autre volet où c'est l'émotionnel (intuition – cœur) qui choisira. Ces volets sont les deux directions principales.

Une troisième direction est souvent présente pour éviter les deux autres. Le chemin que vous montre votre mental ne vous satisfait pas et vous ne donnez point assez de crédit au chemin provenant de votre intuitif. Vous ne vous faites point confiance, alors vous inventez une troisième situation, un chemin temporaire, qui vous ramènera au même portail, après un certain temps. Vous tournerez en rond avec cette troisième situation, car vous l'inventez de toute pièce afin de retarder l'échéance des choix. Ceci n'est point conscient.

Question de l'auditoire :

« *Est-ce que cela veut dire que c'est ce qui vient de l'intuition et du cœur qui nous fait le plus peur ?* »

Certes, car souvent ceci n'a aucun sens, mais le choix se fait en fonction de l'évolution de l'âme. Ce qui vient du mental est choisi en fonction de l'évolution de la personnalité.

Étant donné que le mot *évolution* veut dire contact vers votre être Divin, il y a des chemins qui sont prioritaires pour y arriver. Vous pouvez prendre tous les détours que vous voulez, vous ne gagnez que du temps. Mais le temps est une composante dont il faut tenir compte dans votre troisième dimension. Plus vous allez à l'encontre de ce que votre âme veut, plus votre véhicule physique perd de sa vitalité. Le mental ne s'oppose pas vraiment, il est ignorant tout simplement.

Question de l'auditoire :

« *La peur du changement appartient à quelle partie de nous ?* »

La peur du changement, c'est la peur de modifier les murs de votre réalité. Les êtres s'habituent à mettre des limites dans leur monde, dans leur réalité. Si quelqu'un bouge un mur et le déplace de façon à voir au-delà de ce mur, ceci vous déstabilise automatiquement, car vous ne pouvez plus dire que cette nouvelle réalité n'existe point. Vous ressentez cette nouvelle réalité et vous devez revoir vos valeurs de vie en fonction de cette nouvelle réalité.

Avec l'énergie qui entoure votre planète actuellement, beaucoup de murs veulent se déplacer. Ceci vous amène à faire comme un chat et de retomber vite sur vos pattes. Les modifications de vos réalités sont de plus en plus rapides et pressantes. Vos choix sont de plus en plus fréquents. Il est important de vraiment valider ce qui est le plus approprié au niveau de l'âme et de laisser tomber cette crainte de déplacer vos limites.

Vous êtes souvent divisés en deux : une partie de vous veut, et l'autre ne veut pas changer les limites de votre réalité. La limite à modifier peut être grande ou petite. Souvent un être ne changera point ses limites d'une façon consciente et intentionnée. Il attendra que la vie le fasse pour lui. Alors, il sera en réaction face à sa vie. Les différents événements qui viendront à lui le forceront à prendre position.

Le changement, c'est l'appel de votre âme. Si vous êtes en situation d'agir dans votre vie et non de réagir, vous êtes en avance sur votre temps. N'oubliez pas qu'il est moins souffrant d'agir que de réagir, dans la mesure où l'action va dans le sens de l'âme. Vous reconnaissez ceci dans la mesure où tous les morceaux du « puzzle » se placent ensemble sans effort, avec le temps. Tout ce qui est forçant appartient à la personnalité. Tout ce qui coule appartient à l'âme.

Question de l'auditoire :

« *Qu'est-ce qui pourrait aider une personne à prendre une décision avec laquelle elle se sentirait confortable ?* »

Si cette personne se pose une question, c'est qu'elle est déjà à la croisée des chemins. Elle remet en question ce qu'elle a toujours fait. C'est la preuve que quelque chose la pousse à s'ouvrir. Un être qui vit ceci peut toujours rester dans le même environnement, mais il peut aller dans un environnement différent, afin de valider ce questionnement.

Si la question est posée, c'est qu'il y aurait peut-être lieu de prendre un nouvel envol. C'est comme un message que donne la vie à un être qui a toujours fonctionné de la même façon. À titre d'exemple : si un être ne se connaît que par son travail, il ne se définit point par autre chose que ce travail. Cet être se connaît donc dans un aspect très limité de lui-même.

Ce que la croisée des chemins lui offre, c'est de se connaître dans d'autres aspects de lui-même à travers un travail modifié, si c'est d'un travail dont il s'agit. Ceci peut être un changement de vie, un changement de relation au niveau personnel.

La croisée des chemins peut s'entreprendre à différents niveaux. L'être est invité à se connaître dans d'autres aspects de lui-même qu'il n'a point éveillés jusqu'au moment de la croisée des chemins. Chaque être humain possède des aspects de lui qu'il n'a pas encore explorés. Si vous saviez, si vous étiez tous conscients de l'aspect illimité de votre Essence... vous seriez en état de choc.

Les saisons ont une importance dans cette croisée des chemins. Une année est un cycle : les moments d'éveil et de repos. Vos corps physiques, parce que vous demeurez sur la terre, invitent au même rythme d'éveil et de repos. D'éveil de croissance, de maturité, puis de repos. Si vous parlez de neige, vous entrez dans un état de repos : une cogitation pour un nouvel éveil.

Commentaire de l'auditoire :

« *On rentre dans notre caverne et on travaille cela de l'intérieur.* »

Pour certains, les choix pourraient être beaucoup plus rapides. C'est selon la profondeur des choix et la vitesse de croisière de chacun. Plus le doute s'en mêle, moins le choix sera précis et moins il se manifestera d'une façon rapide dans votre vie. Plus votre hésitation est présente, plus le temps jouera contre vous.

Commentaire de l'auditoire :

« *La vie est un restaurant. Il faut que tu choisisses ton menu. Tant que tu n'as pas choisi, la serveuse ne pourra rien t'apporter.* »

Nous aimons bien votre exemple du restaurant. Cependant au restaurant vous avez un avantage, vous avez une liste de plats proposés. À la croisée des chemins, vous devez faire vous-mêmes votre menu. Cet aspect est souvent le plus complexe, car les êtres qui se retrouvent à cette croisée des chemins ne peuvent écrire des menus qu'en fonction de ce qu'ils connaissent et non point en fonction de ce qu'ils ignorent.

Vous entrez dans un restaurant de cuisine étrangère où l'on vous proposera un plat que vous ne connaissez point. Il est facile de dire : *Oui, je veux explorer*. Mais dans le cas des êtres humains, qui donc vous proposera la partie de vous-mêmes que vous ne connaissez pas ?

Question de l'auditoire :

« Comment fait-on pour choisir ce dont on n'a aucune idée ? »

Nous allons raconter une anecdote issue des registres du canal : un client à elle avait hâte à la fin de semaine. Il se retrouvait dans une situation où son travail ne l'exaltait plus. Notre canal lui a tout simplement suggéré de changer de jeu, de changer de jouet, de voir une autre façon de s'amuser. Cet être travaillait, car il aimait son travail et soudain, il a découvert qu'il ne l'aimait plus, qu'il ne le stimulait plus. Le travail devenait un handicap à son bien-être.

Si vous fuyez votre semaine au profit de votre fin de semaine, changez de jeu. Allez voir avec quel jouet vous aimeriez jouer, car *le travail est un jeu.* Le travail ne doit pas être compliqué, harassant. Le travail doit être amusant, sinon vous allez à l'encontre du flot énergétique qui traverse votre force de vie. Lorsque vous allez à contre-courant, vous devenez malades. Si vous avez hâte à la fin de semaine, posez-vous des questions. Si votre vie n'est pas aussi exaltante tous les jours de la semaine, posez-vous des questions.

L'idéal, et nous disons bien l'*idéal*, c'est que chaque jour vous apporte cette exaltation nécessaire, sans référence au fait que vous travaillez pour autrui ou pour vous.

Les êtres sur cette planète travaillent normalement en semaine. Vous programmez des loisirs, des sorties le soir, pour vous changer les idées, pour oublier le travail. Est-ce cela ? Si vous arrivez à orchestrer votre vie de façon à ce qu'il n'y ait point cette dualité évidente entre le travail et les loisirs, vous serez gagnants.

24 – La force de nos pensées

La pensée crée. La pensée de Dieu a créé cet univers. Dieu est en vous. Cette Essence Divine réside à l'intérieur de vous. Donc, vous créez, vous aussi. Les êtres humains n'en sont point totalement conscients selon leur niveau de conscience, mais tous vous créez. Par vos pensées vous créez totalement votre vie.

Tout ce que vous pensez se reflète dans votre vie quotidienne. Il y a des pensées conscientes et inconscientes. La télépathie, c'est l'exemple des pensées conscientes que vous envoyez à travers votre cerveau et qui sont captées par les êtres branchés sur la même vibration que vous.

Vous pensez à quelqu'un, il vous appelle. Il a reçu « votre » message de vous appeler. Il est branché sur la même vibration ou la même fréquence. Votre pensée consciente crée une action chez autrui. La personne vous rappelle sans savoir que vous vouliez lui parler et elle est là au bout du fil. Quelle sensation étrange et intéressante à la fois ! Vous aimez ces choses. C'est un espèce de signal qui vous indique les êtres avec lesquels vous avez le plus d'affinités, avec lesquels vous êtes sur la même longueur d'onde. Ces pensées créent cette forme de manifestation, mais vous n'avez point que ces pensées dans votre cerveau, vous en avez d'autres.

Un enfant s'éloigne de la maison et vous pensez qu'il pourrait se faire frapper par une voiture, ou qu'il pourrait lui arriver quelque chose de néfaste, vous avez peur. Si votre pensée de peur est intense et qu'il la reçoit, vous l'aidez à co-créer une situation où il aura vraiment peur, car c'est votre enfant et il est branché sur vous.

Vos propres inquiétudes se transfèrent chez les gens autour de vous. Ce sont vos inquiétudes, mais vous les faites miroiter sur les gens que vous aimez. Par votre pensée, ces gens se retrouvent dans des situations malencontreuses, car ils ont capté votre pensée pour eux-mêmes. Inconsciemment, et quelquefois consciemment, vous les avisez que telle chose peut arriver, qu'ils ne devraient pas faire ceci ou cela.

Votre pensée crée. Votre pensée a des impacts sur votre vie. Êtes-vous conscients de toutes les pensées que vous avez à l'intérieur de la journée ? Plusieurs pensées sont inconscientes. Vous les avez, mais vous ne le savez pas. Elles sont là, elles dirigent votre vie, mais vous ne savez pas à quel point ces pensées ont une emprise sur votre quotidien et sur ce qui se passe dans votre vie. Ce sont ces pensées dont il faut s'occuper en premier. Ce sont ces pensées qu'il faut amener au conscient pour vraiment en saisir l'impact sur votre quotidien.

Une pensée de peur inconsciente, une pensée que vous ne méritez point d'exister sur cette Terre, une pensée que vous ne valez rien, une pensée qui vous diminue au yeux des autres, est souvent inconsciente. Cette pensée est une fréquence, une vibration qui sera captée par les gens qui vous entourent. Ils recevront cette pensée de façon consciente ou inconsciente. Ils recevront la pensée que vous avez peur, que vous vous sentez moins que rien ou que ceci ou que cela. S'ils sont inconscients de la pensée qu'ils reçoivent, ils agiront en fonction de votre pensée : ils feront des gestes et des actions pour que vous soyez dans la peur ou bien pour que vous vous sentiez encore plus diminués.

Quelqu'un qui reçoit cette forme de pensée et qui est conscient, peut continuer à agir pour que vous ayez peur également et pour que vous vous sentiez diminués. Mais si cet être, dans la conscience du cœur, reçoit cette pensée, il vous fera prendre conscience de cette pensée et agira dans ses actes de façon à ce que vous saisissiez la chose.

La plupart des êtres ne saisissent point qu'ils reçoivent et émettent des pensées. Mais votre cerveau le fait à tous les instants du jour et de la nuit, même dans vos rêves. Votre cerveau est une espèce de machine biologique qui émet et qui reçoit des ondes, des vibrations, un peu comme un poste récepteur émetteur de radio ou de télévision.

Chaque être humain joue ce rôle de récepteur émetteur. Qu'il s'en rende compte ou non, il agit alors en fonction de la pensée émise et reçue. Si vous êtes fâchés contre quelqu'un et que vous n'avez point vu cette personne depuis trois ou quatre jours et que par pur hasard, même s'il n'existe pas, vous croisez cette personne dans la rue, il y a fort à parier que cette dernière ait saisi votre colère à son égard et démontre une attitude très fermée face à vous, tout en se sentant menacée. Même si cette personne n'a entendu aucune parole émanant de vous. Sa partie inconsciente a reçu vos vibrations et vous les retourne tout simplement.

Votre cerveau envoie des pensées de colère, vous recevrez à votre tour des gestes de colère qui viendront des autres. Vos pensées envoient des peurs, ces peurs vous reviendront à travers les gestes des autres. Votre cerveau envoie des pensées d'amour : *Ah ! j'aime bien cette personne, je me sens bien avec elle*. Il y a fort à parier que si vous rencontrez ces êtres, ils vous accueilleront à bras ouverts et avec un grand sourire. Ils ne savent point pourquoi, mais ils ont reçu votre pensée d'amour. C'est ainsi que les pensées déterminent l'œuvre de votre vie.

Il y a plusieurs formes de pensée. Il y a les pensées relatives à toutes les formes d'émotions que vous pouvez ressentir dans une journée. Vous avez une peur, une colère, une jalousie, un geste d'orgueil, vous vous sentez d'une façon particulière et tout se reflétera dans votre vie. Si vous vous sentez mal et que vous avez peur qu'une chose vous arrive, il y a fort à parier qu'elle vous arrive, car votre pensée va créer cette chose. Nous ne disons point que ceci est conscient.

Lorsque l'être apprendra à conscientiser ses pensées, il sera appelé à les maîtriser. Par la maîtrise, nous entendons le choix des pensées. Si vous avez le choix de vos pensées alors il sera dans votre intérêt de choisir des pensées de vibrations élevées, comme des pensées d'amour, de joie, d'enthousiasme. Vous ne choisirez point des pensées de peur qui sont sur des fréquences beaucoup plus basses, car vous savez que ces pensées vous reviendront. Elles vous reviendront par les autres qui les reçoivent.

Alors, la maîtrise des pensées, c'est le choix des pensées que votre cerveau émet tout au long de la journée, car tout ce qui émane de votre cerveau vous revient totalement et souvent multiplié par dix.

Vous envoyez une pensée à quelqu'un et, à ce moment, la personne qui reçoit pourra être l'amplificateur de cette pensée. Si c'est une pensée de peur, elle vous sera retournée *amplifiée.* En la recevant à nouveau, vous l'amplifierez et vous la retournerez et ainsi de suite... Si c'est une pensée d'amour, il arrivera la même chose, mais les pensées d'amour ne vibrent point sur la même fréquence. Si vous choisissez d'émettre à travers votre cerveau des pensées d'amour seulement, vous vivrez cet amour multiplié par dix.

Observez vos pensées. Observez les pensées de votre journée. Observez toute la gamme des émotions qui passent à travers vos pensées. Les scénarios que vous vous faites dans votre tête qui n'ont rien à voir avec l'Intuition Divine. Ces pensées créent. Plus vos pensées sont pures au niveau vibratoire, plus vos pensées dégagent une pureté, plus vous vivrez cette pureté.

Les pensées en résonance avec le cœur sont les pensées les plus pures. Si ce sont celles-là que vous choisissez, vous enverrez des pensées d'amour et vous les recevrez sur la vibration du cœur. Ainsi, vous créerez votre vie en fonction du cœur et non point en fonction du scénario que vous faites dans vos pensées.

Le cœur n'a point de pensée, le cœur n'a point d'émotion. Le cœur c'est le centre qui marie tout, qui fusionne tout sur une seule vibration d'unité. C'est la vibration de votre Essence.

Il est très important que vous appreniez à saisir quelles sont vos pensées durant la journée pour connaître ce qui émane de vous. Si vous ne savez point ce que vous émettez, comment pouvez-vous changer la façon dont les autres se comportent envers vous ? Ils se comporteront en fonction de ce qui est émis par vos pensées. Il est alors important de saisir ce que vous pensez à toutes heures du jour.

Le journal de bord s'avère un outil important pour transmettre sur papier tout ce que vous pensez, pour saisir la qualité vibratoire de vos pensées. Si celles-ci sont décourageantes, il y a fort à parier que des gens découragés vous approchent. Si ces pensées sont enthousiastes, vous serez entourés de gens enthousiastes et ainsi de suite...

La première étape, c'est de savoir ce que vous pensez. La deuxième étape, c'est de faire un décompte des formes vibratoires de vos pensées. Êtes-vous plus souvent dans des pensées lourdes qui vous amènent au découragement ou bien êtes-vous dans des pensées plus optimistes qui vous amènent dans votre joie de vivre ? Si vous êtes à 50/50, c'est déjà bien. Si vous êtes plus souvent dans des pensées vibratoires reliées au cœur, c'est extraordinaire. Mais si, par contre, vous êtes dans des pensées lourdes la plupart du temps, secouez-vous, prenez conscience de ce que vous faites. Vous créez votre vie avec ces pensées.

Quel genre de vie voulez-vous vivre ? Ces pensées ne vous viennent point comme cela. La plupart des pensées lourdes sont engrammées depuis la petite enfance. C'est l'héritage parental. Toutes les phrases, toutes les paroles qui ont été dites par vos parents ont été engrammées dès l'enfance chez vous, vous devez chercher leur origine pour vous en libérer.

Tant et aussi longtemps que vous n'aurez point touché l'origine de ces pensées, elles resteront dans votre énergie et feront partie de vous. C'est l'héritage parental. Une pensée ne peut être libérée que lorsqu'il y a éclaircissement et message sur la compréhension de la présence de cette pensée et le besoin de cette pensée.

Les parents ne sont point conscients de ceci. Mais pour les jeunes adultes, nous espérons que vous le serez pour les générations à venir qui pourraient, si vous le choisissez, avoir beaucoup moins de pensées lourdes à libérer lorsqu'ils seront adultes. Ainsi va l'évolution d'un peuple, karmiquement parlant.

Alors, lorsque vous regardez un enfant, soyez conscients des pensées que vous avez à son égard car il s'en nourrira, peu importe leur fréquence. Il ne saisit point la différence. Vos pensées créent votre vie et celle de votre progéniture. Vous transmettez vos pensées à vos enfants comme vous leur transmettez votre génétique. Soyez conscients de ceci.

Question de l'auditoire :

« Est-ce que cela voudrait dire que la pensée crée la maladie aussi ? »

Effectivement, la pensée crée la maladie d'une façon différente. Différente en ce sens que lorsque vous arrivez sur Terre, vous arrivez dans un temps et dans un espace particulier, dans une localisation et un lieu.

Vous choisissez vos parents, votre génétique et vous choisissez votre karma. Vous avez déjà choisi tout ce bagage avec les empreintes de formes pensées qui vont avec et qui seront activées par les parents. Si ces formes pensées ne sont point libérées, qu'elles sont renforcées par votre pensée, la matrice de ces formes pensées dans votre corps augmentera et créera des blocages. Plus une matrice de pensées inappropriée est renforcée vibratoirement, plus elle crée des blocages dans le corps physique. Ces matrices s'interpénètrent à travers le corps mental, le corps émotionnel et le corps causal. Si les blocages ne sont point conscientisés, ils s'amplifient de façon à affecter le corps physique.

Les pensées de nature lourde sont celles qui amènent le corps à une fréquence vibratoire de maladie. Les pensées optimistes et les pensées de joie sont des pensées qui amènent le corps à la vie. À titre d'exemple, vous choisissez d'écouter un film : un drame, un film d'horreur ou de violence. Avez-vous déjà observé de quelle façon vous vous sentez après le film ? De quelle façon votre corps a-t-il capté les messages que votre cerveau a reçus ? Si vous regardez un film humoristique, et que vous riez pendant quatre-vingt-dix minutes, comment vous sentirez-vous après le film ? Ces exemples représentent deux formes d'état d'être qui sont subtilement très différentes...

Le film de votre vie est le même. Si vous choisissez un décor joyeux et des acteurs enjoués dans votre vie, vous vous sentirez bien. Si vous choisissez des personnages qui vous amènent des difficultés sur le théâtre de votre vie, vous absorberez cette lourdeur et votre corps en ressentira les effets.

Alors, oui la pensée peut créer la maladie. Mais, la maladie a quelquefois un côté bénéfique pour la personne qui veut cette maladie. Il y a toujours des gains secondaires à être malades. Certains êtres ne veulent point guérir, car ils sont bien dans leur maladie : ils se font plaindre, enfin quelqu'un leur porte une attention particulière. Pourquoi guérir, prendre en charge leur vie puisque malades, d'autres les prennent en charge ?

La maladie cache un côté intéressant. Il est important de découvrir ce côté caché pour arriver à toute forme de guérison. Lorsque la souffrance relative à une maladie est plus dérangeante que le petit côté avantageux de la maladie, l'être est prêt à guérir, pas avant. Ces côtés avantageux de la maladie sont souvent inconscients, mais ils sont présents. L'être ne le sait pas, il n'en est point conscient. Pour arriver à une forme de guérison, cet être devra saisir cet aspect de la maladie.

Question de l'auditoire :

« *Y a-t-il un moyen de réactiver, par la pensée, une énergie cristallisée ?* »

Certes, vous pouvez décristalliser et recristalliser une énergie par la pensée. Disons qu'inconsciemment vous avez une pensée d'échec, à titre d'exemple. Vous ne savez point que vous avez cette pensée de façon consciente, mais votre objectif est de réussir quelque chose, car il y a des blocages à cet effet dans votre vie. Vous pouvez choisir de méditer un certain temps, tous les jours durant trois mois, sur la réussite. Alors, de façon consciente, vous contrecarrez votre pensée inconsciente.

Il viendra un moment où les deux forces se confronteront. Vous ressentirez dans votre corps physique une espèce de bataille à chaque fois que vous viendrez pour faire cette méditation de pensée positive. Vous trouverez tous les moyens nécessaires pour ne point la faire. Elle vous agacera, elle vous énervera, mais continuez. C'est évident qu'elle vous énerve car vous allez à l'encontre de votre pensée inconsciente, mais vous êtes sur le bon chemin. Après un certain temps, la pensée inconsciente sera tellement prise au dépourvu par votre conscient qu'elle se manifestera. Vous comprendrez alors, de façon consciente, que vous aviez cette pensée tout au long de ce parcours.

La guérison, c'est d'accepter que vous aviez cette pensée et de saisir le besoin derrière de cette pensée. La guérison, c'est de créer un espace conscient par rapport à cette pensée et d'admettre qu'elle soit là. Créer un espace conscient pour nos pensées inconscientes amène à la guérison. Et vous procédez de la même façon pour tous les inconforts de votre vie qui vous agacent.

Lorsque certains aspects de votre vie vous déplaisent, c'est qu'un pensée inconsciente s'y cache et empêche votre évolution. Alors méditez sur une pensée positive qui amènera la résolution de ceci. Soyez toujours disciplinés. Ne manquez point une journée. Le cerveau est un ordinateur biologique qui fonctionne d'une façon bien particulière. Il est important d'en saisir les rudiments.

Question de l'auditoire :

« *Qu'arrive-t-il des pensées reliées aux problèmes financiers ?* »

Cet espèce d'état de manque est basé sur un concept de vie dont les structures sont totalement artificielles. Dans l'évolution de chaque humain, ces artifices sont de trop. Votre société est basée sur ces artifices. L'argent est le moyen d'expression de l'énergie d'amour et également de votre sécurité intérieure.

Les êtres humains ont extériorisé cette sécurité par des biens matériels et en ont oublié l'aspect intérieur. Votre sécurité intérieure, votre capacité d'être maître de votre vie, votre capacité de vous attirer tout ce dont vous avez besoin, d'être en lien direct avec la vie, c'est cela l'aspect intérieur. Cette capacité a été perdue avec le temps, pour certains d'entre vous.

Des pensées vibratoires lourdes amènent la séparation avec ces liens de sécurité intérieure et de connexion avec votre Essence. Cette connexion doit être rétablie.

De vous faire dire que ceci est créé par votre âme vous met sûrement hors de vous ! Mais c'est ainsi que l'âme évolue. Elle ne prend point la perception de la personnalité. L'âme possède des notions de référence tout à fait différentes de la personnalité et elle créera les événements qui vous amèneront à prendre conscience de l'intériorisation que vous avez à faire par rapport à vos structures.

Une sécurité ne doit pas venir de l'extérieur, mais de l'intérieur pour que vous ne soyez plus ballottés par les événements. Cette expérience passe par le cœur. Vous devez apprendre à vous réapproprier ce que vous êtes et à solidifier votre sécurité intérieure à partir de votre Essence Divine.

Question de l'auditoire :

« Quand j'étais enfant, souvent, la nuit, mes pensées m'amenaient à voir le futur. Maintenant que je suis adulte je le vois moins, mais je suis portée à vivre le futur plutôt que le présent. Pouvez-vous élaborer ? »

Nous vous annonçons tous et toutes que vous vivez à la fois dans le passé, le présent et le futur. Ce futur que vous voyiez, quand vous étiez petite, était le futur des probabilités de votre vie en fonction de votre passé. Pour changer votre futur, vous devez changer votre passé et vous devez vivre dans l'instant présent.

Si vous êtes absorbée par votre futur, c'est que votre pensée se projette dans le futur et non dans l'instant présent. Même si vos pensées se projettent dans le futur, il y a brouillard. Saisissez que si vous voulez modifier ce futur, vous devez modifier votre passé.

Votre capacité à voir dans le futur quand vous étiez petite est toujours présente. C'est un outil que vous avez intérêt à développer pour servir votre évolution. Lorsque vous avez des perceptions de votre futur, des images qui vous viennent, ramenez-les dans votre présent.

Saisissez-vous ce que nous tentons de vous expliquer ? Il y a une différence entre la perception du futur et les formes pensées que vous projetez dans le futur. Les perceptions du futur viennent de l'intuition, la projection du futur vient du mental.

Si vous vous projetez dans le futur au temps présent, vous créez votre futur comme celui de votre temps présent tandis que si vous maintenez une pensée dans le moment d'aujourd'hui et que vous allez modifier votre passé, à travers des compréhensions d'incidents de votre petite enfance ou de régression dans des vies antérieures, vous pouvez totalement modifier votre futur sans y projeter aucune pensée. Il est très important de garder vos pensées dans le temps présent pour être en mesure de modifier votre futur.

Question de l'auditoire :

« *Comment faire pour enlever une pensée lourde, inconfortable pour moi-même et mes enfants ?* »

Il ne s'agit point d'enlever ces pensées lourdes. Vous ne pouvez rien enlever de ce qui est en vous. Vous êtes dans votre totalité TOUT. Il s'agit plutôt de ne point nourrir ces pensées en les écoutant, en saisissant pourquoi elles sont là, en acceptant qu'elles soient présentes dans votre vie, en vous observant dans quelles situations vous avez ces pensées lourdes et en méditant sur des pensées plus légères qui nourriront votre Lumière.

Si vous avez des pensées de peur, méditez sur votre sécurité intérieure. Si vous avez des pensées de colère, méditez sur des pensées de joies. Si vous avez des pensées de rage, méditez sur des pensées d'amour, tout simplement.

Vous êtes à la fois ombre et lumière. Vous ne pouvez dissocier ceci. Vous avez besoin de votre ombre pour être sur cette planète. N'en faites point une ennemie, faites-en une amie. Acceptez qu'elle soit là, mais faites-la travailler pour vous et non contre vous, tout simplement. Créez l'espace pour illuminer cette ombre. Accueillez cette ombre dans votre cœur, car c'est le seul endroit où cette ombre peut être illuminée.

25 – Le pouvoir

Le pouvoir dans vos relations et votre pouvoir personnel (dans le sens d'être dans son pouvoir), c'est un sujet très vaste. Nous cherchons un exemple concret qui pourrait faire image dans l'utilisation du pouvoir soit pour votre élévation, soit pour votre stagnation. Vous pouvez utiliser ce pouvoir de deux façons : l'utilisation du pouvoir pour l'élévation (le contact avec le Divin) et pour la stagnation (le contrôle des êtres humains autour de vous).

Lorsque vous utilisez le pouvoir pour l'élévation, vous vous en servez pour vous et sur vous. Lorsque vous utilisez le pouvoir pour la stagnation, vous l'utilisez sur les autres. Mais sachez que lorsque vous utilisez votre pouvoir sur les autres, les autres peuvent automatiquement l'utiliser sur vous. Ceci va dans les deux sens. Si vous prêtez votre pouvoir aux autres pour tenter de contrôler votre vie, les autres vous prêteront leur pouvoir pour contrôler leur propre vie. Ceci semble peut-être ne faire point de sens.

Ce contrôle sur les autres est sans fin. Il ne mène à rien dans votre élévation vers le Divin. Il est un cul-de-sac. Ce qu'il faut tenter de trouver à l'intérieur de vous-mêmes, c'est la découverte de vos modes de contrôle sur les autres et vice versa. Vous avez des faiblesses et c'est à travers elles que les autres vous contrôlent et vice versa.

Nous pourrions prendre l'exemple d'un patron et d'un employé dans vos organisations, vos grosses corporations, vos compagnies.

Un employé qui ne se fait pas confiance, ne se sent pas à la hauteur d'une situation, se pense moins bien que les autres. Ceci est son talon d'Achille. Si le patron comprend ceci, il peut utiliser son propre pouvoir sur cet employé de bien des façons. Il peut aider cet employé à aller bien au delà de cette perception de lui-même en l'encourageant ou bien il peut se servir de ce talon d'Achille pour le contrôler. Tout dépend de son niveau de conscience. L'employé répondra aux stimuli énergétiques de comportement de l'employeur.

Commentaire de l'auditoire :

« *Si je me mets dans la peau de l'employé et que je me sens contrôler par mon patron, est-ce que cela implique que je subis ce que je fais subir à d'autres ?* »

Il y a une relation de contrôle entre lui et l'employeur. L'employeur satisfait un besoin et l'employé en satisfait un aussi. Il y a une entente tacite entre les deux qui vient combler des lacunes réciproques, non point nécessairement au même endroit. Le patron souffre peut-être du même talon d'Achille et, pour se rendre important, voudra contrôler ses employés en leur donnant beaucoup plus de travail qu'il en est normalement exigé d'un être humain, afin de livrer une marchandise au-dessus de la moyenne. Ceci viendra gratifier le carnet de bord de l'employeur face à des investisseurs.

Cette situation se vit à différents niveaux, mais tous les deux ont besoin l'un de l'autre pour comprendre leur jeu de pouvoir et leur talon d'Achille respectif. Il s'agit souvent de la même lacune, mais elle ne se manifeste point de la même façon étant donné la hiérarchie.

Un être humain peut avoir plusieurs talons d'Achille. Lorsque ces talons d'Achille sont en résonance avec d'autres êtres humains, il y a une espèce de complicité qui s'installe entre eux, non point toujours consciente, pour découvrir et sortir des jeux de pouvoir.

La complicité est saine dans la mesure où les deux acceptent un pacte pour se reconnaître dans leur talon d'Achille. Elle est malsaine dans la mesure où les deux ne comprennent point la leçon de vie et la perpétuent dans le temps.

Question de l'auditoire :

« *Supposons que je sois l'employé, que j'aie compris l'existence d'un jeu de pouvoir et que je veuille travailler là-dessus.*

Je m'aperçois que je suis dans un pattern « abuseur/abusé » et je veux cesser d'être abusé. Que faire ? Comment me comporter face à mon patron ? »

Il ne s'agit point de se comporter d'une façon différente face au patron. Il s'agit d'aller voir dans la petite enfance les *patterns* de défense de votre enfant intérieur. Pourquoi ces *patterns* se sont développés ? Qu'est-ce qui a permis de les développer ? Quelles étaient les attitudes parentales qui ont permis ceci ? L'enfant développe des mécanismes de défense en réaction à ses parents et cherchera tout au long de sa vie un parent adoptif, entendons-nous, qui reflétera ceci pour recréer le *pattern.* Pour démanteler un tel mécanisme, il faut aller à sa source.

Vous devez saisir votre mécanisme de défense par rapport à l'apprentissage de l'enfance. Vous devez saisir la blessure sous-jacente et saisir également qu'à partir du moment où vous cessez d'avoir ce besoin de vous faire réprimer, vous développerez une attitude différente face à votre employeur. S'il vous demande un travail au delà des limites normales, vous mettrez un terme à tout ceci. S'il réagit d'une façon négative, vous serez tentés de réviser votre emploi, de faire le point, de valider si vous voulez continuer de travailler de cette façon. Si le changement est impossible entre le patron et l'employé, il y aura réajustement en changeant de travail.

La leçon de vie est bilatérale lorsqu'il y a amour inconditionnel entre les deux. À ce moment, l'autre sera influencé et propulsé dans cette même compréhension. S'il n'y a point d'espace d'amour, la leçon est unilatérale.

Vous ne pouvez imposer à l'autre sa propre évolution. Il se peut qu'il ne comprenne point la leçon et vous n'y pouvez rien. Par contre, si vous gardez votre cœur ouvert face à ce patron que vous choisissez de quitter, il y a des chances que cette leçon soit comprise plus rapidement que si vous fermez votre cœur. Plus vous en apprenez sur vos propres leçons de vie face au pouvoir, tout en gardant votre cœur ouvert avec les êtres qui vous font miroir dans ceci, plus ces êtres sont invités à prendre conscience de leur propre difficulté. Si vous fermez votre cœur à ces êtres, la possibilité qu'ils auront de saisir la leçon diminuera de beaucoup. Mais vous ne pouvez point choisir pour eux.

Commentaire de l'auditoire :

« Si je ferme mon cœur cela veut dire que je n'ai pas vraiment fait mon propre apprentissage et que je continue à juger la personne dans son attitude. J'aurai donc à m'attirer une autre personne qui lui ressemble. »

Selon votre niveau d'apprentissage, il se peut qu'il reste des traces sur les modes de pouvoir présents dans une autre situation, de façon différente, moins énormes, car il y a toujours apprentissage à plusieurs niveaux. Si vous n'êtes point allés jusqu'à la source de la difficulté de votre blessure humaine, vous attirerez toujours dans votre vie quelqu'un qui vous ramènera à ceci.

Alors le pouvoir qui crée la stagnation est le pouvoir que chaque humain utilise sur l'autre. Ce pouvoir peut être utilisé en jouant sur différentes facettes de votre personnalité. Vos jeux de rôles que ce soit de la victime ou du bourreau, ou d'autres aspects de vous, le gagnant/ le perdant, ce pouvoir est utilisé sur l'autre automatiquement.

Quelqu'un, qui regarde de l'extérieur et qui voit ce qui se passe, verra la victime en victime s'il n'est pas averti de tous ces jeux de pouvoir. Mais s'il est avisé et saisit bien de quelle façon le bourreau et la victime se servent de leur pouvoir respectif l'un sur l'autre, il saisira que la victime est peut-être le bourreau et vice versa, selon sa propre évolution. Ce qui paraît de l'extérieur est souvent une illusion.

L'objectif de reprendre son pouvoir, c'est de ne plus avoir besoin de l'utiliser sur les autres. À ce moment, vous ne sentez point le besoin de contrôler votre vie. Vous vous branchez sur votre propre pouvoir. Vous n'avez point besoin de celui des autres. Plus vous aurez cette attitude face à la vie, plus vous attirerez des êtres qui sont branchés sur leur propre pouvoir et qui utilisent de moins en moins les jeux de pouvoir sur les autres. C'est une leçon de vie qui peut être vécue à travers plusieurs incarnations. Vous réapprenez la leçon d'une incarnation à l'autre. Si vous vous rappelez, vous aurez la chance de saisir ces mécanismes d'une façon beaucoup plus rapide dans votre vie actuelle. Ce sont dans les relations plus intimes que les jeux de pouvoir sont les plus délicats et les plus subtils.

Question de l'auditoire :

« *Comment fait-on pour découvrir les patterns dans les relations intimes ?* »

Il y a blocage si vous avez le désir de manifester quelque chose dans votre vie et que vous n'y arrivez point. Si vous ressentez de la difficulté à réaliser un aspect de votre vie, c'est qu'un blocage est érigé. Ce blocage est en rapport avec les jeux de pouvoir. Si vous reprenez votre pouvoir, vous pouvez matérialiser vos désirs.

Ces jeux de pouvoir ne sont point toujours actifs, c'est-à-dire que vous n'avez point toujours nécessairement un être en face de vous qui vous permette de réaliser ceci. Il y a des temps où vous prenez du repos par rapport aux différentes facettes de votre personnalité. À d'autres moments, vous voulez manifester quelque chose de façon plus précise dans votre vie et des obstacles se mettent sur votre chemin. C'est un signe que vous êtes face à un mécanisme de défense, que vous utilisez votre pouvoir pour la stagnation.

Nous avons un exemple : les grands-parents, les aînés, les êtres qui s'en vont vers une autre dimension à la fin de leur vie ont du pouvoir sur vous. Saviez-vous ceci ? Ce n'est point la règle générale pour tous les êtres humains, mais dans la société où vous vivez actuellement, vous considérez vos aînés comme inopérants, car ils ne sont point actifs dans la société. Lorsqu'ils ne sont plus en mesure de travailler ou d'être autonomes, vous les casez dans des lieux. Vous ne savez point quoi faire d'eux. Ils deviennent un fardeau et ils acceptent de jouer ce jeu jusqu'au bout. Certains se disent : « *Si je suis un fardeau, autant l'être au maximum.* »

Évidemment, tout ceci n'est point conscient dans la conscience de l'un et de l'autre. Vous ne savez plus quoi faire d'eux. Ces êtres ont énormément de pouvoir sur vous, ils peuvent vous manipuler d'une façon très subtile. Vous avez choisi de les caser, mais vous vous sentez coupables de le faire. Alors vous allez les visiter tous les dimanches. Il y a sûrement autre chose à faire le dimanche, mais vous vous faites un devoir de les visiter, car vous les avez casés. Ce sont des jeux de pouvoir qui sont acceptés de part et d'autre. L'aîné accepte d'être casé et l'adulte se sent coupable d'avoir casé son parent. Il aura un comportement de façon à se disculper.

Nous avons un autre exemple de jeu de pouvoir dans les relations intimes : les parents et les enfants plus jeunes. Les parents ont la pleine maîtrise de leur vie, mais ne se sentent point adéquats comme êtres humains. Le parent voudra tout faire pour bien paraître : posséder la plus grosse maison, ou la plus belle voiture, détenir le meilleur emploi et donner tout ce qu'il peut à ses enfants, matériellement parlant, mais il oubliera le cœur. Non point parce qu'il n'en a pas, au contraire ! Son cœur d'enfant blessé l'amène à agir ainsi pour son propre enfant. Mais, à travers tout ceci, il se perd lui-même de vue et se déconnecte de l'Essence même de sa propre vie et de celle de son enfant.

L'enfant verra que son parent le comble de matériel, de cadeaux, de tout et de rien, mais il n'aura pas nécessairement la présence du cœur, celle qui est souvent recherchée. Un besoin sera comblé par un autre. L'enfant comprendra très facilement le talon d'Achille du parent. Il demandera les plus nouveaux jouets. Le parent, se sentant coupable, achètera les gadgets les plus modernes pour combler les désirs de son enfant.

Les jeux de pouvoir entre les frères et sœurs sont très intéressants également et ils sont habituellement marqués des mêmes *patterns* que ceux provenant des parents. Ils peuvent mutuellement s'entraider à explorer les différentes facettes de leurs difficultés dans des jeux de pouvoir et servir de miroir pour saisir leur talon d'Achille respectif, leurs failles, leurs blessures. Si les êtres ne s'y arrêtent point, ils continueront ces jeux de pouvoir sans fin.

Maintenant regardons les jeux de pouvoir entre un homme et une femme, à l'intérieur d'un couple. Ces jeux de pouvoir sont les plus profonds, car ils amènent un être à travailler sur sa propre dimension féminine et masculine intérieure. Tous les êtres ici présents ont sûrement leur petite histoire à travers ceci. Nous sommes assurés que chacun possède une mainmise sur son conjoint d'une façon bien particulière !

Question de l'auditoire :

« Qu'arrive-t-il lorsqu'une seule des deux personnes refuse de jouer à ce jeu de pouvoir ? »

Lorsque l'un des partenaires du jeu décide de ne plus jouer, le jeu se termine. Les masques tombent et la réalité apparaît toute nue.

Celui qui décide de ne plus jouer est habituellement en souffrance par rapport à ses propres failles, ses propres blessures. Il est au cœur de ses blessures et ne veut plus jouer, car trop occupé à contacter ses blessures. Un être qui contacte ses blessures peut avoir une attitude différente ou il préférera se retirer de la relation.

Si les deux êtres entrent respectivement dans leurs blessures, sans se détruire l'un l'autre, avec compassion, à ce moment, une nouvelle forme relationnelle pourra naître à la lumière de la compréhension des blessures. Par contre, si un seul des deux s'ouvre à saisir la leçon de vie dans ces jeux de rôle, seul cet être sera gagnant dans sa propre évolution.

Question de l'auditoire :

« Pour continuer dans la même veine, il y a une chose qui est très courante dans les couples : c'est le pouvoir à travers la relation sexuelle. Quand des jeux de pouvoir s'installent cela finit toujours qu'un contrôle le rythme des échanges sexuels, détenant de cette façon un pouvoir très subtil sur l'autre. Que faire quand on ne veut plus jouer ? Comment casser ce pattern là ? »

Il ne s'agit point ici de « casser » un *pattern*, mais d'évoluer avec lui, de le saisir et de le comprendre. Vous saisissez que vous développez des jeux de pouvoir face à votre partenaire sexuel. Quand vous êtes en colère, vous fermez la porte. Quand ça va, vous l'ouvrez. Il peut y avoir des rancunes profondes et vous fermez la porte à tout jamais, car la communion au sein d'un couple se termine toujours au lit. La qualité relationnelle au lit sera l'exemple même de la qualité relationnelle ailleurs. La relation au lit sera un reflet de ceci.

Commentaire de l'auditoire :

« Je dis toujours, la vie couchée est un reflet de la vie debout. »

Nous aimons bien votre expression. Votre relation dans la vie « debout » vous amène à prendre conscience de votre relation dans la vie « couchée ». Nous vous invitons, hommes et femmes, à ouvrir malgré les jeux de pouvoir. Si vous ne sentez pas le goût de vous ouvrir à l'autre dans votre cœur lorsque vous êtes dans votre vie « debout », il y a fort à parier que vous ne vouliez pas vous ouvrir dans votre vie « couchée ».

Vous pouvez choisir d'écouter de quelle façon le corps est prêt à s'ouvrir à « l'horizontale » lorsque vous saisissez une difficulté à la « verticale ». Vous pouvez ouvrir votre cœur à la « verticale » lorsque vous saisissez une difficulté à « l'horizontale ».

L'amour inconditionnel exige beaucoup d'expérimentations sur vos propres difficultés d'ouverture. Sachez que personne ne vous oblige à faire ceci. Dans le respect de votre difficulté et de votre fermeture, vous êtes tous en droit de vous fermer, peu importe que vous soyez à la verticale ou à l'horizontale. Personne ne vous oblige à faire ceci et ne vous jugez point si vous ne le faites pas. Vous nous demandez par quel bout prendre la situation et nous vous répondons tout simplement : *Lorsque vous vous fermez, vous êtes perdants, que vous vous fermiez à l'horizontale ou à la verticale.*

Commentaire de l'auditoire :

« *J'ai observé que la plupart des femmes vont ouvrir le cœur avant d'ouvrir le corps alors que c'est le contraire chez les hommes. C'est généralement plus facile pour eux d'ouvrir le corps même si le cœur n'est pas nécessairement ouvert.* »

Ceci vient des natures Yin et Yang, ce qui est tout à fait normal. Si vous attendez qu'il ouvre son cœur pour que vous ouvriez votre corps et que lui attend le contraire, vous pouvez attendre longtemps.

Sachez que celui ou celle qui est conscient de ceci sera le premier à changer ses propres règles du jeu et amènera l'autre à jouer un jeu différent. La vie est un jeu. Vous évoluez en changeant les règles. Vous changez les règles à travers vos propres observations selon vos difficultés et vos blessures. Lorsqu'une blessure n'est plus, lorsqu'elle est cicatrisée, vous n'avez plus besoin de jouer un jeu de rôle pour contrôler l'autre, pour cacher cette blessure. Alors les jeux changent. Vous les faites changer lorsque vous conscientisez vos blessures.

La façon dont vous choisissez de vous ouvrir à ceci vous regarde. Vous respectez votre propre vitesse de croisière. C'est ça votre capacité à manifester votre vie, à devenir co-créateurs avec le Divin, à devenir des messagers du Divin sur la Terre, à créer le bonheur en vous et autour de vous. Reprendre votre propre pouvoir vous amène à devenir le magicien de votre propre vie. C'est la récolte lorsque vous acceptez de ne plus jouer les jeux de pouvoir sur les autres et de réapproprier votre pouvoir.

Lorsque vous cessez d'être victimes d'une situation à travers laquelle vous ne pouvez plus vivre, lorsque vous dites que vous en avez assez et que les choses doivent changer, votre maître intérieur vous interpelle, il vous amène à dire *stop* ! *C'est assez* ! Vous ne voulez plus de cette situation dans votre vie. Vous découvrez des nouvelles limites. Vous peaufinez votre qualité de vie. Vous n'acceptez plus n'importe quoi en termes relationnels. Ceci vous amène à vous respecter dans ce que vous êtes et dans vos besoins. Mais pour cela vous devez souvent laisser aller des êtres avec lesquels vous entreteniez des jeux de pouvoir. Ces êtres disparaîtront de votre vie s'ils ne sont point prêts à évoluer eux aussi. S'ils ont encore besoin de ces jeux de pouvoir, ils trouveront preneurs ailleurs, mais ce ne sera plus vous.

Le détachement qu'exige cette façon d'évoluer est énorme ; plus il y a d'intimité entre les êtres, plus ce détachement exige une réflexion bien mûrie. Un être qui choisit de se détacher a toujours atteint sa propre limite et n'en peut plus. Alors, il réagit. Cette réaction lui redonne la maîtrise de sa propre vie. Il reprend son pouvoir. Par la suite, il n'a plus besoin d'exercer son pouvoir sur les autres. L'énergie qu'il gérait auparavant à contrôler sa vie, il s'en servira pour devenir co-créateur avec le Divin. Il s'agit de la même énergie, mais gérée d'une façon différente. Le corps vivra une vitalité différente.

Vouloir contrôler les autres devient fatiguant à la longue. Le contrôle des autres n'est qu'une façon d'aller chercher leur énergie. Ceci se fait dans les deux sens évidemment. À partir du moment où vous ne voulez plus contrôler les autres, vous reprogrammez votre énergie à travers vos corps subtils et votre corps physique.

Vous pouvez tenter cet exercice de la découverte d'un jeu de pouvoir avec une personne ouverte et prête à ceci. À partir du moment où vous aurez saisi votre faille avec cet être, vous en découvrirez l'impact sur votre façon de penser. Vous découvrirez l'intérêt d'être ou de ne pas être avec cette personne. Une nouvelle dynamique s'installera alors dans votre corps physique. Plus vous éparpillez votre pouvoir à contrôler les êtres, plus vous perdez vos talents de magiciens et de magiciennes.

Partie III

L'intégration de ces enseignements dans ma vie

26 – Ma vie comme miroir de mes états intérieurs

À la lumière des enseignements des entités angéliques de la famille de Raphaël, je me suis mise à observer ma vie. Ce qui s'y passait, ce qui n'arrivait pas, ce qui était agréable et ce qui était désagréable. Je surveille toutes les synchronicités qui viennent à moi. Un rendez-vous annulé, une situation de conflit, une blessure physique, si minime soit-elle, sont devenus pour moi des messages de mes états intérieurs. Je comprends que ces situations, lorsqu'elles me font vivre des émotions, me retournent à mon miroir intérieur. Les aspects obscurs de mon être sont automatiquement scrutés à la loupe jusqu'à ce que je découvre les blessures qui provoquent de telles émotions. Petit à petit, j'ai commencé à établir un rapport constant avec mes côtés sombres, non pas pour les juger mais pour les écouter. Il n'y a pas que les situations qui servent de miroir, les gens aussi. Ceux que je ne peux pas supporter me donnent des indices des plus précieux sur moi-même. Et souvent, ils le font sans le savoir. Je me suis donc mise à les remercier intérieurement pour les précieux renseignements qu'ils me fournissaient. Cette attitude d'esprit m'a fait basculer dans un état assez particulier avec moi-même. Au lieu d'en vouloir aux gens lorsqu'ils sont désagréables avec moi, je les remercie intérieurement. Avec le temps et beaucoup de cette pratique, je suis même arrivée à partager ces remerciements aux êtres concernés. Leur réaction est fulgurante. Ils se sentent tout à coup acceptés et leur attitude change complètement, allant même jusqu'à intensifier leurs contacts avec moi. Ceux qui ne peuvent supporter une telle façon de vivre s'éloignent de moi tout simplement.

Cette façon d'agir me permet d'être de plus en plus vraie avec moi-même et les autres. Elle me donne beaucoup plus de liberté à montrer qui je suis intérieurement, sans jugement ni pour moi ni pour les autres. Les êtres humains autour de moi deviennent des enseignants pour me montrer mon miroir dans ma totalité.

Plus je m'aventure sur ce chemin, plus la vie est agréable. Les gens deviennent pour moi un potentiel de reconnaissance intérieure. Je prends plaisir à observer ceux que j'attire dans ma vie. À faire un tel ratissage de mon labyrinthe émotionnel, j'en suis venue à modifier le paysage humain autour de moi d'une façon extraordinaire. Seuls sont demeurés, les êtres avec lesquels j'ai un lien de cœur profond et qui sont prêts à s'ouvrir à cette façon de voir les choses de la vie. J'ai appris que lorsqu'on est sincère avec soi-même, les autres ne disparaissent du paysage que très peu de temps et reviennent lorsqu'ils ont compris et accepté quel était le miroir pour eux.

Il existe une certaine gratitude intérieure chez les êtres qui ont appris à se regarder à partir de la sincérité et de l'authenticité des autres.

Je crois également que la famille devient un milieu privilégié de miroir. Il m'arrive souvent d'appeler mes enfants mes *mentors*. Ces deux jeunes filles sont devenues mes enseignantes les plus assidues à cette époque de ma vie. Elles ont, d'une façon extraordinaire, la manière de me montrer de plein fouet mon propre bagage karmique, car elles en ont également hérité à leur naissance. Elles ont su, à leur façon, me projeter dans des mémoires cellulaires en résonance avec les leurs.

Souvent, nous vivons les mêmes difficultés mais dans des polarités opposées (exemple : bourreau – victime). Nous sommes même devenues des spécialistes dans ces jeux de rôle. J'ai en pleine face mes propres comportements dysfonctionnels et les leurs par le fait même. J'apprends à vivre avec ces découvertes souvent difficiles au premier abord, car elles ramènent des souvenirs issus de souffrance émotionnelle venant de ma propre enfance. J'apprends à m'abandonner à l'émergence de ces souffrances, car elles deviennent une clef d'accès à une compréhension plus profonde de moi-même. Par le fait même, j'apprends à guérir mes blessures. Lorsque ces dernières guérissent en profondeur, une lumière nouvelle s'offre à moi et une perception différente de la vie s'installe ; comme si une nouvelle paire de lunette m'était donnée. Une sécurité intérieure inébranlable aux mouvements de la vie s'installe en moi de plus en plus en profondeur.

Les événements avec Scott et le retrait de Nicole comme directeur de transe, m'annoncent la fin d'un chapitre dans l'histoire de ma vie. Je dois me réorganiser totalement et trouver une nouvelle dynamique. L'horaire des transes publiques est déjà publié et je n'ai pas de directeur de transe. Je m'abandonne donc à l'inconnu.

Étant donné que la nature à horreur du vide, une synchronicité s'est glissée dans ma vie. Cette synchronicité me suggère de prendre contact avec Marie Lise Labonté, la dame que j'avais consultée au tout début de mon cheminement médiumnique. Cette dernière me réfère le nom d'une personne que je ne connais pas mais qui est, paraît-il, disponible pour ce genre de travail. J'ai communiqué avec elle et nous avons pris rendez-vous après mon retour de vacances en Floride. C'est en quelque sorte un « blind date » spirituel.

Tous ces changements n'avaient pas remis en question mon voyage vers les dauphins. Je ressentais que je devais faire ce contact coûte que coûte, sans savoir ce qui m'y poussait. Je suis donc partie pour la Floride ignorant ce qui arriverait de cette nouvelle alliance spirituelle.

La Floride fut magnifique, pleine d'aventures et d'enseignements. Je me sentais attirée par les dauphins. Étant donné que ma forme de médiumnité me permet d'entrer en contact avec les règnes minéral, végétal ainsi qu'animal, j'avais hâte de savoir ce que j'allais vivre avec ces mammifères particuliers.

Ce contact fut pour moi très marquant, car les messages reçus de ces êtres m'ont touchée en profondeur. Ces mammifères m'ont instruite sur le fait qu'ils ont accepté de vivre en captivité d'une façon volontaire afin de permettre à la race humaine de mieux les connaître et de mieux recevoir leurs enseignements. À cette révélation, je me suis mise à pleurer et je regardais les instructeurs humains lancer des petits poissons aux dauphins pour leur faire faire des trucs. J'ai su à ce moment que l'Instructeur, le vrai, n'était pas celui qui semblait l'être... Que de patience de la part de ces êtres magnifiques envers la race humaine ! Ils sont là, sachant bien qu'un jour les humains saisiront la profondeur de leur sagesse ainsi que la qualité des enseignements qu'ils peuvent transmettre. L'évolution de la race humaine et de la Terre est en relation avec son histoire dans le cosmos.

Pour recevoir ces messages, l'être humain doit s'ouvrir à la dimension des dauphins. Il faut, en quelque sorte, être sur la même longueur d'onde. Mais, lorsqu'il n'y a pas d'oreilles pour entendre, la communication est très difficile. Alors, ces mammifères redoublent de patience et de persévérance. Je me suis demandé à ce moment, si je devais relever le défi de parler pour eux. Je choisis de laisser la vie me montrer le chemin, car la vie pouvait bien avoir d'autres plans pour moi. Je revins de ce voyage toute renouvelée.

Tous ces récents événements m'ont fait perdre pied comme si, pour un certain moment, je n'avais plus d'attaches ni de références. Je me sentais dans le vide. De plus, les informations provenant des autres plans de conscience arrivaient à profusion et je devais les intégrer totalement. La vitesse à laquelle je vivais tous ces changements était pour moi très nouvelle. Je me rends compte que lorsque de tels changements surviennent, je dois m'y abandonner en glissant vers ce qui m'est offert, laissant une porte s'ouvrir sur une nouvelle réalité de plus en plus globale de ma vie.

Au retour de mon voyage de Floride, le jour « J » arriva et j'ai rencontré Anne-Marie, la dame qui pouvait m'assister en tant que directrice de transe. Cette rencontre fut très agréable et une alliance d'âmes s'est établie ce jour-là. Nous avions le même objectif et parcourions le même chemin. Les personnalités n'avaient plus d'importance, car je vivais mes échanges avec l'âme des gens que je rencontrais. Cette forme de partage est de plus en plus profonde et nourrissante pour moi.

Mes prises de conscience récentes et la récente dynamique avec Anne-Marie me plongeaient dans une nouvelle approche de la transe profonde. Cette dynamique était totalement différente et, par le fait même, les entités avaient une très grande latitude d'expression. Une nouvelle série d'enseignements virent le jour. Ces enseignements apparaîtront dans le tome 2 de cette série appelée « Paroles angéliques ».

Je compris, à cette époque, que j'avais à faire un profond ménage dans mes trois premiers chakras. Je devais également m'ouvrir à ce que j'étais à travers ce remue-ménage et surtout apprendre à m'aimer à travers tout ceci.

À l'époque, j'ai suivi des cours de chant dans l'optique de travailler ma voix plus en profondeur. J'avais, auparavant, suivi des techniques de yoga du son. J'avais aussi intuitivement appris à faire des sons tibétains. Par contre, ceci ne représentait pas une base suffisante pour exprimer l'énergie à travers le chant. J'avais remarqué aussi que certains clients, venant pour des traitements, avaient des réactions très sensibles aux sons que je produisais pour entrer en résonance avec leurs corps énergétiques. Je voulais donc pousser cette investigation plus loin encore. Lorsque l'on fait une demande à l'univers, il nous répond rapidement. Je voulais parfaire ma voix et la vie me proposa plutôt d'ajuster mon corps, puisque c'était lui l'instrument de musique...

Joseph et Marie avaient invité dans leurs ateliers, Devra, une dame bien particulière. Elle est, semble-t-il, un être réalisé. Elle a donc fait toute la lumière sur ses côtés obscurs. J'avais le goût de voir ce qu'avait l'air ce genre de personnage. J'ai donc participé à l'atelier qu'elle offrait lors de son passage au Québec. Une autre impression de déjà vu se fit ressentir à l'intérieur de moi, lorsque je l'ai rencontrée. Le contact avec cette femme changea totalement ma façon de chanter. C'était comme si le fait d'être en sa présence avait ajusté l'instrument de musique qu'est mon corps. Même mon professeur de chant le remarqua et en fut agréablement surprise.

Par la suite, j'ai eu l'impression de vivre des transformations intérieures profondes. C'était comme si mon énergie féminine et mon énergie masculine se donnaient la main pour travailler ensemble à mon mieux-être. Une étrange sensation émergea : celle de ne plus être en lutte contre moi-même. J'étais plutôt dans une totale harmonie.

Une synchronicité vint confirmer cette harmonie. Je fus invitée à assister à un colloque dont le thème était « *Spiritualité et développement durable* ». Ce colloque était organisé par l'Agence Canadienne de Développement International (ACDI). Mon expertise en environnement, sur un projet à l'étranger, faisait de moi une personne toute désignée pour ce colloque. D'un seul coup, c'était comme si ma vie professionnelle et ma vie spirituelle se fusionnaient ! J'avais de nouveau une impression de perdre pied sans connaître la suite des événements. Je partis même à ce colloque avec une auto neuve, car la mienne nécessitait des coûts de réparation trop importants, compte-tenu de son âge avancé. C'était comme si la vie me suggérait un nouveau véhicule pour continuer ma route...

Cette vie commençait à me présenter un miroir de plus en plus agréable de ce que je devenais. Ces résultats m'encourageaient à approfondir le lien que j'entretenais avec la guidance venant d'en-haut et l'intégration de ma lumière intérieure.

Les rencontres que je faisais semblaient être placées sur mon chemin, juste pour moi. Si j'avais un souhait ou un désir qui me semblait être en accord avec mon plan divin, celui-ci se réalisait toujours.

Le discernement a toujours été mon meilleur allié dans ces moments précis de ma vie. Je prends soin de faire attention à ce que je demande, car si mon ego se mêle de mes désirs, je deviens vulnérable à ce que j'appelle la « dégringolade vibratoire ». Je deviens perméable aux déstabilisations émotionnelles et je perds mon énergie. Je dois donc faire attention à ce que je demande selon mes croyances et mes perceptions personnelles. J'ai fini par comprendre que je me sens à l'aise de demander des choses ou de rencontrer des gens dans la mesure où ces choses et ces rencontres ont un motif et un but spirituel... Mes croyances religieuses sont bien ancrées, car je me sens à l'aise de demander seulement dans cette mesure. Culpabilité oblige ! L'approche est efficace et je m'en sers. Je me sens à l'aise dans ma façon de procéder et que je suis en harmonie avec moi-même, et c'est ça le plus important de tout.

Parfois s'offrent à moi des situations où je crois ne pas avoir droit à certains rêves dans la vie. Ils seraient inatteignables pour moi. Je ne perçois pas ces rêves comme mauvais en soi, mais je crois plutôt que c'est trop demander à la vie.

Lorsque j'arrive à de telles conclusions, je me demande si ce sont mes limitations qui me font voir les choses de cette manière. J'ai peut-être accès à ces rêves et ce n'est peut-être pas à moi d'en juger... Dans ces moments de dualité intense, j'invoque l'invisible et lui demande de me faire signe, question de savoir si mes demandes s'intègrent dans mon plan de vie. Croyez-le ou non, l'invisible me répond à travers les synchronicités de la vie. Les synchronicités les plus spectaculaires touchent aux compositions musicales que je recevais en inspiration, lorsque j'allais me promener dans les bois. De la musique et des paroles continuaient à me sortir de la tête depuis les ateliers de guérison. J'avais beaucoup d'inspiration et je ne savais pas trop quoi faire avec tout ce matériel qui évoquait des aspects importants de mon propre cheminement.

Un jour que j'assistais à une célébration spirituelle amérindienne avec un feu sacré, il me vint à l'idée d'invoquer le Grand Esprit et de lui demander de me faire signe relativement aux compositions musicales. Devaient-elles sortir au grand jour ? La réponse fut très rapide. Par le biais d'une synchronicité, le musicien du guérisseur des États-Unis était à Montréal. Je lui avais envoyé, auparavant, une cassette de mon matériel musical pour avoir un « feed back » sur la richesse de son contenu. Il prit tout de suite contact avec moi afin d'organiser une rencontre et nous entendre sur les procédures pour finaliser les arrangements musicaux et voir le calendrier d'enregistrement. Le tout fut exécuté dans les quatre mois qui suivirent notre rencontre. Je ne savais pas que le Grand Esprit était aussi efficace... J'étais prête et n'avais aucune résistance.

À ce moment, j'ai pris conscience du profond besoin de mon âme de transmettre musicalement les expériences de ma vie. Tout s'était mis en place. De plus, la musique me nourrissait et elle devenait pour moi une voie privilégiée d'évolution. Je n'avais qu'à m'ouvrir à cette possibilité, même si je la trouvais un peu farfelue. Je ne m'étais jamais vu faire carrière dans le chant, à mon âge. Il est donc peut-être vrai que certains rêves, loin de notre réalité actuelle, sont réalisables... J'avais en main un élément de preuve intéressant.

À cette même époque, de nouvelles synchronicités assez étonnantes se glissèrent également dans ma vie. J'avais demandé à l'invisible de m'envoyer un compagnon de vie lorsque je serais prête. Après cette demande, toute une série d'hommes apparurent dans ma vie. Cette situation amena plus de confusion qu'autre chose. Trop d'hommes étaient arrivés en même temps. Ils avaient tous des aspects d'âme diversifiés et ils étaient tous aussi intéressants les uns que les autres.

Était-ce un test pour valider mes capacités de discernement ? Y en avait-il un parmi eux qui pourrait m'accompagner vers le plein potentiel de ma réalisation ? Il semblait. Était-il de ce groupe ? Je n'en savais rien. Je ne devais pas me fier à l'*emballage*, mais aux qualités d'âme de ces êtres, à l'ouverture de leur cœur ainsi qu'à la connaissance qu'ils avaient d'eux-mêmes. La guidance venant d'en-haut me suggéra de travailler avec eux, à travers des projets qui me tenaient à cœur. Durant cette démarche, je devais en tout temps garder le cap sur mes buts d'évolution vers mon essence et ma vérité intérieures. Je ne devais en aucun temps me fondre dans l'autre quel qu'il soit et ce, même dans l'intimité. Je devais apprendre à conserver le contact constant avec ma lumière sans me perdre dans celle de l'autre. Quel défi ! L'invisible exigeait de moi la maîtrise intégrale de mon énergie, dans ma totalité.

C'est ainsi que s'amorça un long cheminement dans cet apprentissage avec mes alter ego. Ironie du sort, l'un d'eux venait de France et faisait des affaires au Québec avec Scott. Il habitait même chez-lui lorsqu'il était de passage à Montréal. Cet homme avait entendu parler de moi par une connaissance commune issue des ateliers de guérison avec Joseph et Marie. Il m'approchait, semble-t-il, pour équilibrer son yin et son yang. Il voulait connaître mon propre cheminement. Il savait d'avance que je connaissais Scott, car il avait parlé de notre rencontre à venir devant lui et son épouse. Cette situation avait provoqué des affrontements et Scott dut s'expliquer sur son passé avec moi.

La rencontre de ce personnage évoqua chez moi des réminiscences de vies antérieures en tant qu'Astèque. Je saisissais quels étaient mes liens karmiques avec lui. À ma grande surprise, il aborda le sujet et j'eus la chance d'en parler avec lui. Ses propos venaient de toute évidence confirmer mes impressions. Une nouvelle facette de mon miroir intérieur s'offrait à moi.

Presque au même moment, un autre personnage digne de mention s'était glissé dans ma vie. Nos intérêts similaires et nos recherches sur les sites sacrés nous rapprochaient. Je percevais des réminiscences de vies antérieures en Europe et en Égypte avec cet être, juif allemand. Lors d'une conversation il me mentionna que son père était né en Roumanie. Sa remarque me plongea dans un questionnement profond, car le père de mes enfants est d'origine allemande et son père était également né en Roumanie. Une autre série de réflexions m'amenèrent à penser à mon copain musicien, il est américain d'origine juive. Pour finir le plat, les origines de Scott me sont revenues à l'esprit : il est Américain d'origine allemande. Il y a de toute évidence une gamme de juifs et d'Allemands dans ma vie actuelle.

Avec toutes ces synchronicités devant les yeux, j'aurais pu croire à une conspiration... Mais il n'en était rien, ce n'était que mon karma qui m'était reflété comme dans un miroir. Je finis par baptiser cette suite de synchronicités « mon karma allemand ». Lorsque des situations aussi particulières s'offrent à nous, il vaut mieux en rire et avoir l'œil ouvert ! Ce karma devait être relativement important pour rassembler autant de monde en même temps !

J'ai fini par saisir que ces hommes étaient dans ma vie pour m'apprendre des leçons que j'avais à intégrer à travers un échange avec eux. Ils étaient, en quelque sorte, des instructeurs pour ma propre évolution et ils m'aideraient à travers leurs champs de compétences respectifs. Je retrouvais ma famille d'âmes au masculin, voilà tout ! Ils étaient des miroirs de mes différents aspects autant dans l'ombre que dans la lumière. Plus rapidement je percevais les effets miroir avec eux, plus j'évitais de me mettre les pieds dans le plat et de me créer des situations sans issues. Une nouvelle série d'apprentissages s'amorçaient à l'horizon.

La vie est un miroir de notre intérieur. Je prends plaisir à regarder ce miroir et ce qu'il me reflète. Même si certains aspects sont parfois difficiles à intégrer, je sais qu'ils sont là pour mon évolution et mes apprentissages à « danser dans la Lumière ».

Ces nouveaux miroirs m'ont permis d'aller de plus en plus loin dans les espaces ténébreux de mes chakras. Ils m'ont indiqué les endroits nécessitant une lumière nouvelle sur mes propres distorsions. Les souffrances « imagées » de mes vies antérieures s'ouvraient à moi. Les émotions avec lesquelles ces expériences me mettaient en contact étaient souvent déchirantes. J'avançais pas à pas, de plus en plus en profondeur dans mon labyrinthe émotionnel. J'avais l'impression de toucher à des karmas collectifs à l'intérieur desquels j'avais vécu des traumatismes profonds. Ces réminiscences karmiques éveillaient en moi des images de guerre et d'holocauste. Mon corps physique réagissait à ces souvenirs d'outre tombe et je devais me guérir en profondeur.

Une réminiscence fut particulièrement pénible : l'image de Scott dans une vie en Allemagne ou en Russie. Il avait usé de sa position de militaire pour m'obliger à satisfaire ses besoins sexuels sous peine de mort. Dans cette vision j'étais juive.

Ironie du sort, lorsque Scott et moi étions au lit (dans cette vie-ci), il m'avait mentionné qu'il ressentait que j'avais probablement été violée dans une vie antérieure. Il était loin de se douter qu'il s'était personnellement occupé de la chose !

Où est la limite entre l'amour et la haine ? À la lumière de ces souvenirs, je n'en suis plus sûre. Je me demande jusqu'où doit se lever le voile sur ces mémoires afin d'en guérir totalement. L'amour inconditionnel devient la seule voie pour ce genre de guérison.

À cette même époque, une composition musicale sur les baleines m'est venu un peu comme pour mettre un baume sur mes plaies. De plus, en état de transe, les entités angéliques sont capables d'imiter le chant des baleines, à la perfection, si bien que des réponses énergétiques provenant de leur source d'origine venaient vers nous et nous inondaient de cette Lumière nouvelle.

Pour transmettre leur musique d'une façon intégrale, je devais soutenir la vibration de ces êtres assez longtemps pour recevoir leurs messages à transmettre à l'humanité. Cette expérience fut très profonde, car elle nécessitait une plus grande ouverture de mon cœur. J'avais l'impression de ressentir toute la douleur de ces mammifères à vivre sur notre planète à travers les actions des humains. Mon miroir s'agrandissait terriblement et il était de plus en plus révélateur de l'héritage de la race humaine. Fallait-il que je passe à travers toutes ces couches obscures afin d'irradier toute la Lumière disponible provenant de mon essence ? Il semble bien que oui. Alors soit, j'ai choisi d'aller jusqu'au bout de ce voyage et j'y arriverai.

Faire de tels choix m' amène à vivre des événements de plus en plus ciblés. Il est, pour moi, hors de question que je joue à l'autruche dans ce voyage intérieur, ça ne donnerait rien. J'ai déjà reçu tous les enseignements me permettant de traverser ceci. L'amour que je développe pour moi-même, une certaine sagesse acquise de mes expériences vécues ainsi que ma vérité intérieure, sont les outils les plus précieux que l'invisible m'ait transmis. Alors, j'ai choisi de plonger !

27 – Les côtés cachés de la médiumnité

Je vis la transe depuis cinq ans. Elle est devenue un mode de communication privilégiée pour les groupes qui viennent entendre les enseignements des entités. La transe me permet également d'être guidée d'une façon plus précise. Les gens me posent souvent des questions sur la médiumnité et la canalisation en transe profonde. Il s'avère que ces questions ne correspondent pas du tout à ce que j'ai le goût d'exprimer dans le vécu du quotidien. Les questions des gens sont beaucoup plus d'un ordre historique du genre : « *Comment c'est arrivé ?* ». Alors que je suis plutôt dans le « *Comment je fais pour intégrer ceci dans mon quotidien ?* ». Si bien que j'ai voulu vous livrer, à travers ce chapitre, mes expériences à cet effet.

Je vais donc débuter par les effets physiologiques de la transe, tels que je les ai vécus. Ceci ne veut pas dire qu'un autre médium vivrait ces effets de la même manière. À chacun sa façon ! Mais je crois qu'il y a des similitudes d'une personne à l'autre.

Il y a d'abord les effets directs de la transe : un certain malaise avec ou sans migraine un peu comme si je n'avais pas assez dormi. Une impression de « comme si je n'étais pas tout à fait là et à moitié ailleurs ». Des sensations et même des maux dans la colonne vertébrale lorsque la kundalini (l'énergie de l'âme) part du coccyx et monte jusqu'à l'occiput dans la tête. Je me suis même retrouvée trois jours au lit à cause de ces sensations et des effets de brûlures internes que la kundalini génère lorsqu'elle passe dans les canaux de la colonne vertébrale. Des nausées et des crampes dans les jambes comme si j'étais enceinte, viennent souvent accompagner le tout. C'est la conséquence des changements hormonaux : les seins peuvent quelquefois être douloureux et je peux noter une augmentation notable de la libido.

Je peux vivre quelquefois l'impression d'un manque d'enracinement surtout à chaque fois que je change de palier vibratoire, car il faut réapprendre à stabiliser et à ancrer cette nouvelle fréquence.

Une transe vécue pour transmettre des enseignements à un groupe est une expérience un peu différente. Elle comporte en soi les mêmes symptômes physiques que la transe vécue seulement avec le directeur de transe. La différence se situe au niveau des énergies présentes. Il y a dans la salle une multitude de personnes et donc une multitude d'énergies. Si certaines d'entre elles sont en résonance avec l'ombre du médium que je suis, c'est-à-dire les énergies qui n'ont pas été mises en lumière et intégrées dans sa conscience, j'absorbe ces énergies, elles me collent après, pour ainsi dire.

Je ne vous raconterai pas en détail le début de mes transes publiques. Je peux, par contre, vous dire que j'ai passé mes nuits à identifier les énergies miroirs que je n'avais pas encore intégrées. La transe publique est donc un accélérateur de la conscience, si l'on sait s'en servir comme instructeur. L'auditoire devient notre miroir avec ses multiples facettes. Avec le temps, la clientèle change car, en tant que médium, j'intègre dans la lumière les différentes facettes de moi-même, qui m'ont été reflétées. Tous les médiums ne vivent peut-être pas de façon consciente cet état de chose, mais moi je l'ai vécu consciemment, dès le début. Ce n'est pas toujours agréable de se faire pointer ses points noirs d'une façon aussi accélérée. Cela blesse l'ego. Il faut également intégrer ces leçons de vie rapidement, sinon notre santé est en jeu. On peut rester collé à des énergies qui nous bloquent d'une façon importante. Pour ces raisons, il est suggéré d'avoir le soutien d'un instructeur plus avancé que nous sur son propre chemin vers la Lumière.

Le directeur de transe, celui qui enracine, vit les choses d'une façon un peu semblable, mais beaucoup moins prononcée. J'ai remarqué que lorsque mon directeur de transe était un homme, les changements hormonaux que je vivais ne se faisaient pas ressentir de la même façon que lorsque mon directeur de transe était une femme. Cela avait également un effet sur mes cycles menstruels.

Souvent le besoin de manger du sucre vient après une transe, un peu comme pour nous ramener dans notre corps. À cause de ces sensations, l'exercice physique devient primordial dans un cheminement de canalisation. La danse en général, la danse sociale, le ballet jazz, la danse aérobique, en autant qu'elle ne comporte pas de gestes trop rapides, et surtout la danse africaine, sont des modes d'enracinement très agréables. Les danses trop rapides ne sont pas conseillées, car elles pourraient déstabiliser plus qu'aider à l'enracinement. Les sports d'endurance avec une certaine dose cardio-vasculaire sont également suggérés. Le cœur est un muscle qui travaille beaucoup en état de transe. Pour ces raisons, il est important de le maintenir en forme.

La température corporelle augmente beaucoup en état de transe. À cause de phénomène, il est important de boire beaucoup d'eau. L'eau aide à éliminer les toxines qui pourraient s'accumuler dans le corps. Étant donné que la transe fait un grand ménage dans nos corps énergétiques et nous aide à nous purifier karmiquement, ainsi qu'à élever notre taux vibratoire, il est impératif que le corps suive et soit en mesure d'assumer cette cadence. Sinon, il y a déstabilisation et plusieurs malaises se feront ressentir à plus ou moins long terme.

La nourriture ou plutôt la qualité « vibratoire » et la densité de celle-ci deviennent importantes pour le corps, car plus notre sensitivité se raffine sous l'effet d'un programme de transe soutenu, plus nous ressentons la qualité vibratoire des aliments.

Mes enfants avaient l'habitude de dire, aux gens qui questionnaient mon végétarisme, que je ressentais tout ce que le poulet ou le bœuf avaient vécu avant leur mort, si j'en mangeais. Une telle déclaration ne nécessite aucune explication supplémentaire sur ma façon de me nourrir. Les gens semblaient être satisfaits de la réponse transmise et ces confidences ne laissaient, de toute façon, aucune place à une discussion sur ma philosophe alimentaire.

Tous les êtres n'ont pas le même degré de sensitivité. Je suggère donc aux gens qui choisissent de vivre leur médiumnité, d'écouter leur corps de façon individuelle et de modifier leur régime alimentaire de façon progressive en fonction de leur ressenti. Chose certaine, des changements alimentaires sont inévitables afin de créer un milieu alcalin dans le corps. Il est également suggéré de consulter un spécialiste en alimentation pour vous assurer que votre corps ne manque de rien (vitamines, fer, minéraux, oligo-éléments etc.)

Les nouvelles perceptions extrasensorielles du corps, surtout au niveau du ressenti devront également être gérées d'une façon soutenue. Ces ressentis deviennent évidents lorsque les séances de transe comportent plusieurs personnes. Il n'y a pas nécessairement homogénéité d'évolution chez tous les êtres qui consultent. Le médium le ressentira dans son corps à travers des lourdeurs énergétiques qui semblent vouloir s'accrocher à lui. Si la sensitivité du médium est très bien développée, il pourra même identifier l'énergie en cause.

Chaque énergie possède sa vibration. J'ai moi-même appris à reconnaître les énergies de la peur, l'impuissance, la séduction, la colère, la jalousie, l'envie, le mensonge etc. pour ne nommer que celles-là. Les états émotionnels vibrent sur différents registres vibratoires ; de la peur (registre très lourd) à l'amour (registre le plus élevé). Si le médium est expérimenté, il reflétera l'énergie en cause à travers le cœur, tel un miroir, en la retournant d'où elle vient, c'est-à-dire, son propriétaire. Une telle manœuvre exige une connaissance approfondie de la dynamique énergétique qui relie les êtres humains. Cette manœuvre aidera le propriétaire de l'énergie en cause à mettre la lumière sur ses états émotionnels à travers l'espace du cœur et l'acceptation sans jugement.

Le médium a aussi besoin d'être protégé énergétiquement lorsqu'il revient d'une session de transe car son canal est très ouvert, lorsque sa personnalité revient à lui. Il est donc vulnérable. Les énergies obscures ne voulant pas se faire découvrir se sentent souvent mal à l'aise devant le médium en état de transe. Ces énergies attendront donc le retour à l'état normal du médium et voudront confronter ce dernier à travers les gens venus recevoir les enseignements. Telle est la réalité d'apprentissage du médium qui choisit la voie de la canalisation.

Les confrontations provenant des « habitués » (gens venus recevoir les enseignements à plusieurs reprises) sont toujours constructives car ces êtres apprennent la voie du cœur et sont en mesure de faire des remarques conscientes, baignées dans un climat d'amour. Ceux-là sont les meilleurs indicateurs pour orienter le médium dans sa propre voie.

Je dois également ouvrir une parenthèse sur les messages reçus. Les entités angéliques ont l'habitude de s'adresser aux gens de façon à ce que chacun reçoive un message qu'il comprendra. Cette situation est devenue évidente pour moi, avec le temps. Il m'est souvent arrivé de demander à différentes personnes ce qu'elles ont compris à travers les enseignements. À leurs réponses, je conclus qu'il y avait un phénomène étrange en action. Tous me racontaient des choses différentes, comme s'il y avait eu un enseignement pour chacun, pourtant il n'y avait qu'une seule série de mots sur la cassette d'enregistrement. Il m'apparaît donc concluant que les enseignements donnés par les entités angéliques se transmettent sur différents plans vibratoires pour satisfaire les besoins de chacun. Ce fut pour moi une découverte. Je valide cette situation à chaque enseignement et elle s'avère toujours en action.

Un autre phénomène tout aussi intéressant se produit. En effet, les gens ont l'impression de recevoir des messages très personnels de la part des entités angéliques. J'ai compris que je canalisais afin d'assurer la spécificité des messages selon les besoins vibratoires de chaque personne.

Enfin, un dernier phénomène toujours aussi intéressant concerne ma sensitivité. Avec la transe, je ne peux plus tricher avec mon corps, car les rebondissements me reviennent en peu de temps. Mon niveau de sensitivité est tel que si je déroge d'un régime alimentaire équilibré, mon corps s'en ressent tout de suite et rejette toute variation alimentaire. Ce besoin d'équilibre se fait sentir dans tous les domaines de ma vie. Partout où je déroge, mon corps me le dit sans tarder !

Depuis un certain temps, je reçois des enseignements d'une manière différente. Cette approche exige de moi une assiduité au niveau des heures de sommeil. En effet, depuis près d'un an, la « Création » prend l'habitude de me réveiller vers 03:30 heures pour une méditation d'un minimum d'une heure et des enseignements. Il est donc impératif que j'aie une discipline de sommeil en conséquence. Les enseignements de nuit sont plus faciles d'intégration. La télépathie et la communication avec d'autres êtres sont également plus faciles la nuit car tout le monde est endormi et les activités cérébrales des gens sont au ralenti.

Le Kriya yoga semble la discipline de centrement et de méditation la plus appropriée pour mon évolution. Je l'avais appris lorsque j'étais enfant et je suis retournée me perfectionner au début de mon processus de canalisation. C'est une formule gagnante pour moi. Il existe par contre d'autres formules toutes aussi intéressantes. Je crois qu'il existe une discipline appropriée pour chaque personne et c'est en expérimentant différentes méthodes de yoga et de méditation que l'on trouve celle qui nous convient le mieux.

Chose certaine, la méditation est un exercice essentiel à tout changement de conscience, surtout lorsque l'on choisit de vivre sa médiumnité.

28 – Élargir mon champ de conscience

Plus j'avance sur ce chemin intérieur, plus mes perceptions de la réalité changent, ou plutôt, s'agrandissent. Je ne vois plus que des corps, mais je vois des âmes et des essences à l'intérieur de chaque être humain. Plus je contacte mes propres blessures, plus je perçois les blessures des autres. La vie, telle que je la perçois, me montre une réalité tellement différente de celle de la masse, que j'ai appris à garder le silence sur mes perceptions. Je vois la souffrance des autres, je perçois leur potentiel et ce qui bloque leur pleine réalisation.

Ma clientèle, majoritairement féminine au début, commence à se masculiniser, et puis des couples viennent me consulter. Les découvertes que j'ai faites à travers eux sont pour moi extraordinaires. Je saisis la dynamique des couples, l'échange d'énergie qui circule entre eux, ainsi que leurs luttes de pouvoir. La plupart du temps, ils sont venus consulter pour se détacher émotionnellement de leur conjoint sans en être conscients. Ce détachement émotionnel est une étape charnière dans la vie d'un couple. Beaucoup d'entre eux ne franchissent pas cette barrière karmique, car au delà de celle-ci réside le détachement total, l'amour inconditionnel. Le cœur doit être guéri de toutes ses blessures pour arriver à cet état d'être. Les apprentissages et les découvertes que j'ai faits avec Scott me servent enfin pour aider d'autres êtres à faire ce passage dans la sagesse et le respect des conjoints. Je peux enfin mettre à profit mes propres expériences.

Ma guidance me disait souvent que je devais me détacher de ce que je croyais être l'amour dans un couple, car j'entretenais certaines illusions à cet effet. Ces dernières se sont effondrées par étape, lorsque je me suis mise à comprendre en profondeur la dynamique entre les conjoints.

Avec le temps et la pratique, je me rends également compte à quel point le choix de nos pensées est important dans notre état de santé émotionnel. Je sais que les émotions appartiennent à des plans vibratoires différents. Je prends conscience de ce que mes propres pensées occasionnent comme sensations dans mon corps. Les pensées positives sont beaucoup plus en mesure de maintenir le corps en santé, particulièrement lorsqu'elles entretiennent des états de joie et d'amour.

Je procède souvent à un examen exhaustif de mes pensées durant la journée. Cet exercice s'échelonne sur la semaine et même parfois sur le mois. Dois-je changer certains états d'âme pour émettre des pensées heureuses ? J'ai compris avec cet exercice que chaque être humain possède la totale liberté de choisir sa nourriture émotionnelle à travers ses « formes pensées ». Si ces dernières sont lourdes, elles peuvent endommager le corps physique à long terme et le faire vieillir plus rapidement.

L'impuissance, la peur, la colère sont des états émotionnels auxquels nous avons toujours accès dans nos registres vibratoires, mais il n'en tient qu'à nous de les nourrir ou non. Une telle découverte m'amène à me responsabiliser face à mes propres formes pensées. « *Dis-moi ce que tu penses et je te dirai comment tu te sens !* », telle est ma nouvelle devise. Je peux aussi saisir les choix émotionnels des gens qui m'entourent, strictement à les écouter parler ou bien à lire leurs pensées. Peu à peu, j'ai appris à ne plus prendre personne en pitié, même pas moi-même ! J'ai choisi de recycler mes pensées et je me suis mise à l'ouvrage. C'est toute une rééducation du cerveau, car ce dernier a tendance à revenir à ses vieilles habitudes ne sachant que faire dans l'inconnu. Cette nouvelle stratégie fait effet, surtout avec mes enfants.

Depuis leur tendre enfance, j'ai cultivé une certaine culpabilité dans ma forme d'éducation. J'ai dû mettre fin à ceci. Je me suis résolue à leur montrer de quelle façon elles peuvent se prendre en main. Par la force des choses elles ont dû changer leur façon de penser, car j'ai appris à ne plus réagir selon leur entendement. Elles ont été déstabilisées par ma nouvelle attitude et ont vécu beaucoup de colère à cet effet. Mais, petit à petit, des changements extraordinaires se sont mis en place et leur attitude, face à ce qui leur arrive dans la vie, change avec le temps. Dans ces moments, je comprends que le plus bel héritage qu'un parent puisse laisser à son enfant, c'est de lui donner l'exemple sur les manières de changer ses propres pensées, ses comportements et sa vie, lorsque ces derniers sont devenus inappropriés ou destructeurs pour son évolution.

Le voile se lève sur les situations de cul-de-sac et la dynamique permet des changements appropriés s'exerçant à travers l'exemple que je leur donne. Le livre « *La magie de l'inattendu* » de Rachel Guay me fut prêté à cette époque. À la lecture de ce dernier, j'ai saisi que d'autres, à leur manière avaient compris les mêmes choses que moi. Ce livre suggérait différents trucs concernant les enfants et je décidai de les tester avec les miens. Mes entités angéliques m'avaient déjà orientée, dans ce sens mais je trouvais leur suggestion tellement hors contexte que j'hésitais à les suivre. Mais, à la lecture de ce livre, je n'ai eu aucune difficulté à passer à l'action. Question de voir quels seraient les résultats. La patience est de rigueur avec une telle approche et chaque difficulté m'apparaît comme une opportunité d'expérimenter dans le sens de l'énergie impliquée.

À l'époque, ma fille la plus âgée avait depuis longtemps des problèmes de poids. J'avais toujours réagi de façon à n'avoir que des choses saines et sans sucre dans l'armoire ou dans le frigo, pour de ne pas tenter son démon intérieur. Il n'y avait rien à faire. Elle mangeait en cachette, s'achetait des bonbons aussitôt qu'elle avait de l'argent.

Les entités angéliques m'avaient dit que cette enfant vivait des mémoires de pénurie. Il fallait donc la faire vivre dans une ambiance d'abondance. Ils me suggérèrent donc d'acheter tout ce dont elle avait envie.

Prenant mon courage à deux mains, je revins un soir avec les sacs d'épicerie contenant, entre autre, cinq boîtes de biscuits, barres tendres et jus surgelés. Selon la consigne reçue, je devais en racheter d'autres s'il en manquant en milieu de semaine. Ma fille aînée m'aida donc à déballer l'épicerie. À la vue de ces articles, elle me demanda si j'étais tombée sur la tête. Elle était ravie. Je l'ai observée et suis retournée chercher des provisions lorsqu'il en manquait. Après trois semaines de ce régime, elle était en colère contre moi et me dit qu'elle aimait mieux mon ancienne façon de faire l'épicerie. Elle voulait même suivre un régime. Elle était face à elle-même, je lui remettais, en quelque sorte, son pouvoir entre les mains.

Cette nouvelle situation changea même la dynamique entre mes deux enfants. La plus jeune se sentait plus à l'aise d'exprimer ses commentaires sur les agissements de la plus vieille. Comme le pendule possède un effet de balancier, je devais accepter d'aller jusqu'à l'autre bout du balancier de cette expérience sans en connaître le dénouement. Je ne savais pas jusqu'où me mènerait cette nouvelle façon de faire dans un contexte de support sans jugement et avec tout l'amour nécessaire. Ce fut un véritable test pour moi. J'avais l'impression de vivre avec un alcoolique qui se promet de ne plus boire et qui à la première occasion, se soûle. Telle était la nouvelle attitude de ma fille face à cette abondance alimentaire.

À cette époque, des réminiscences de vies antérieures me sont revenues à la mémoire. Il me semble que j'ai moi-même été privée de nourriture durant des moments de guerre. Quelle découverte ! J'avais beaucoup de détachement à faire avec cette situation très délicate. J'ai consulté le guérisseur des États-Unis concernant l'état karmique de ma fille. Il m'a répondu qu'elle tient ceci de la génétique de son père. J'en conclus que ce dernier détient une bonne partie des clefs de la guérison de cette enfant. Je ne peux que l'aimer et accepter la situation telle qu'elle est.

À plusieurs reprises dans ma vie, je me suis remise en question en tant que mère. *Qu'ai-je fait d'incorrect ? Où est l'erreur ?* Avec le temps, j'ai compris que je dois regarder ce que cette situation me fait vivre en dedans. C'est là, que réside l'essence de cet enseignement qui vient de ma fille aînée pour ma propre guérison. Le reste ne m'appartient pas. En tant que parent, nous voulons toujours que nos enfants soient parfaits : une bonne santé, une belle apparence, des notes scolaires à la hauteur de l'éducation qu'on leur transmet, des comportements sociaux reflétant nos valeurs morales, et j'en passe. Mais lorsque la réalité est tout autre, nous devons aller puiser les réponses à nos questions dans un endroit quelquefois peu fréquenté, au delà des apparences : le cœur. On ne peut guérir le cœur des autres, que lorsque l'on a guéri le sien.

Plusieurs prises de conscience consécutives me propulsèrent dans des champs de conscience de plus en plus élargis. Dans ces moments précis, j'avais toujours l'impression de perdre pied, de ne plus savoir où je m'en allais. Je décrirais cet état d'être comme étant une « zone nulle » où l'orientation est perdue et où tout est remis en question. J'ai appris à vivre et à passer à travers ces zones nulles. Mais d'une étape à l'autre, elles étaient de plus en plus profondes et me faisaient vivre beaucoup d'insécurité.

Les suggestions des entités angéliques se référant au travail que je devais faire ici-bas était pour moi le plus grand des défis et je doutais de la pertinence de certains aspects de ce travail. D'un autre côté, je me disais que sûrement ce travail avait un motif d'évolution et j'avais trop fait de prises de conscience sur moi-même pour revenir en arrière. De toute façon revenir en arrière signifie pour moi la mort de mon âme et il n'en est pas question. J'ai déjà trop souffert de l'emprisonnement de cette dernière. Je crois qu'accepter de « porter » ma lumière est la chose la plus difficile pour mon ego...

J'ai souvent l'impression de toucher à des portails d'évolution et à chacun, j'ai le choix de traverser ou d'en rester là, le temps nécessaire. D'un portail à l'autre, les tests s'avèrent de plus en plus difficiles. À chaque fois, j'ai l'impression de mourir à quelque chose ; mourir à une partie de ce que je croyais être « moi ».

Sur le chemin, je saisis l'importance du choix de mes pensées. Je ne dois jamais me laisser emporter par la mer d'émotions pouvant venir m'inonder dans des moments de questionnements profonds. J'apprends, en quelque sorte, à marcher au dessus de ces états, plus spécifiquement lorsque je traverse ces « zones nulles ».

Je saisis au plus profond de moi que ces états émotionnels sont également illusoires et qu'à tout moment j'ai le choix d'y glisser. Je peux également choisir de constater qu'ils m'habitent sans me laisser dévorer par eux. De toute façon, ça ne change rien à rien. Alors pourquoi se faire du mauvais sang ?

Toutes ces prises de conscience m'ont amenée à vouloir nourrir la joie à l'intérieur de moi. On dit qu'il y a deux côtés à une médaille. J'ai décidé de voir les deux côtés en même temps tout en me nourrissant des enseignements provenant du côté qui me fait évoluer le plus, sans jugement. Cette façon de voir les choses amène le cerveau à s'éloigner de son système binaire. Il ne voit plus les choses en blanc ou en noir, en bon ou mauvais, en gentil ou méchant. Cet exercice amène ma conscience à une nouvelle réalité non dualisée, non séparée d'où je commence à comprendre la vie dans sa totalité.

Cette nouvelle perception crée chez moi des détachements profonds face aux événements. La souffrance est devenue pour moi une illusion et je ne suis pas obligée de la vivre. J'ai le choix de glisser dans la vie avec les yeux de la sagesse.

Le Kriya yoga m'aide beaucoup dans cette nouvelle vision de la vie. De plus, le temps que j'alloue à la méditation représente une heure trente à deux heures par jour, selon les circonstances. J'ai l'habitude de me coucher et de me lever très tôt. Cette discipline de vie me permet de faire tout le travail nécessaire, prendre soin des enfants, entretenir la maison et organiser mon travail. Mon bureau étant à la maison, ceci me permet une flexibilité très grande.

De plus, ma guidance a toujours pris l'habitude de me transmettre ses enseignements d'une façon bien particulière. En effet, j'ai toujours à expérimenter les choses dans ma vie, avant de les comprendre. Lorsque j'ai intégré les expériences voulues, la synchronicité de la vie fait en sorte que je reçoive un livre traitant du sujet intégré. Cette lecture met alors des mots sur mes expériences et je vis ainsi une intégration plus profonde de ces dernières. De cette manière, ma guidance s'assure que je lis toujours les bons livres aux bons moments. Ces derniers me sont toujours prêtés et j'ai comme mot d'ordre de ne jamais courir après un livre, mais plutôt d'attendre qu'il vienne à moi. La vie me fournit donc les lectures appropriées.

Ma compréhension du monde change constamment. Rien n'est fixe ; je perçois différentes réalités qui se superposent les unes aux autres, tout en étant dans des plans de conscience différents. Je perçois l'aspect holographique de la vie. De l'atome au cosmos, je constate que tout est interrelié avec la minutie de l'ordre Divin.

29 – Reconnaître qui je suis

Certains moments de la journée me permettent d'être plus en contact avec la Lumière, plus particulièrement la nuit, durant mes méditations. Différentes énergies viennent à moi durant ces moments particuliers. J'ai donc appris, avec le temps et la pratique, à reconnaître les énergies des anges et des différents archanges, l'énergie de Marie et l'énergie Christique. Plus j'avance sur ce sentier de l'invisible, plus je suis amenée à être en contact avec différentes énergies. Les ateliers de guérison, ainsi que mes voyages, m'ont également entraînée à ceci. Lors de certains voyages, j'ai eu la chance de vivre des contacts extraordinaires. L'énergie de Saint-François d'Assise, Sainte-Claire et de Saint-Jean ont laissé des traces profondes lors de mon voyage en Italie. J'ai également contacté l'énergie des Bouddhas et de Guanyin durant mon voyage au Vietnam. Ces énergies me rentraient littéralement dans le corps par un espèce de processus d'osmose. Je recevais leurs enseignements en les incorporant dans mon corps physique d'une façon directe. J'ai toujours été invitée à fusionner avec les sites sacrés visités afin de recevoir leurs enseignements. Le langage des mots est très inadapté pour décrire le genre de phénomène qui se vit dans le corps et le cœur.

Il m'arrive aussi d'être en contact avec des êtres qu'on appelle les « Maîtres ». À travers les ateliers avec Joseph et Marie, je fus mise en contact avec Kuthumi, le guide de Joseph. D'autres, comme Babaji et le comte de Saint-Germain sont également venus. Dans un atelier avec Devra, je fus également mise en contact direct avec Saï-Baba. Quelle ne fut pas ma surprise de prendre conscience que Devra saisissait ce que je vivais... J'étais dans une situation où la ligne téléphonique avec l'invisible s'ouvrait avec d'autres êtres vivants sur Terre, dans une dimension où le temps et l'espace n'existent plus. J'ai vécu ces contacts par la pensée, au-delà des mots. Par vibrations, j'ai appris à me fondre dans un état vibratoire qui me rend disponible à ces expériences toutes aussi étranges que nouvelles pour moi. Qui étais-je donc dans le passé de mes différentes vies sur Terre ? L'invisible, de toute évidence, m'amène à recontacter ces mémoires. Avec le recul, je dirais que je ne suis rien et tout à la fois. De toute façon, ça n'a pas d'importance !

J'ai toujours eu une perception assez claire de ce que j'avais été dans mes vies sur d'autres planètes. Ces vies ont toujours été beaucoup plus présentes à ma conscience que celles vécues sur Terre. Il me semble bien que le temps est maintenant venu de lever le voile de mes vies ici-bas, à travers ces Êtres qui m'offrent un contact avec eux dans l'invisible.

Leur enseignement est très clair. Ils ont une façon différente de dire les choses puisqu'ils ont vécu « l'incarnation » d'un corps physique. Les entités angéliques n'ont pas cet avantage et ne peuvent percevoir les choses que d'en haut. Ils n'ont pas fait le chemin de la matière à la Lumière, sauf, bien entendu, ceux qui ont adhéré à l'archange Lucifer. Celui-là, il est différent et vit dans la séparation. Il permet à la matière d'exister dans sa densité actuelle et à cause de ce phénomène, nous vivons dans le corps que nous avons, ainsi que par tous les sens qui s'y rattachent. Il nous permet donc de jouir de la vie ; il nous enseigne l'autre coté des choses. Mais il n'existe que dans la séparation. Chose certaine, lorsqu'on dit qu'il n'y a pas de séparation entre les hommes, je constate que la phrase a été dite avec un niveau de conscience très élevé et que l'affirmation est tout à fait vraie. Son interprétation ne dépend que du point de vue où l'on se place.

Une nuit où je méditais, je me suis posé plusieurs questions, lorsque Shiva est venu me voir. C'était au moment où je pratiquais l'interprétation de mes compositions musicales en vue d'un enregistrement.

Le musicien avec qui je travaille, m'a souvent dit d'intégrer la Shakti de ma musique, c'est-à-dire l'énergie féminine. Ne sachant trop de quoi il s'agissait, j'ai demandé à ce que ceci se fasse dans mon corps. C'est le principe Féminin de mes chansons qu'il fallait que j'intègre, tout simplement. Je le compris en le vivant littéralement, lorsque cette énergie de la Shakti vint à moi. Je ne l'avais jamais associée à Shiva. D'où venaient les enseignements qu'il me transmettait et à quelle tradition appartenaient-ils ? Des mémoires de vies antérieures en Inde ou au Tibet me revenaient. Des sons tibétains semblaient m'habiter et je connaissais intuitivement leurs substances. Tout venait me le confirmer.

Mes recherches sont devenues plus sérieuses lorsqu'une amie m'a prêté le livre « Autobiographie d'un yogi » de Yogananda. Je lisais les premières pages du livre lorsque j'ai constaté qu'on y parlait de Babaji et du Kriya yoga. Ravie, je trouvais que cet être avait une façon bien à lui de me faire signe. Jusque-là tout allait bien. Un jour, lorsque j'ouvris le livre à la page où l'on montre la photo de Lahiri Mahasaya, une émotion immense me toucha et je me suis mise à pleurer de toutes mes larmes. Je connaissais cette photo. Je reconnaissais l'être qui était sur cette photo. Aucune image ne me venait à l'esprit. J'étais, par contre, profondément touchée par le rayonnement de cet être et l'énergie qui s'en dégageait. Je reconnaissais cet homme sans pouvoir expliquer ce qui se passait en moi, ni pourquoi j'avais cette réaction inusitée. J'ai l'habitude d'être touchée profondément par les êtres qui viennent me visiter la nuit durant mes méditations et souvent je suis émue aux larmes. Mais, ce qui se passait là, était d'une autre nature. Je ne le comprenais pas. Avais-je connu cet être de son vivant ? Aucun indice ne me venait, j'étais devant une page blanche, mais je ressentais que je devais percer ce mystère.

J'ai l'habitude de retourner dans mes mémoires occultées pour réveiller des souvenirs de vies passées. Lorsque je m'ouvre à ces mémoires, elles sont d'un ordre plutôt souffrant. Cette fois-là, il s'agissait de quelque chose qui venait du cœur. Ce contact m'apparaissait comme une direction qui m'amènerait à me reconnaître d'une façon différente. N'ayant aucune autre piste, je choisis de laisser le temps faire son œuvre pour m'apprendre ce que j'avais besoin de savoir.

Quelques semaines plus tard, lors d'une méditation de groupe, je reçus le message de peindre le portrait de Lahiri Mahasaya et de l'expédier en Californie (siège social du *Self-Realization Fellowship*, fondé par Paramahansa Yogananda) lorsque la toile aurait transmis ses enseignements... À l'heure d'écrire ces lignes, une amie doit me montrer une technique de peinture à la feuille d'or, afin d'exécuter cette toile avec tout le respect qui lui est dû. L'histoire est donc à suivre dans le tome 2, de *Paroles Angéliques*.

Tous mes contacts avec l'invisible s'étaient vécus jusqu'à ce jour, avec des archanges et des êtres de lumière venus d'autres dimensions ou plans de conscience. Je suis familière avec ces contacts et j'apprends à les connaître, mettant cette fraternité sur le dos de mes vies antérieures sur d'autres planètes. Ils demeurent, par contre, toujours dans un monde indéfini, n'ayant aucune résonance avec la Terre et ses habitants. Ces rencontres restent, en quelque sorte, « éthériques » et sans connection aucune avec ma vie quotidienne. Les récentes expériences de contact avec des êtres ayant vécu ici-bas, sur la Terre, ont changé toute la dynamique perceptuelle que j'avais du monde.

Lorsque ces contacts se produisent, surtout avec des êtres dont je n'ai jamais entendu parler, je suis face à l'inconnu et pourtant je réagis comme si je les connaissais. Ce mystère est toujours présent dans ma vie et j'apprends à accepter que je ne saurai peut-être jamais l'expliquer...

Lorsque j'ai commencé à canaliser Marie, je me suis vite rendu compte que la canalisation d'un être incarné n'a pas le même effet sur mon corps que celle des entités angéliques. Je ressens en quelque sorte « l'humanité » de cette vibration, car cet être a vécu sur la Terre et a compris et intégré tout le chemin vers sa Lumière Divine. Les mots me manquent pour décrire cette différence tangible.

Lors des transes avec l'archange Uriel, j'avais à transmettre des données qui appartiennent à des plans de conscience ayant une connaissance très étendue des choses de l'univers, que même moi, malgré mes connaissances scientifiques, je ne pouvais saisir. Pourtant, avec le temps, je semble comprendre d'une façon intuitive les instructions et les enseignements reçus d'Uriel. Toutes ces informations ont une résonance différente, car il ne s'agit plus de guérison de l'âme, mais bien de la structure même de la matière et du comment elle tient ensemble dans le temps et l'espace. Les yogis ont des connaissances très poussées sur la chose car ils sont en mesure d'accomplir ce qu'on peut appeler des « miracles ».

Ils ont donc accès à un niveau de compréhension très élevé de l'univers.

Le livre « *Autobiographie d'un yogi* » m'a fourni les informations que je cherchais. Certains passages de ce livre parlent des mêmes enseignements que ceux d'Uriel concernant la structure de la matière. Quelle joie ce fut pour moi de trouver de nouveaux morceaux d'un puzzle qui me semble d'une dimension cosmique.

Un autre livre, « *Initiation* » de Élizabeth Haich, m'a également donné des explications très intéressantes sur les formules géométriques que je recevais d'Uriel.

D'autres informations me vinrent à travers des amis architectes avec qui j'ai des liens karmiques. Ces informations relatent les travaux d'un chercheur nommé Dan Winter dont j'avais entendu parler auparavant, par Scott. Ce chercheur semblait recevoir des formules géométriques similaires aux miennes et ses recherches se concentrent sur le nombre d'Or (phi), le Merkaba (le double tétraèdre imbriqué), l'isoca-dodécaèdre (géométrie de la Conscience Christique) ainsi que les Tores (structures géométriques en forme de beignes) reliées aux labyrinthes dans les églises et aux cercles sacrés de pierres, comme à Stonehenge. Ses recherches s'appliquent au cœur de la terre et à la compréhension des mouvements qui régissent notre belle planète.

Une copine m'a également transmis un vidéo d'un entretien avec Drunvalo Melchizedeck qui donne des enseignements sur l'utilisation du Merkaba comme véhicule de croisière interdimensionnel. Il s'agit de la fameuse formule géométrique que j'avais reçue et que Scott avait activée dans nos deux énergies, créant un état de fusion entre nous. Avec toutes ces informations qui venaient de partout, j'étais submergée. Les morceaux du puzzle se mettaient en place à une vitesse fulgurante.

Petit à petit, j'ai découvert que plusieurs personnes recevaient des informations similaires aux miennes. De plus, je suis en résonance avec ces personnes. J'ai appris de mon ami musicien qu'il avait déjà assisté musicalement Dan Winter, dans un de ses ateliers. J'ai donc appelé Dan et il m'a mis en contact avec des gens des États Unis qui s'intéressaient aux mêmes choses que moi. Lorsque j'ai rencontré ces personnes, je les ai reconnues...

Figure 1

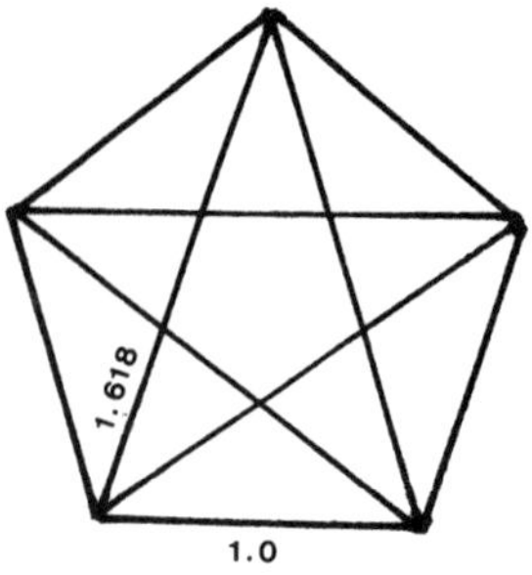

Le nombre d'or et l'étoile à cinq branches

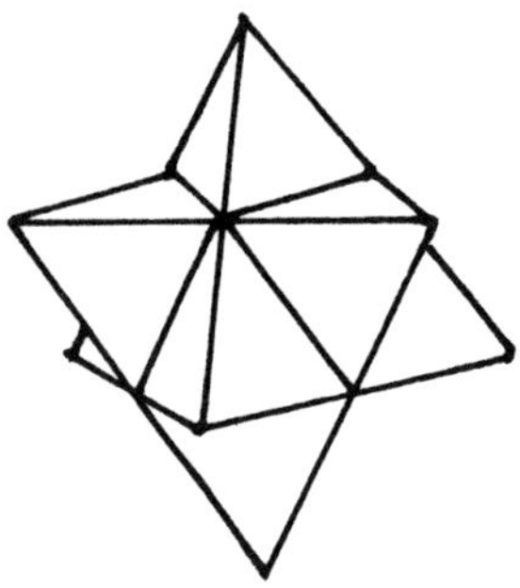

Le merkaba (double tétraèdre imbriqué)

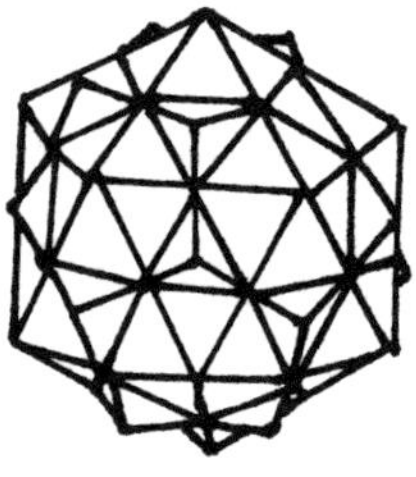

L'isoca-dodécaèdre (géométrie de la Conscience Christique)

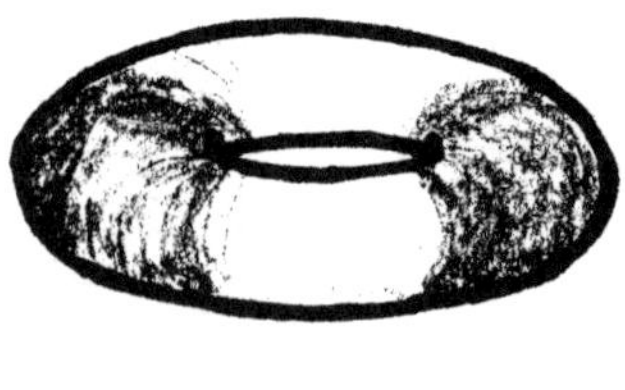

Les tores

sans les connaître. Elles venaient de tous les milieux, elles ont des chemins de vie totalement différents du mien, mais nous étions tous là rassemblés pour échanger sur nos vécus respectifs. J'ai eu l'impression qu'une conscience de groupe voulait se reconnaître.

Dieu que le monde est petit ! Je me demande souvent quel est le but ultime du grand scénariste derrière ce théâtre qu'est la vie !

30 – Recréer ma vie avec la source divine en moi

Ne pas perdre pied, avec toutes ces aventures, tient de la haute voltige. Ce que je comprends et intègre dans les enseignements reçus, ainsi que mes actions dans le quotidien, doivent maintenant aller de pair. Je dois imbriquer tous les espaces de moi-même, à la manière des poupées russes, afin d'agir dans le quotidien en fonction de ces nouvelles réalités. De quelle façon vit-on une vie inspirée de toutes ces expériences. Je crois qu'il faut avoir l'audace de porter sa Lumière.

J'apprends aussi à me détacher de ces expériences avec l'invisible, un peu comme on se détache d'un être cher qui nous quitte. La vie continue et elle attend que je la vive pleinement dans toutes les dimensions que je choisirai de l'accueillir en moi. Cette intégration des enseignements reçus je la vis au jour le jour à travers le travail qui me passionne, la gestion d'une famille, l'éducation des enfants et les relations avec les êtres chers de ma vie.

Ce qui importe dans ces apprentissages, c'est de me détacher des liens du passé qui me retiennent et me font revivre coup sur coup les mêmes scénarios disfonctionnels et néfastes à ma réalisation et au plein épanouissement de ma lumière. Les plans de conscience avec lesquels j'entre en contact ne sont qu'un guide pour me faire savoir que je suis sur le bon chemin. Ces mêmes plans de conscience nourrissent mon cheminement vers l'extase totale dans la Lumière. Cette extase, je dois par la suite l'intégrer dans ma vie. C'est là que le vrai travail commence... Et c'est là, que je passe mes examens d'admission vers la Lumière.

Tout enseignement, aussi extraordinaire soit-il, ne vaut rien tant et aussi longtemps qu'il n'est pas intégré dans chacunes des cellules de mon corps physique. À ce moment débute ma véritable guérison.

Recréer ma vie de cette manière, donne un tout autre sens à la chose. Autrement dit, je deviens responsable de ma vie, car personne ne peut la vivre à ma place. Attendre que les choses se passent de l'extérieur, c'est jouer à l'autruche. Je deviens, en quelque sorte, une libre entreprise qui apprend à s'autogérer de l'intérieur : physiquement, émotionnellement, mentalement et spirituellement. Je deviens seule responsable de ce qui m'arrive, car je sais que je crée ma réalité à partir de mes pensées et de mes croyances.

Sachant tout ceci, il ne me reste qu'à élaborer un plan de vie en fonction de ce qui nourrit le plus mon âme et mon essence divine à tous les niveaux de mon être. Plus mon corps physique est en mesure de contenir l'énergie divine, plus je suis en mesure de faire « arriver les choses ». Ces choses arrivent dans la mesure où elles sont harmonie avec mon plan divin. Plus j'avance dans la Lumière, plus cette harmonie avec le Tout est présente pour me guider. C'est tout simple au fond.

Comment suis-je arrivée à vivre ces belles théories dans mon quotidien ? J'ai cru longtemps qu'à cause de la transe profonde, je devais orienter la totalité de ma vie dans le domaine de la guérison de l'âme au sens strict du terme : devenir intervenante en guérison spirituelle en me servant de tous les outils que j'avais développé (polarité, toucher thérapeutique, ateliers de guérison et canalisation en transe profonde). Toutes les personnes ayant vécu les mêmes choses que moi, en arrivaient là. J'ai donc conclu ceci par simple observation. J'avais même diminué mon travail dans le domaine de l'urbanisme et de l'environnement, pour laisser de l'espace à la clientèle qui se présentait. J'ai par la suite conçu des ateliers permettant de transmettre tout ce que j'avais intégré. Tout était donc en place pour que ma vie se déroule dans ce sens. Mais attention, la vie nous dit souvent : « *Changez de côté vous vous êtes trompée* »...

Dans un second atelier avec Devra, j'eus la surprise de ma vie. L'invisible me ramenait à l'ordre en me disant que je possédais, dans ma génétique, les gabarits des cités d'Or. Je n'avais pas prévu cette information venant de l'invisible. Cette dernière changea totalement la perception de ce que devait être ma vie. Je regardais les autres et j'avais copié un chemin de vie qui me semblait le seul à suivre. Erreur de programmation... Je devais repenser les choses depuis la case départ. Le Divin ne veut pas qu'on abandonne ce que l'on est ou ce que l'on fait ; il veut plutôt qu'on le transforme pour servir dans la Lumière. Mais comment mettre ceci en pratique dans ma vie de tous les jours ?

Je ne savais trop de quelle façon prendre ces messages. J'avais bien eu des indices depuis un certain temps, mais je les avais ignorés. Ces indices dataient du temps du colloque de l'A.C.D.I. sur la « Spiritualité et le développement durable ». À cette époque, j'avais reçu l'inspiration d'annoncer un atelier intitulé « *Creating cities the Divine Way* » ou, en français, « *Créer la ville avec une Conscience Divine* ». J'avais reçu l'inspiration en anglais et l'organisateur du colloque m'avait offert de corriger mes fautes d'anglais et de publiciser le tout lors du colloque.

Il avait ajouté que j'avais probablement reçu ceci en anglais parce que les participants étaient majoritairement anglophones. Cet atelier contenait l'essentiel des enseignements d'Uriel appliqués à la guérison des villes.

J'avais également fait certaines conférences à l'Ordre des Urbanistes du Québec traitant de la santé des villes. J'eus même l'occasion de monter un cours à la Maîtrise en urbanisme intitulé « *Diagnostic de la santé des villes* ». On m'avait, prévenue que j'étais vingt ans en avance si je voulais intégrer cette notion dans les approches municipales actuelles. Constatant que je rêvais en couleurs, j'ai délaissé cette passion des villes qui m'animait, au profit de mes autres passions : la musique, la peinture et la créativité sous toutes ses formes. Lorsqu'une telle passion ne trouve pas d'issue dans ma vie, je dois la rediriger pour qu'elle serve d'autres formes de créativité.

Il ne m'était jamais venue à l'esprit *d'additionner* tout ce que j'avais appris des enseignements d'Uriel et de Raphaël. Le projet de faire un livre avec les enseignements d'Uriel me fut également demandé par l'invisible. Presque en même temps, l'organisateur du colloque sur la « *Spiritualité et le développement durable* » m'offrait d'organiser l'atelier que je ferais éventuellement. Non seulement l'invisible me poussait dans une direction très précise, mais le visible s'en mêlait également. Fallait-il être aveugle pour ne rien voir. Hé oui ! Je me suis donc ouverte à une forme plus vaste de la guérison. Je compris à ce moment que je devais voir un peu plus grand. C'est étonnant de quelle façon la nature humaine possède le don de voir petit et de ne pas se sentir à la hauteur du grandiose. Mon ego ayant de gros doutes sur ces propositions, j'ai choisi de tester ces messages, à tout hasard, qu'ils seraient pertinents.... On ne sait jamais ! Adopter une telle attitude face à la vie, c'est un peu comme jouer à la loterie, à la différence que *je* choisis le numéro gagnant. Si je fais fausse route, je n'ai que moi-même à pointer du doigt pour saisir mes résistances...

Transmettre à travers des ateliers un savoir connu jadis des bâtisseurs de cathédrales, afin de mieux remodeler nos cités, semblait être de mise dans les circonstances actuelles. Les grandes villes possèdent tellement peu d'espaces agréables pour l'être humain ! On entasse les gens comme dans des boîtes à sardines. Comment peuvent-ils être en contact avec leur essence dans de telles conditions de vie... Dans une ville, ça prend beaucoup d'éléments naturels pour retrouver un juste équilibre de la nature et du bâti. Un grand mur se dressait devant moi, car je voyais très bien que je devais expliquer les choses de l'invisible à des gens ayant un mode de pensée très linéaire. J'avais l'impression que les gens à qui l'invisible voulait que je m'adresse ne semblaient pas être sur un même cheminement de vie. Je connaissais très bien ce milieu, je l'avais côtoyé depuis plus de vingt ans.

À l'époque, j'avais le goût de vivre une petite vie bien tranquille et sans complications. Les messages reçus d'en haut m'offraient un tout autre agenda. Comment concilier le tout. Cette question m'habitait. Je me suis souvent retrouvée dans une situation où je savais *quoi* faire, mais pas *comment*. L'espace qui sépare la vision et la réalité semble insurmontable et j'admets que je ne suis pas en mesure de mener seule ce qui m'est proposé. C'est trop gros !

Un livre m'aida beaucoup à cette époque. Il s'intitule « Creating the work you love » (en français on pourrait le traduire ainsi « *Créer le travail que vous aimez* ») écrit par Rick Jarrow. Ce livre explique les principes de la manifestation et de la matérialisation des idées en fonction de notre passion. Ce livre fut, et est encore pour moi, une source d'inspiration constante pour regarder les choses d'une façon différente. Il me permet également de saisir les blocages qui m'habitent et ralentissent la réalisation de mes visions.

Il est dit dans ce livre, que nous devons laisser Dieu s'occuper des détails, surtout lorsque nous n'avons aucune idée de la réalisation de notre vision. Ce qu'il importe de faire, c'est de maintenir la vision un peu à la manière des athlètes qui se voient gagner la médaille d'or. C'est purement de la visualisation créatrice. Il me reste donc à maintenir la vision de ce qui m'est demandé.

Croyez-le ou non, l'aide qui m'a permis de monter cet atelier sur les villes, est venu à travers des gens qui partagent les mêmes passions que moi et œuvrent dans des domaines connexes. Quand la passion est réelle et qu'elle est orientée vers les buts de l'âme tout se met en place pour que les choses se réalisent sans complication. Je découvre, avec ces expériences, que lorsque je marche dans mon propre sillon, en accord avec l'invisible, les choses viennent à moi sans difficultés. C'est une bonne façon pour moi de savoir si je suis dans le bon chemin.

Un texte extrait du discours prononcé par Nelson Mandela lors de son intronisation à la présidence de la République de l'Afrique du sud en 1994 m'a beaucoup touchée durant la rédaction de mon récit. J'aimerais vous le transmettre en épilogue à mon histoire, afin qu'il vous inspire tout au long de votre propre chemin de vie. Ce texte se lit donc ainsi :

Notre peur la plus profonde n'est pas que nous ne soyons pas à la hauteur. Notre peur la plus profonde est que nous sommes puissants au-delà de toute limite.

C'est notre propre lumière et non pas notre obscurité qui nous effraie le plus.

Nous nous posons la question : « Qui suis-je, moi pour être brillant, radieux, talentueux et merveilleux ? » En fait, qui êtes-vous pour ne pas l'être ? Vous êtes un enfant de Dieu. Vous restreindre, vivre petits ne rend pas service au monde.

L'illumination n'est pas de vous diminuer pour éviter d'insécuriser les autres.

Nous sommes nés pour rendre manifeste la gloire de Dieu qui est en nous.

Elle ne se trouve pas seulement chez quelques élus : elle est en chacun de nous et au fur et à mesure que nous laissons briller notre propre lumière, nous donnons inconsciemment aux autres, la permission de faire de même.

En nous libérant de notre peur, notre présence libère automatiquement les autres.